「王」と呼ばれた皇族

古代・中世皇統の末流

日本史史料研究会
［監修］
赤坂恒明
［著］

吉川弘文館

はじめに

日本国の歴史は、実態はさておき、天皇と共に現在に至るまで歩みを続けている。

しかし、平成時代後半以降、皇室の永続的な存続を危ぶむ論調が現われるようになった。その要因の一つは、天皇となる資格を有する男性皇族の成員の減少である。

これは、社会的にも注目を集める問題となり、その対処として、戦後に皇族の身分を離れた旧皇族とその男系子孫の皇族〝復帰〟や、女性宮家の創設の可否が、政府・国会においても議論された。

現行の皇室制度は、昭和二十二年（一九四七）一月十五日に制定された「皇室典範《こうしつてんぱん》」にもとづく。それによると、「嫡出の皇子及び嫡男系嫡出の皇孫は、男を親王、女を内親王とし」て、天皇の曽孫以下の「嫡男系嫡出の子孫は、男を王、女を女王とする」と規定されている。

令和元年（二〇一九）十月の時点において、天皇の子孫である皇族には、親王《しんのう》（皇嗣《こうし》を含む）が三人、内親王《ないしんのう》が三人、女王《じょおう》が三人いるが、王《おう》は一人もいない。

しかし、奈良時代・平安前期には、おびただしい人数の王がいた。当時の皇室制度では、天皇の男系の孫・曽孫・玄孫である男性皇族を「王」と称した。彼らは十三歳になると、毎年、時服料《じふくりょう》という封《ほう》禄《ろく》を受給する資格を得るが、その人数は、一年につき五・六百人に及んでいた。平安中期の貞観《じょうがん》十二年（八七〇）二月の時点では、時服料を受給した王は四二九人であった。

しかし、平安後期以降、天皇から分岐した皇族の分流が著しく減少し、王の人数は激減した。ただし、それにもかかわらず、王は時代と共に、その実体に大きな変遷があるものの、ともかく明治維新に至るまで、細々ながらも存続した（室町末期に、短期間、王が不在であったことはあるが）。明治時代に入ると、王の人数は増加に転じた。伏見宮家《ふしみのみやけ》の一門に男子が多く生まれたためである。

しかし、敗戦後の昭和二十二年（一九四七）十月十四日、二六人の王を含む伏見宮系の皇族五一人が、皇族の身分を離れた。その後、今日に至るまで、日本国において七十年以上にわたり、王が存在しないという状態が続いている。これは、有史以来、最長の空白期間である。王の不在期間の新記録は、日々、更新され続けているが、この事実を認識している人は、きわめて少ないであろう。

ところで、皇室制度は、時代の変遷と共に大きな変化を経ている。しかし、皇室制度が成文化した律令《りつりょう》期以降は、いかなる時代においても、天皇だけでなく、皇位継承資格を有する皇族も、例外なく、男女を問わず、すべてが父系同族であり、同一の男系血統に属している。こればかりは、現在に至るまで、まったく変化がない。日本における皇統が男系のみを指すことは、自明の歴史事実である。

したがって、女性宮家を創設し、天皇の男系子孫ではない男性を女性皇族の夫として皇族の一員とすることを可能にする「皇室典範」改定案に対し、猛烈に反発・反対する人々が少なからず存在しているのは、たとい彼らが日本国民の全体から見れば少数派であるとしても、至極当然のことである。

ところが、である。王について見れば、江戸時代には、天皇の男系子孫ではないにもかかわらず、明治維新期に至るまで、代々、王号を世襲した公家の家系があった。また、室町期から江戸初期にかけては、紙の上に存在するにすぎない架空の王さえいた。江戸時代には、公家より低い身分で朝廷に仕える地下官人《じげかんじん》の人々が、朝廷の行事において、本来、王が勤めるべき役割を王に代わって勤め、その際、名義的に王号を称した。

これらの王は、天皇となる資格があるとは認められておらず、当然、皇族としての範疇には含められない。

しかし、これら、皇統に属していない王、架空の王、名義上の王も、その由来は、まぎれもなく皇族の王にさかのぼる。時代の経過と共に、王が変質し、皇族ではない王が現れるに至ったのである。

このような王の実体ないし実態は、実は、専門研究者においても必ずしも十分には知られていない。天皇については、学術論文・書籍以下、おびただしい文章が発表・刊行されており、我々は、基礎知識から虚構に至るまで、質量ともに多種多様の情報に接することができる。

ところが、天皇の近親である皇族を記述対象とした書籍は、近代以降の后妃を対象としたものを除けば、その分量は格段に少なくなる。特に、皇族の末流である王の全体像を通史的に叙述した書籍は、専門書・一般書ともに、類書がまったく存在しない。

その理由としては、王に関するまとまった情報のある史料が失われているため研究が困難である、という史料的制約を挙げることができよう。

親王の成員・出自は、ごくわずかな例外はあるものの、ほぼ完全に知られているが、親王よりもはるかに人数が多い王については、大部分が系譜のみならず名前さえ不明であり、我々には、王の成員の数量的な全貌を把握することすらできないのである。

しかし、王を記述対象とした書籍等が少ない最大の原因は、やはり、天皇・皇室・皇族に興味を抱く向きでも、皇族の末葉《ばつよう》である王そのものに対する関心が低い、ということに尽きると思われる。

そもそも王は、さまざまな天皇から分岐しており、もとより族的なまとまりに欠けていたと考えられる。しかも、王とは、本来、世数を経ると皇族の身分を失う、という存在である。いわば、王とは、皇族から諸氏になる上での、系譜上の単なる「通過点」に過ぎない、と評することも可能である。例えば、次の略系図をご覧いただきたい。

桓武天皇――葛原親王――高見王――高望王……平清盛ら
↓平高望

清和天皇――貞純親王――経基王……源頼朝ら
↓源経基

これらは、平清盛《たいらのきよもり》らを輩出した「桓武平氏《かんむへいし》」と、武家の棟梁《とうりょう》たる「清和源氏《せいわげんじ》」の、最初期の略系図である。前者では、王の二世代目にあたる高望《たかもち》王が平氏となり、後者では、王の一世代目の経基《つねもと》王が源氏となっている。

高望王（平高望）と経基王（源経基）は、源平両氏の祖として、武士団成立史で注目されているが、彼らが歴史上、活躍したのは、王としてではなく、平氏・源氏となった後のことと考えられている。王に対する注目度が低いのは、このような背景もあるためではなかろうか。

しかし、天皇の周縁的（一部は外縁的）な存在とも言うべき王の実体・実態を明らかにすることは、皇室制度の全体像を知る上で必要不可欠である。

そこで、本書は、権力者という意味での抽象的な「王」でなく、日本の皇族の構成要素でありながら従来ほとんど注目されなかった王を取り上げて概観する。

まず、本書の総論において、皇族史の全体像を明らかにするという問題意識のもとに、王に関する基礎事実を総合的に把握して、概説的、通史的に叙述する。

次に、本書の主要構成部分である第一章から第四章において、各時代を象徴すると思われる王たちの事績を、逸話をも織り交ぜつつ、具体的に紹介する。例えば、平将門《たいらのまさかど》を煽動して叛乱を起させた興世《おきよ》王、諸国の源氏に決起を呼びかけて源平合戦を引き起こした以仁《もちひと》王など、有名・無名を問わず、さまざまな王を取り上げることによって、これまで十分には知られることがなかった日本の皇族末葉の実態を明らかにしたい。その過程で、王を取り巻く日本史の大きな流れの一端をも理解できるようになりたい。

最後に、総括において、日本史上における王の存在意義を総括し、王に注目することによって「天皇制」を相対化することを試みる。

おそらく本書は、日本の王を包括的に取り上げた、最初の書籍となるであろう。

目次

第三章 平安後期（院政期）の王と、擬制的な王の集団「王氏」

図・表目次

総　論——皇族制度史上の王

1　律令以前の王

前近代の皇族は男系皇統のみ

前近代の皇族は、「皇親《こうしん》」と称されることが多い。皇親とは、天皇の親族、の意味である。しかし、皇親は、あくまでも男系で血統が天皇につながる者のみに限定されている。

「皇室典範《こうしつてんぱん》」が制定された明治期以降では、天皇・親王・王の配偶者である女性は、自身が皇族の出身でなくても、結婚に伴い、后妃として皇族となる。これは、前近代には見られない新制度である。したがって、前近代を対象とした「皇族」とその類義語は、天皇の男系子孫だけを指す。本書でも、この用法に従う。孫・曽孫・玄孫等と称する場合も、原則として男系子孫のみに限る。

律令以前の皇族の区分

皇室制度が初めて成文化されたのは、大宝律令《たいほうりつりょう》のうちの大宝令《たいほうりょう》によってである。

律令制定以前においては、親王《しんのう》・内親王《ないしんのう》と王《おう》・女王《じょおう》との区別や、皇親の範囲などの諸規定は、確立していなかった。

『古事記《こじき》』における人名表記を見ると、応神《おうじん》天皇より以降の天皇の子孫である皇族は、子・孫ともに、男女の区別なく、人名の下に「王」と表記される。おそらくこれが、最も古い表記法であろう。なお、后妃となった女性皇族の多くは、「王」でなく「命《みこと》」と表記される。

継体《けいたい》天皇の出自を記した史料として知られる『上宮記《じょうぐうき》』でも、天皇の子孫は『古事記』同様、男女の区別なく人名の下に「王」を伴う。ただし、「大郎子《おおいらつこ》」のように、「王」を伴わない用例もある。

七世紀中頃以降の聖徳太子に関する古史料が集録されている『上宮聖徳法王帝説《じょうぐうしょうとくほうおうていせつ》』では、天皇の子孫は、子・孫ともに、男性は「王」、女性は原則として「女王」を人名の下に伴う。ここでは、性別により王と女王とが区別される。しかし、女性には「女王」以外にも、「王」または「命」を伴う用例もあり、表記法が一定していない。

以上の諸史料では、皇族の人名の下に付けられる呼称の表記において、天皇の子と孫以下との間に区別はない。

しかし、『日本書紀《にほんしょき》』では、応神天皇以降の天皇の男子は原則として「皇子《みこ》」を、女子は「皇女《ひめみこ》」を、人名の下に伴って表記する。そして、天皇の孫より以下の皇族は、人名の下に原則として男子は「王」、女子は原則として「女王」を付けて表記される。このように、『日本書紀』では、性別のほか、天皇の子と孫以下とが区別されているが、例外的に、天皇の男子を「王」（允恭《いんぎょう》天皇の男子、磐城《いわき》王）、天皇の曽孫女を「王」（磐城王の孫女、難波小野王《なにわのおの》）と表記する用例もあり、表記法に揺れがある。『万葉集《まんようしゅう》』では、『日本書紀』における原則的な表記と同様に、天皇の男子は「皇子」、女子は「皇女」と表記されるが、孫以下の皇族については、男女ともに「王」と表記される。『上宮聖徳法王帝説《じょうぐうしょうとくほうおうていせつ》』と『日本書紀』において称呼の表記が一定していないのは、おそらく、原拠史料における表記の相違が、編集の際に完全には統一されずに残ってしまったためであろう。

ともかく、天皇の子孫は、元来、人名の下に「王」を伴うのが、最も古い表記法であったが、その後、女性は「女王」として区別され、天皇の子は「皇子」「皇女」と表記されるようになり、原則として「王」は天皇の孫以下の男性皇族に対する称呼に限られるようになった、と考えられよう。

「王」の読み

この「王」の読みは、少なくとも古代においては、漢音読みの「おう」（旧かなでは「わう」）ではなく、訓読みの「おおきみ」（旧かなでは「おほきみ」）であった。人名と「王」との間に「の」を入れて、「〜のおおきみ」と称した。例えば、有名な万葉歌人、額田王は、周知のように「ぬかたのおおきみ」と読む。この「おおきみ」という読みは、平安時代の和歌集においても引き継がれている。

「女王」の読みも、当時は「じょおう」でなく、「王」と同じ「おおきみ」であった。

皇統から分岐した氏族の姓、公と真人

天皇の子孫は、天皇からの世代が離れると、新しい氏族を形成した。

応神天皇より以降の、律令制定以前の天皇の子孫について見ると、彼らは、皇族に対する呼称である「王《おおきみ》」ではなく「公《きみ》（君）」を、政治的・社会的地位を示す称号である姓《かばね》として用い、地名等に由来する固有名詞を氏《うじ》として冠称した。

例えば、用明《ようめい》天皇の孫で、聖徳太子《しょうとくたいし》の兄弟の子にあたる、当麻豊浜公《たぎまのとよはまのきみ》という人がいる。「当麻」が氏で、「公」が姓である。

この公は、王よりも天皇からの血縁が遠いと位置づけられた人々への呼称と見ることができよう。

これら、公（君）を姓とする諸氏族のうち、系譜上、継体天皇の一門として位置づけられる諸氏族は、天武《てんむ》天皇十三年（六八四）十月、新たに「八色《やくさ》の姓《かばね》」が定められると、姓のうちの最高位に位置する「真人《まひと》」という姓を称した。例えば、前記の当麻豊浜公の子、当麻真人国見《たぎまのまひとくにみ》は、「当麻」が氏、「真人」が姓である。

ちなみに、奈良時代の皇族または皇族の子孫で、天皇から氏姓を賜わり、臣籍に降下した人々の大部分は、「真人」を姓としている。

2　令制下の王

皇親の範囲を規定

大宝令ついで養老令《ようろうりょう》によって皇室制度が成文化されると、親王・諸王《しょおう》の区別、および、「皇親」すなわち皇族の範囲が規定された。

諸王（古訓は「おおきみたち（おほきみたち）」）とは、皇親である王を集合的に呼称する用語であり、その後も、概念に変化はあるものの、長らく王の集団を指すのに広く使用され続けた。

令制のもとでは、皇親は、親王（女性である内親王を含む）と諸王（女性である女王を含む）とによって構成される。

親　王

継嗣令《けいしりょう》に、「そもそも天皇の兄弟と皇子はみな親王となり、女帝の子もまた同じである」とあり、天皇の兄弟・男子は親王として、天皇の孫以下の諸王と区別された。

この区別は、女性皇族についても適用され、男性である親王に対し、女性は内親王と、男性である王に対し、女性は女王と呼称された（後宮職員令《ごくうしきいんりょう》および衣服令《いふくりょう》）。ただし、女性皇族を親王・王と称した用例もある。内親王・女王とは、特に女性であることを明示するための称呼であり、令の条文における親王・諸王には、内親王・女王も含まれていると理解すべき場合も少なくない。

親王の読みは、音読みでは「しんのう（しんわう）」であるが、古い訓では「みこ」である。かな書きされている和歌集を見ると、例えば、平安時代の本康親王（九〇一年没）は「もとやすのみこ」、常明親王（九〇六～九四四）は「つねあきらのみこ」と見える。このように、人名と「親王」との間に「の」を入れて、「～のみこ」と称した。

天皇ではない皇族の子が天皇となった場合、天皇の父には、天皇の称号が追贈された。例えば、天武《てんむ》天皇の孫、淳仁《じゅんにん》天皇（淡路廃帝《あわじのはいたい》。在位七五八～七六四）の皇位継承後、その父、舎人親王《とねりのみこ》に「崇道尽敬《すどうじんきょう》皇帝」の尊号が贈られ、天智《てんじ》天皇の孫、光仁《こうにん》天皇（在位七七〇～七八一）の皇位継承後、その父、志貴《しきの》親王《みこ》（施基皇子《しきのみこ》）に「春日宮御宇天皇《かすがのみやにあめのしたしらしめすすめらみこと》」の尊号が贈られ（「田原《たはら》天皇」とも称される）、天皇として位置づけられた。そして、舎人親王と志貴親王の諸子は、物故者をも含めて、親王・内親王となった。ただし、舎人親王の諸子は、淳仁天皇が廃位された後、親王・内親王の身位を奪われ、もとの王・女王に戻されている。

諸　王

諸王とは、継嗣令によると、天皇の孫・曽孫・玄孫にあたる皇親を指す。天皇の孫である王は、「孫《そん》王《のう》」と称されるが、天皇から数えて二世孫となるので、「二世王《にせいおう》」また「二世孫王《にせいそんのう》」とも称される。天皇の曽孫である王は「三世王」、玄孫である王は「四世王」と称される。

女性である女王についても、天皇の孫である女王は「二世女王《にせいじょおう》」と称され、曽孫である女王は「三世女王」、玄孫である女王は「四世女王」と称される。

五世王と臣籍降下

四世王の子、すなわち天皇の五世孫は、皇親ではないが、王と称することができた。これは「五世王」と称される。

天皇からの世数が離れて五世王になると、自然、皇親の身位は失われることとなるが、五世王でなく

図1　令制下の皇親の範囲

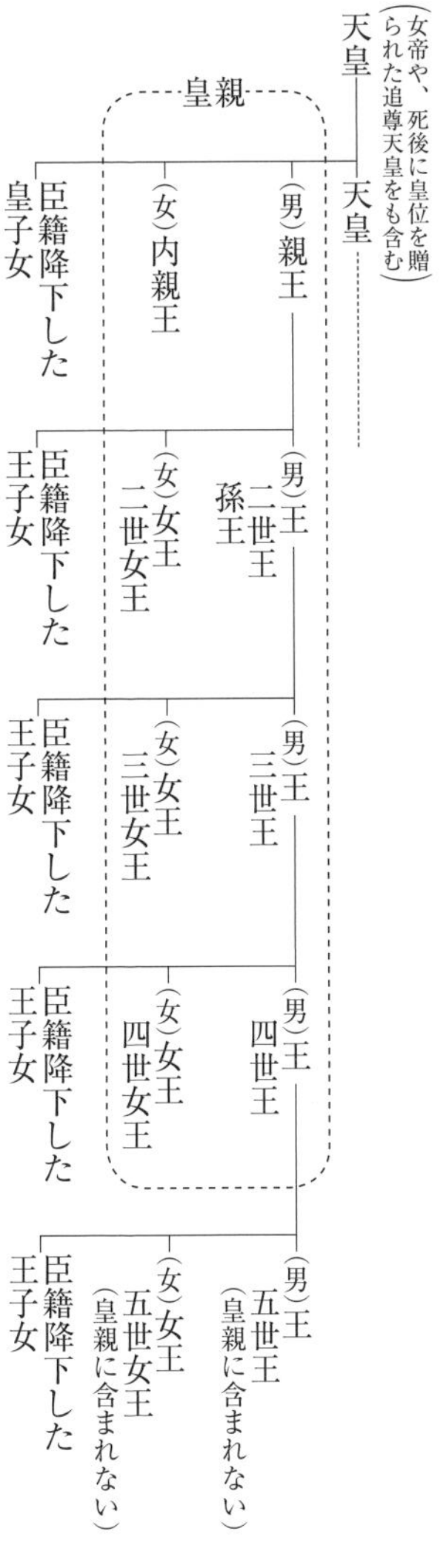

ても、皇親の中には、臣籍降下《しんせきこうか》する者、すなわち、天皇から氏姓を賜わって皇親の身位を離れる者もいた。

皇親の範囲の変化

令《りょう》に定められた皇親の範囲には、その後、変化があった。

慶雲《けいうん》三年（七〇六）二月十六日、文武《もんむ》天皇（在位六九七〜七〇七）の勅命により、五世王は皇親に含められ、その「承嫡者」は代々、王と称することができるようになった。その結果、皇親ではないが、六世王以下の王も現われることとなった（慶雲三年格《きやく》。『続日本紀《しょくにほんぎ》』）。

さらに、天平《てんぴょう》元年（七二九）八月五日、聖武《しょうむ》天皇（在位七二四〜七四九）の詔勅《しょうちょく》によって定められた格（律令の規定を改訂増補する追加補充法）により、五世王の嫡子以上が孫王（すなわち二世女王）を娶って生んだ男女も、皇親に含められることとなった（『続日本紀』）。

しかし、皇親に五世王が加えられて人数が増加した結果、不良行為によって皇室を汚す輩も現われた。そこで、延暦《えんりやく》十七年（七九八）閏五月二十三日、桓武《かんむ》天皇（在位七八一〜八〇六）の勅命により、皇親の範囲を令の規定に戻した（『類聚三代格《るいじゅうさんだいきやく》』）。

ただし、それ以降も、六世王・七世王の実在が確認される。よって、天皇の六世孫以下の子孫も、臣籍降下をしなければ、皇親ではないが王と称することができた。

3　王の位階

親王と王の位階

令においては、位階制度も整えられた。位階は、段位とは逆に、数の少ない方が高位である。位階制度では、親王に対しては、一品《いっぽん》・二品《にほん》・三品《さんぼん》・四品《しほん》の四階の位階が授けられた。諸王には、正一位《しょういちい》から少初位下《しょうそいのげ》に至る三十階の位階のうち、五位以上の十四位階が授けられるとされた（官位令《かんいりょう》および公式令《くしきりょう》）。

諸王には、父祖の官位によって最初の叙位《じょい》に優遇措置が取られる蔭位《おんい》の制が適用され、親王の子である孫王（二世王）は従四位下《じゅしいのげ》に、三世王・四世王は従五位下《じゅごいのげ》に初叙された。

五世王は諸王でなく、諸臣と同列であるが、従五位下に初叙された。また、五世王の子は、嫡子は正六位上《しょうろくいのじょう》、庶子は正六位下《しょうろくいのげ》に初叙された（選叙令《せんじょりょう》）。

この、令制にもとづく叙位の規定は、その後、改変された。

当時、諸王は人数が多かった。『続日本紀』天平五年（七三三）閏三月戊子条によると、諸王の飢乏した者、二一三人が米塩を賜わり生業を勧められた。貧困状態に陥っていたとされる諸王だけでも、この人数である。人数制限がある定例の叙位だけでは、諸王全員に対して、令制どおりの位階を授けることができなかった。そのため、叙位を待ったまま、無位の状態で年老いてしまう諸王が、多数、生じることとなった。

そこで、天平神護《てんぴょうじんご》三年（七六七）四月二日、四世王には一階下げて正六位上、五世王（当時は皇親の諸王であった）には四階下げて従六位下《じゅろくいのげ》を初叙することに改めた（『続日本紀』）。叙位の位階を分散させることによって、より多くの諸王に叙位の機会を与えようとしたのであろう。なお、五世王の子（すなわち六世王）は諸王でないので、その初叙位階については、特に言及されていないが、令制のままでは、父よりも初叙位階が高くなってしまうので、彼らの初叙位階も引き下げられたであろう。

その後、延暦十五年（七九六）十二月九日、桓武天皇の詔勅により、四世王、五世王、および五世王の嫡子は、満二十一歳で自動的に正六位上に叙され、五世王の庶子は一階を降して正六位下に叙されるように改められた（『日本後紀《にほんこうき》』）。

初叙位階から判明する諸王の世数

このような制度的な話は、一見、退屈であるように思われるかもしれない。しかし、これは、律令期の諸王の出自を推測する上で、大きな手がかりとなる。

そもそも、『日本書紀』以下の六国史《りっこくし》や、『万葉集』、その他の諸史料には、おびただしい人数にのぼる王が現われる。同名異人や、一人の人名が異なる文字で表記されている場合、また、「左京人　多王《おおのおおきみ》・登美王《とみのおおきみ》等、十七人」（『日本後紀』延暦廿四年二月乙卯条）のように、名前が記されていない場合もあるので、正確な人数は確定できないが、その人数は優に四桁に達するであろう。しかし、彼らの系譜は、ほとんど判明していない。

現存する天皇系図には、天皇の諸子については、ほぼ完全な系譜情報が伝えられているが、天皇の孫以下については、ほとんど記載がない。菅原道真《すがわらのみちざね》が『日本書紀』以下の六国史のうち最後の『日本三代実録《にほんさんだいじつろく》』を除く五史の全条文を内容ごとに分類して配列し直して編纂し、寛平《かんぴょう》四年（八九二）に成立した『類聚国史《るいじゅこくし》』には、系譜三巻があったことが知られる。天皇とその子孫の系譜は、その中に網羅的に記載されていた可能性が高いが、残念なことに、すでに失われている。

しかし、諸王の初叙位階に関する記載から、彼らが何世王であるかを推測できる場合がある。すなわち、無位から従四位下に叙された王は、疑いの余地なく二世孫王である。また、天平神護三年以降、無位から従五位下に叙された王は三世王であると推定される。

初叙位階から確定された天武天皇の二世孫王

初叙位階にもとづき天武天皇の二世孫王を確定した研究がある。澤田浩「『薬師寺縁起』所引天武系皇親系図について」（『国史学』第一四二号、一九九〇年）である。

『薬師寺縁起《やくしじえんぎ》』には、天武天皇の子孫の不完全な系譜が記載されている。そこに挙げられている誤記の多い天武天皇の孫の名を、『続日本紀』に見える従四位下に初叙された王、すなわち二世孫王の名と比較・検討することによって、従来、完全には知られていなかった天武天皇の孫の名を、すべて明らかにすることに成功したのである。

表1　王の初叙位階

	二世孫王	三世王	四世王	五世王	六世王嫡子	六世王庶子
令　制	従四位下	従五位下			正六位上	正六位下
天平神護三年四月二日より	従四位下	従五位下	正六位上	従六位下		
延暦十五年十二月九日より	従四位下	従五位下	満二十一歳で自動的に正六位上			同上 正六位下

その結果、同時期に従四位下に初叙された、他の系譜不明の諸王の多くは、世代的に見て、天智天皇の二世孫王であると推測することが可能となった。

このように、位階から王の出自を推測することも、部分的には可能なのである。

4　王の婚姻

諸王と五世王の婚姻

諸王には、婚姻においても特権があった。

継嗣令《けいしりょう》によると、王は内親王を娶ることができ、諸臣は五世女王を娶ることができた。ただし、王でも五世王は内親王を娶ることができなかった。

言い換えると、藤原《ふじわら》氏以下の諸臣は、内親王はもちろん、皇親の女王（二世女王・三世女王・四世女王）とも結婚することができなかった。したがって、臣下の娶ることができる女王は、皇親ではない五世女王に限られていた。

これに対し、諸王（二世王・三世王・四世王）は、皇親である内親王と女王（四世女王以上）との婚姻が許されていた。ここから、令制のもとでは、諸王が藤原氏よりも高い身分であったと知ることができる。皇親ではない五世王でさえ、皇親である女王との婚姻は可能であり、藤原氏にまさっていたと言えよう。

皇親女性の婚姻の制約

これを皇親女性の側から見れば、内親王は、天皇・親王・諸王以外の男性とは結婚できず、皇親の女王（二世女王・三世女王・四世女王）は、天皇・親王・諸王・五世王との婚姻しか認められなかった、ということになる。皇親女性にとっては、婚姻の選択の幅が狭い制度である。

しかし、婚姻に恵まれない女王が多数生じるという弊害があったためでもあろう、この結婚対象制限は、次第に緩和されていった。

前述の、天平元年（七二九）八月五日の聖武天皇の詔勅によって定められた格《きゃく》により、五世王（この時点では皇親であった）の嫡子（すなわち嫡子である六世王）でも二世女王と婚姻できるようになった。

表2　令制下の諸王・諸臣の婚姻対象

	二世孫王	三世王	四世王	五世王	諸　臣
内親王	婚姻可能			×	×
二世女王 三世女王 四世女王	婚姻可能			婚姻可能	×
五世女王	婚姻可能			婚姻可能	婚姻可能

さらに、延暦十二年（七九三）九月十日、桓武天皇の詔勅により、現任の大臣および良家の子と孫が、三世女王・四世女王を娶ることが許され、特に藤原氏に限り二世女王を娶ることが許された（『日本紀略』）。

その後、皇親女性の婚姻対象制限は、藤原氏の権勢のもとに急速に崩れ、摂関期の藤原氏は、内親王をも娶るに至った。こうして、令制における皇親の婚姻に関する規定は、摂関時代に空文と化した。

5　王の戸籍

「皇親名籍」

令制のもとでは、諸王（すなわち二世孫王・三世王・四世王）の成員を掌握するための行政文書は、「皇親名籍《みょうじゃく》」と称され、宮内省《くないしょう》の管下の正親司《おおきみのつかさ》（「おおきんだちのつかさ」とも読む）において管理されていた（職員令《しきいんれい》）。

正親司は、諸王の収入源である封禄《ほうろく》の時服料《じふくりょう》・季禄《きろく》の支給に関わる職務をも担当していたので、諸王の人的把握は、業務上、必須であった。「皇親名籍」には、そのために使用された名簿の原簿としての機能もあったと考えられる。

この「皇親名籍」は、現在、断簡すら伝えられておらず、その具体的な内容は、皆目、不明である。正親司が管理する「皇親名籍」は、「親王以下、四世以上名籍」（『令集解《りようのしゅうげ》』）、「親王・諸王名籍」（『延喜式《えんぎしき》』三十一「宮内省」）とも記されているので、諸王だけでなく親王の名籍も含まれていた。なお、皇親も居住していた左京・右京をつかさどる京職《きようしき》には、「皇親戸籍《こじやく》」もあった。これは、正親司の「皇親名籍」とは別に存在していたものである。

「皇親名籍」は、弘仁《こうにん》十二年（八二一）十一月四日の時点では、正親司に保管されていた。しかし、これと同じものと考えられる、延暦八年（七八九）に作成された「皇親籍三巻」が、外記文殿《げきのふどの》（公文書・公務記録等を担当した外記庁《げきのちよう》の文書・典籍保管庫）へ移管された（『類聚符宣抄《るいじゆふせんしよう》』六「文譜」）。ここから、延暦八年作成の、正親司の「皇親名籍」は、三巻の分量があり、その後、三十年以上にわたり加筆・抹消が重ねられ続けた、と考えることができる。

「諸王計帳」

また、貞観《じようがん》十七年（八七五）七月八日の「太政官符《だじようかんぷ》」によると、「王親籍」は承和元年（八三四）に作成されたのを最後に、四十年間、作成されず、その年より以来、「諸王籍帳」が正親司に置かれていなかったので、左・右京職に対して、「諸王計帳《けいちょう》」に署名して、それを一通、正親司のもとに置きとどめるように、と清和《せいわ》天皇（在位八五八〜八七六）の勅命があった（『類聚三代格』十七）。

この「太政官符」の内容は解釈が難しいが、この「王親籍」は、「皇親名籍」と同一物であると考えられる。

これについては、「皇親名籍」が新製されなくなり、正親司には、諸王各人の「諸王籍帳」も置かれなくなり、諸王の成員を完全に把握することが困難になったため、左・右京職が作成した調《ちょう》・庸《よう》賦課台帳「諸王計帳」（ただし、諸王は賦課されない）の写しを正親司のために作成し、それを正親司が参照して諸王の成員を掌握・確認できるようにした、と解釈されよう。

「四世已上諸王歴名帳」

元慶《がんぎょう》五年（八八一）五月十日、陽成《ようぜい》天皇（在位八七六〜八八四）は、正親司に対して、「四世已上《いじょう》諸王歴名《りゃくみょう》帳」、すなわち、四世王以上の諸王の名前を書き連ねた名簿を、太政官に提出して、諸王の成員に欠・補があるたびに改訂するよう命じた（『類聚国史』巻百七「職官」十二「正親司」）。

この名簿は、季禄という封禄の支給に関わる事務のために作成された。

この「四世已上諸王歴名帳」も、現存しておらず、具体的にどのような書式であり、どのような記載があったのか、未詳である。

なお、諸王の人的把握をつかさどる正親司は、諸王が勤める所役であった伊勢奉幣《いせほうへい》の使王《つかいのおおきみ》の差進にもあたった。この使王《しおう》については、あらためて後文で述べる。

6　王の封禄

時服料と季禄

さて、正親司は、諸王の成員の把握のほか、前述のように、諸王に対する時服料および季禄という封禄の支給に関わる職務をも担当していた。

時服料とは、十三歳以上の無位の諸王（二世孫王・三世王・四世王）に、毎年、春・秋ごとに絁《あしぎぬ》・糸・綿・布・鍬・鉄の禄物を支給する封禄である（禄令《ろくりょう》）。

諸王は、満十二歳に達すると、その年の十二月に、京職から戸籍情報が正親司へ伝達され、正親司において「名簿《みょうぶ》」が確認され、翌年正月、初めて時服料を受給することができた（『延喜式』三十九「正親司」）。貞観年間（八五九〜八七七）以前、この時服料を受給した諸王の人数は、一年につき五・六百人に及ぶこともあり（『日本三代実録』貞観七年二月二日甲寅豊前王《とよざきのおおきみ》卒伝）、国庫の負担になっていた。そのため、貞観十二年（八七〇）二月二十日、その時点で時服料を支給された諸王の人数である四二九人を、受給者の定員にした。この定員数は、『延喜式』においても踏襲されている。なお、ここからは、平安時代前期・中期における諸王の人数が多かった事実をも知ることができる。

季禄とは、官職に就いている文武官・地方官に対し、官職に相応する位階に応じて、毎年、春夏と秋冬の二季ごとに絁・綿・布・鉄の禄物を支給する封禄である。

そもそも、令制のもとでは、任官した親王・諸王・諸臣には、位階に応じて位田《いでん》（五位以上に支給された田地）・位封《いふ》（親王および三位（のち四位）以上に給付された封戸《ふこ》、すなわち俸禄として支給された社会組織単位の戸《こ》）・位禄《いろく》（四位・五位に支給された禄物）が支給され、そして、官職に応じて職田《しきでん》（大臣・大納言・大宰帥に支給された田地）・職封《しきふ》（大臣・大納言に、のちに中納言・参議にも支給された封戸）・季禄、その他の封禄が支給された（田令、禄令）。

これらのうち、諸王への季禄の支給のために、正親司が、支給対象となる諸王の名簿を管理したのであった。

女王禄

また、令に規定はないが、四世以上の女王に対しても、王の時服料に対応する女王禄《おうろく》（「女」字は読まない）という封禄が支給されたが、これも正親司の管轄であった。

女王禄とは、毎年、白馬節会《あおうまのせちえ》（朝廷の年中行事の一つ）の翌日にあたる正月八日と、新嘗会《にいなめえ》の後（十一月の、中の巳《み》の日）に、絹・綿を支給する封禄である（『内裏式《だいりしき》』、『延喜式』三十九「正親司」ほか）。

『延喜式』の規定によると、女王禄を受給できる四世以上の女王の定数は二六二人と定められていた。藤原道長《ふじわらのみちなが》（九六六〜一〇二七）の全盛期、長保《ちようほう》三年（一〇〇一）十一月二十六日の女王禄では、二〇

○人の女王が見参した（『権記《ごんき》』）。

十世紀末までに諸王の人数は激減

ところが、男性である諸王の人数は、当時、すでに激減していた。長徳《ちょうとく》四年（九九八）七月十日、伊勢奉幣の使王となるべき王大夫《おうだいぶ》（五位の位階を有した諸王）がいなかったために、臨時伊勢奉幣は延引された（『権記』）。ここから、五位以上の位階を持つ諸王が、当時、きわめて少なかったことが知られる。

では、十世紀末までに、いかなる事情のもとに、諸王の人数は急激に減少したのであろうか。

7　平安期における王の員数の減少

平安初期・中期における臣籍降下の盛行

そもそも、平安初期から中期にかけての天皇には、おしなべて子女が多かった。

さらに、天皇の男子である親王にも、多くの子女をもうけた者が少なくなかった。例えば、桓武天皇の子、仲野《なかの》親王（七九二〜八六七）には一四人の男子と一五人の女子がいた。同じく桓武天皇の子、葛井《ふじい》親王（八五〇年没）は、男子だけで二〇人がいた。また、桓武天皇の孫である二世孫王にも、万多《まんだ》親王（七八八〜八三〇）の長男、正躬王（八六三年没）には一二人の男子がいた。

こうして、天皇の子孫は、爆発的に増大していくこととなり、彼らに支給する封禄も、半端なものでなかった。

これを危惧した天皇は、国庫からの支出が膨大になることを抑制するため、皇子女の一部に氏姓を与えて、臣籍に降下させた。同様に、親王・諸王の中にも、自身の子女または自らを臣籍降下させる者が少なくなかった。

こうして、源氏・平氏・在原《ありわら》氏等の諸氏が、皇統から次々と分岐し、平安中期以降、諸王の員数増加は、ある程度、抑えられた。

平安中期以降における親王・諸王の激減

村上《むらかみ》天皇（在位九四六～九六七）以降、院政期以前の歴代天皇は、冷泉《れいぜい》天皇（在位九六七～九六九）、三《さん》条《じょう》天皇（在位一〇一一～一〇一六）を除き、子女が相対的に少なかった。そのうえ、平安時代後期以降、ほとんどの親王が仏門に入るようになった。その結果、親王の子孫である諸王の人的供給は、年々、先細りとなり、平安時代末期には、諸王の激減により、王大夫（五位の位階を有した諸王）が勤めることになっていた伊勢奉幣の使王にも事欠くようになったのである。

もっとも、西暦一〇〇〇年前後の時点では、四世以上の女王の人数は依然、二〇〇人に及んでいた。これは、親王・諸王が、自身の男子は臣籍降下させても、女子については、皇親であるのが一代だけであるので、臣籍降下させずに女王の身位を保たせることが多かったためであろう。

さらに、当時は、すでに封禄の制度が十分には機能しなくなっていた。それゆえ、諸王の中には、自らの生計を立てるために、京都を離れて地方に下向《げこう》していた者もいた。よって、伊勢奉幣の使王となるべき王大夫そのものが皆無であったわけではなく、たまたま在京の王大夫がいなかっただけであろう。しかし、それでも、諸王の人数が少なくなっていたことは確実である。

8　伊勢奉幣の使王

伊勢神宮への奉幣

ここで、伊勢奉幣の使王について説明する。

天皇の祖神である天照大神《あまてらすおおみかみ》を祀る伊勢神宮《いせじんぐう》の内宮《ないくう》（皇大神宮《こうたいじんぐう》）は、皇室の氏神・祖廟であると同時に、国家の祭祀《さいし》における中心的な存在であった。

そのため、伊勢神宮へは、毎年、恒例の四つの祭祀において、朝廷から奉幣使《ほうへいし》（神に献納する幣帛《へいはく》をささげる使い）が差遣された。四つの祭祀とは、神祇官《じんぎかん》祭祀である二月四日の祈年祭《としごいのまつり》、六月十一日と十二月十一日の二度の月次祭《つきなみのまつり》、および、太政官《だじょうかん》祭祀である九月十一日の神嘗祭《かんなめのまつり》《かんなめさい》である。

例幣（神嘗祭奉幣）

これらのうち、王大夫（五位の位階を持つ諸王）が伊勢奉幣の使王を勤めたのは、太政官祭祀である神嘗祭の奉幣においてである。この、九月十一日の神嘗祭奉幣は、例幣《れいへい》と呼ばれる。

使王は、史料には「王使《おおきみのつかい》《おうし》」「正親《おおきみ》」とも記される。使王は、次のような手順で選ばれた。まず、太政官において、王大夫四人の名を記し（正親司からの注進によってであろう）、神祇官に卜定《ぼくじょう》（うらなって定めること）を依頼する。神祇官は卜定を行い、使王となるべき諸王を定め、結果を太政官に注進する。卜定された諸王は太政官に召還され、使王の勤仕を命じられる。そして、太政官から奉幣を命じられた使王は、主使として、天皇が伊勢神宮に奉る宣命《せんみょう》（詔勅を祝詞《のりと》と同様の文体で書いた文書）を帯びて、伊勢神宮に参向した。

この例幣（神嘗祭奉幣）では、神祇官祭祀を専業とする氏族が副使を勤めた。すなわち、中臣使《なかとみのつかい》と忌部使《いんべのつかい》である。中臣使は中臣《なかとみ》氏または大中臣《おおなかとみ》氏が、忌部使は斎部《いんべ》氏が勤めた。中臣使と忌部使は、伊勢神宮への奉幣を神祇官から命じられ、主使である使王と同行した。中臣使は宣命を神宮に奏上し、忌部使は皇大神宮（内宮）幣を奉持した。

また、奉幣使（使王・中臣使・忌部使）に随行する後執者（執幣者）が、豊受宮《とゆけのみや》（外宮《げくう》）幣を奉持した。この後執者は、後に、もっぱら卜部《うらべ》氏が勤めるようになり、「卜部使《うらべのつかい》」と称して奉幣使の一員となるに至った。

そして、使王・中臣使・忌部使・卜部使を「四姓使」または単に「四姓」と称した。したがって、伊勢奉幣使に関する史料のなかに「四姓」という語句があれば、「王」の字はなくても、そこには使王が含まれている。

由奉幣・臨時奉幣

また、天皇の即位・大嘗会《だいじようえ》・元服を伊勢神宮に予告するために、それらの儀式に先立って差遣された由奉幣《よしのほうへい》や、皇室・国家・伊勢神宮に重大事が起こった場合に、伊勢神宮およびその他の諸社に差遣された臨時奉幣においても、平安中期以降、伊勢には例幣と同様、使王以下の諸使が差遣された。

祈年穀奉幣

また、豊作を祈念するために毎年二回、二月・七月頃、伊勢神宮以下の畿内二十二社へ差遣された祈《き》年穀奉幣《ねんこくほうへい》（臨時奉幣が恒例化したものと考えられている）においても、伊勢神宮には使王以下の諸使が差遣された。使王が差遣されない祈年祭の奉幣と名称が似ており、まぎらわしいが、まったく異なる奉幣である。

公卿勅使

さらに、特別に公卿が伊勢神宮に差遣される公卿勅使《くぎようちよくし》でも、使王以下の諸使が公卿と同行した。この場合、主使は公卿であるので、使王は副使となる。

一代一度大奉幣

これらとは別に、天皇の即位と大嘗会の際に、それぞれ大奉幣《だいほうへい》（一代一度大奉幣）が、伊勢神宮以下の五畿七道の諸社に差遣された。御即位大奉幣では、使王は伊勢神宮に参向しないが、大嘗会大奉幣では、使王以下の諸使が伊勢神宮へ差遣された。

使王が派遣された伊勢奉幣

以上の伊勢奉幣をまとめると、使王が伊勢神宮へ派遣されたのは、次の奉幣である。

神嘗祭奉幣（例幣）――毎年九月十一日
祈年穀奉幣――毎年二回、二月・七月頃
御即位由奉幣――天皇の在位中に一度
大嘗会由奉幣――天皇の在位中に一度
大嘗会大奉幣――天皇の在位中に一度
御元服由奉幣――元服前に皇位を継承した天皇が在位中に元服した場合に一度
臨時奉幣――随時
公卿勅使――随時

臨時奉幣は、敬神の念が特に厚い天皇の治世には、一年間に何度も差遣され、時に、先に発遣した奉幣使が帰京する前に、次の奉幣使が発遣される、という事態も生じている。

これらの奉幣使は、ほぼ平安時代中期までに、制度的に整えられた。そして、室町時代における朝《ちょう》儀《ぎ》（朝廷の儀式）衰退期に至るまで、膨大な回数にわたって差遣された。

9　皇族にあらざる「王氏」の成立

平安後期における諸王減少と、使王の確保策

使王を勤めた諸王の名は、伊勢奉幣の全体数から見れば、ごくわずかしか伝えられていない。しかし、それにもかかわらず、延べ人数では相当数にのぼる諸王の名を知ることができる。

ところが、前述のように、平安後期に入ると、伊勢奉幣の使王を勤めるべき王大夫に事欠くという状況が生じた。

それを打開するために、王号を称することはできたものの、皇親である諸王の範疇には含まれなかった五世王や、六世以下の諸王の末裔までをも、王として使王を勤めさせた。

王号を氏姓のように称した皇胤集団「王氏」の成立

これによって、伊勢奉幣に必要である使王を、ある程度は安定的に供給することが可能となった。その結果、天皇からの代数が遠く離れているにもかかわらず、世襲的に王号を氏姓のように称し続ける「王氏《おうし》」と呼ばれる皇胤の集団が、平安末期以降、成立するに至った。

「王氏」の用例と概念の変化

「王氏」という語は、研究者の間では、天皇とその近親からなり王権を所持する集団を指す学術用語である「王家《おうけ》」と、ほぼ同義で使用されることが少なくない。つまり、藤原氏・源氏・平氏とならぶ、天皇家の「王氏」である。しかし、管見の限り、史料上、「王氏」の語を具体的にそのような意味で使用した用例は、いまだに目にしたことがない。

史料上の用例に即すれば、「王氏」という語は、元来、諸王とほぼ同義で用いられた用語であった。つまり、そこに天皇は含まれない。

しかし、「王氏」の語は、平安末期以降、概念が変化した。すなわち、平安中期の諸天皇から系譜が分岐した王たちが世代を重ね、ことごとく実系で五世以下となるに及び、二世王・三世王・四世王を指した用語であった「諸王」と「王氏」が、実態としては五世以下の末流皇胤にして世襲的に王号を称する人々の集団を指す用語へと転化したのであった。

王氏と源氏の「〜御後」

さて、平安時代の各天皇から系譜が分かれた王氏と源氏は、各天皇の子孫ごとに「〜（の）御後《みのち》」と称される集団を形成した（「みのち」の読みは『西宮記』恒例第一正月「五日叙位議」による）。「清和源氏《せいわげんじ》」や「村上源氏《むらかみげんじ》」のような、某天皇の子孫である源氏に対する「某源氏」という呼称は、少なくとも平安時代には使用された形跡がない。同時代的な用例にしたがうと、「清和源氏」は「貞《じょう》

図2　王氏・源氏の「〜御後」

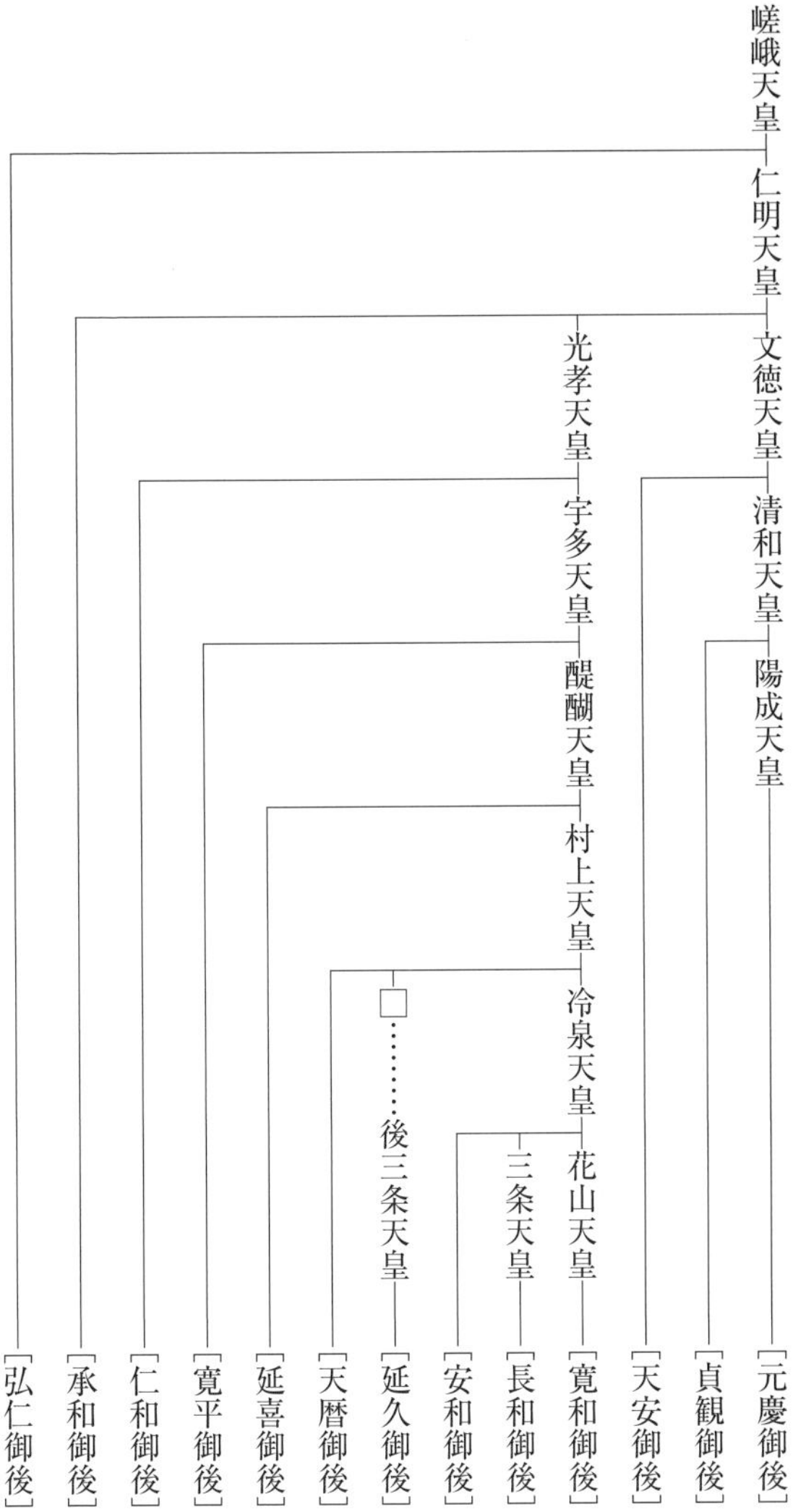
嵯峨天皇
仁明天皇
文徳天皇
光孝天皇
清和天皇
宇多天皇
陽成天皇
醍醐天皇
村上天皇
冷泉天皇
後三条天皇
花山天皇
三条天皇
[元慶御後]
[貞観御後]
[天安御後]
[寛和御後]
[長和御後]
[安和御後]
[延久御後]
[天暦御後]
[延喜御後]
[寛平御後]
[仁和御後]
[承和御後]
[弘仁御後]

観《がんのみのち》御後の源氏」となり、「村上源氏」は「天暦《てんりやくのみのち》御後の源氏」となる。

平安時代、諸王（王氏）・源氏が、どの天皇から分岐したのかは、単なる系譜上の観念にはとどまらなかった。というのは、この「〜御後」という集団は、氏爵《うじのしやく》という特権にあずかる巡《じゅん》（順番）の基準であったからである。

10 王氏爵

王氏爵・二世孫王爵

氏爵とは、王氏・源氏・藤原氏・橘《たちばな》氏等、特定の諸氏族の成員が、正月叙位《しょうがつじょい》、御即位叙位《ごそくいじょい》、大嘗会叙位《だいじょうえじょい》、朔旦冬至《さくたんとうじ》（十一月一日が冬至にあたる吉日）叙位《じょい》において、特別に叙爵《じょしやく》（六位または無位の人を従五位下または外従五位下に叙すること）される、という特権である。

王氏の氏爵である王氏爵《おうししやく》では、三世王は、無位から蔭位《おんい》位階の従五位下に直叙された。四世王は、無位から、または、蔭位により六位に初叙された後に、従五位下に叙された。

また、二世孫王には、三世王・四世王を対象とした王氏爵とは別立ての二世孫王爵《にせいそんのうしやく》があり、無位から蔭位位階の従四位下へ直叙された。

氏爵が制度化されたのは平安中期であるが、諸王の叙位については、それ以前から、王氏爵・二世孫王爵と実質的に同じ叙位の慣例が確立していた。

こうして、平安時代には、臨時叙位を除く叙位の儀ごとに、諸王が叙爵され、諸王の有位者が供給されつづけた。

五世王以下でも擬制的に「四世王」として王氏爵にあずかる

ところが、すでに述べたように、平安末期までに、四世以上の諸王が激減し、伊勢奉幣の使王を、五世王以下の皇胤が勤めるという事態が生じた。王氏爵にあずかる資格があるのは四世王以上であるので、彼らの払底により、叙位の儀において王氏爵が行われないという事態もしばしば生じた。

ここに、叙位の儀において王氏爵を儀礼的に維持すると同時に、伊勢奉幣の使王を勤めるべき五位以上の位階を有する王を供給するためにも、五世以下の皇胤でも王として叙爵させる必要が生じた。

こうして、五世王以下の皇胤が、王氏爵にあずかって叙爵されることとなった。ただし、五世王以下では王氏爵にあずかる資格がないので、彼らは擬制的に四世王となって王氏爵にあずかり、従五位下に直叙された。

このような事情のもとで、平安末期以降の叙位の儀においては、前例に則った儀礼の遂行のために、平安時代の天皇の末裔である「〜御後」の者が、実際の世数とは関係なく、「四世無位」の諸王（王氏）として、王氏爵にあずかり、叙爵されるようになった。

したがって、実系で五世以下であっても、王氏爵にあずかって叙爵されていれば、名目上は四世王ということになる。

架空の王も王氏爵にあずかる

王氏爵は、江戸初期に至るまで連綿と行われ、多くの王が叙爵された。ところが、遅くとも室町時代までには、王氏爵にあずかるべき王氏の成員不足により、儀礼を遂行するだけの目的で、架空の王を叙爵させるという事例が多くなった。よって、王氏爵にあずかった王には、実在の者と架空の者が混在しているので、注意が必要である。

11　寛和御後と天暦御後の王氏

寛和御後の王氏

王氏の集団として系譜が知られているのは、寛和御後《かんなのみのち》と天暦《てんりやくのみのち》御後の二系統の王氏である。

寛和御後の王氏は、花山《かざん》天皇（在位九八四〜九八六）の子孫である。実系で花山天皇の五世孫である顕広《あきひろ》王（一〇九五〜一一八〇）は、長寛《ちようかん》三年（一一六五）、神祇官の長官である神祇伯《じんぎはく》となり、それを子孫の世襲の職とした（そのためこの家は「伯家《はつけ》」と称された）。また、天皇の即位式において女王が勤めた褰帳女王《けんちようじよおう》役を自家に確保した。神祇伯を世襲した顕広王の子孫は、堂上公家《とうしようくげ》の家格《かかく》を獲得し、その嫡系は白川《しらかわ》の家名を称した。鎌倉・室町期における白川家の歴代の多くは、王氏爵で叙爵された後、源氏（いわゆる花山源氏《かざんげんじ》）になり侍従、少将、中将と累進し、神祇伯に任じられると王氏に戻った。

白川家は、室町末期に花山天皇の男系血統が絶えた後は、村上源氏や藤原氏の公家から養子を迎えた。

諸王の血統でなくなった後、白川家の歴代は、神祇伯在任中のみ王号を称して、明治維新に至った。

天暦御後の王氏

天暦御後の王氏は、三条天皇（在位一〇一一～一〇一六）の玄孫（四世孫）で源氏を賜姓《しせい》された源《みなもとのみち》通季《ずえ》の子孫である。源通季は、宣旨《せんじ》（天皇の内命を伝える公文書）を下され、実系ではない天暦御後（村上天皇裔）の王氏となった。この天暦御後の王氏は、代々、伊勢奉幣の使王を勤め、正親司の長官である正親正《おおきみのかみ》を世襲の職として、おそらく室町後期まで存続した。

江戸時代に伊勢奉幣が再興されると、使王を代々勤めた天暦御後の王氏が絶えていたため、公家よりも低い身分で朝廷に仕えた地下官人《じげかんじん》の人々が「使王代《しおうだい》」（使王の代役）を務め、名義上「～王」と王号を称し、明治維新期まで続いた。

「おおきみ」と「おう」が分化？

本来、称号の王・女王は、いずれも「おおきみ」と読まれていた。

しかし、院政期以降、「王《おおきみ》」という概念が、皇親ではない「～御後」の皇胤末流「王氏」の称号へと事実上、変化したことに伴い、皇族である正真正銘の王・女王に対しては、「おおきみ」ではなく「おう」「じょおう」と音読するのが通例となったようである。

しかし、称号の王・女王を、具体的に誰に対して、いつ頃から音読するようになったのか、同時代史料から具体的な確証を探し出すことは困難である。

12　皇子である王

天皇の子女である王・女王

さて、院政期以降、従来とは異なる類型の王が現れた。すなわち、天皇の子である王である。令制のもとでは、天皇の子弟は、無条件に親王の身分を保持した。

しかし、先述のように、平安前期、皇子の一部は、賜姓されて臣籍降下した。一方、親王は、生まれた時点で親王となるのではなく、宣旨を下されることによって初めて親王になることができた。この新たな制度は、平安時代中期に確立した。すなわち、親王宣下《しんのうせんげ》の制である。

したがって、天皇の子女であっても、親王宣下・内親王宣下をこうむらなければ、親王・内親王と称することができず、さらに、臣籍降下も出家もしなければ、身分において、どちらつかずの状況となった。このような皇子女は、系図において、しばしば「王」「女王」の称が付けられて記載されている。

その一方で、鎌倉時代から、天皇の孫（稀に曽孫）であっても親王宣下を受ける事例、さらに、天皇からの世数が離れていても、時の天皇・上皇の養子または猶子《ゆうし》（名義上の養子）となって親王宣下を受ける事例が、見られるようになった。

皇位継承争いの敗者たる王

皇子である王の第一類型は、皇位継承争いの敗者である。彼らは、政治的な理由で親王となることができず、王の身分に留め置かれた。

後白河《ごしらかわ》天皇（在位一一五五〜一一五八）の皇子で、諸国の源氏に決起を呼びかけ、「治承《じしょう》・寿永《じゅえい》の内乱」（源平合戦）を引き起こした以仁《もちひと》王が、その初例である。

順徳《じゅんとく》天皇（在位一二一〇〜一二二一）の皇子で、鎌倉幕府の介入によって皇位継承を阻止された忠成王も、この範疇に含まれる。

また、皇統の嫡系から外れた天皇の子女で、親王・内親王と成ることが出来なかった人々も、これに準じよう。

親王を経ずに天皇となった王

皇子である王の第二類型は、親王となる手続きを踏まずに践祚《せんそ》（皇位を継承すること）して天皇となった王である。

すなわち、尊成王（後鳥羽《ごとば》天皇。在位一一八三〜一一九八）、為仁《ためひと》王（土御門《つちみかど》天皇。在位一一九八〜一二一〇）、邦仁《くにひと》王（後嵯峨《ごさが》天皇。在位一二四二〜一二四六）、弥仁《いやひと》王（後光厳《ごこうごん》天皇。在位一三五二〜一三七一）、幹仁《もとひと》王（後小松《ごこまつ》天皇。在位一三八二〜一四一二）である。

また、実系では皇子ではないが、傍系から皇位を継承するために天皇・上皇の養子となったものの親王宣下をこうむらずに践祚して天皇となった、彦仁王《ひこひと》（後花園天皇《ごはなぞの》。在位一四二八〜一四六四）、師仁王《もろひと》あらため兼仁王《ともひと》（光格天皇《こうかく》。在位一七七九〜一八一七）も、この類型に含めることができるであろう。

彼らのうち、例えば、土御門天皇となった為仁王について見ると、同時代史料においては、「為仁王」という表記では現われない。例えば、藤原定家《さだいえ》《ていか》（一一六二〜一二四一）の日記『明月記《めいげつき》』の建久九年（一一九八）正月十一日条には「為仁皇子をもって皇太子となし」と見える。この「為仁皇子」は「ためひとのみこ」と訓読されたのであろう。

これら、親王宣下をこうむらずに皇位を継承した王は、全員、践祚の直前に至り、初めて実名を選ばれているので、実名に王号を伴う王であった期間自体がきわめて短い。しかも、同時代史料においては、実名に王を伴う表記では現われていない場合も少なくない。

したがって、親王宣下を経ずに皇位を継承した皇子を、すべて王として類別することには、いささか問題があるようにも思われる。

13　宮号と宮家

宮号のみで呼ばれた皇族

院政期以降、天皇の子女は、親王宣下・内親王宣下を受ける時に初めて実名が定められるのが通例となった。それ以前には、もっぱら「〜（の）宮《みや》」と称号で呼ばれており、王号を称してはいなかったようである。

また、同時期より、実名を持たぬまま「〜宮」と称号のみで呼ばれて生涯を終えた皇族男子（皇子をも含む）も現れた。彼らは、王号を称した形跡がなくとも、王に準ずる存在と位置づけられよう。

南北朝・室町期の宮家の王

鎌倉時代より、俗体の親王が再び現れるようになると、彼らの子孫の中には、天皇家のもとに集積された荘園の一部を伝領することにより、経済的基盤を確立し、代を重ねることが可能となった者も現われた。彼らの多くは、殿邸・居所にちなんだ宮号を家名として世襲的に称した。

こうして、いわゆる宮家《みやけ》が南北朝期までに成立した結果、「〜御後」の「王氏」ではない、正真正銘の皇族の王も、再び現れるようになった。

ただし、室町時代の宮家の当主には、王から親王となった者が少なくない。天皇からの世数が離れていても、時の天皇または上皇の養子となって親王宣下を受けることが慣例化した結果、令制下では皇親にも含まれ得なかった天皇の五世孫以下でも、親王となることが可能となった。

なお、南朝の後村上《ごむらかみ》天皇（在位一三三九〜一三六八）の子孫である親王は、北朝系の室町期朝廷においては親王と認められず、王として待遇されたようである。

室町前期までに成立したこれらの宮家のうち、戦乱の世を生き抜くことができたのは、伏見宮《ふしみのみや》家だけであった。

14　江戸時代の王

四親王家の王

織豊・江戸時代、新たな宮家が成立した。桂宮《かつらのみや》（もと八条宮《はちじょうのみや》、常磐井宮《ときわいのみや》、京極宮《きょうごくのみや》）家、有栖川宮《ありすがわのみや》（もと高松宮《たかまつのみや》、桃園宮《ももぞののみや》、花町宮《はなまちのみや》）家、閑院宮《かんいんのみや》家である。

伏見宮家とこれら新立の宮家の王子である継嗣・当主は、夭折した者を除き、代々、天皇・上皇の猶子（名義上の養子）となり、親王となった。そのため、これらの宮家は「四親王家《ししんのうけ》」と称される。

四親王家の、継嗣以外の男子は、原則として、天皇・上皇の養子となり、親王となった後に出家して（例外的に、出家した後に法親王となった事例もある）、いわゆる宮門跡《みやもんぜき》となった。

彼ら、四親王家の男子は、形式的に王から親王になったとしても、親王となる以前は「宮」号で呼ばれており、王とは称されていない。よって、四親王家出身の王は、実質的に、なきに等しい。

皇族の王なき江戸時代

江戸時代に王号を称していたのは、花山源氏の白川家の神祇伯のみであった。また、伊勢奉幣の行事の際、朝廷に仕える地下官人である河越家《かわごえけ》等の人々が「使王代」として一時的に仮の王号を称して、奉幣使を勤めた。いずれも皇族ではなく、血統の上でも、ほとんどは男系皇胤ですらなかった。

したがって、江戸時代は、日本の有史上、初めて、皇族である王が実質的に存在しない時代であった。そして、「王家」とは白川神祇伯家を意味したのである。

15　近代の王

慶応四年の皇室制度改変

幕末維新期、伏見宮家出身の宮門跡たちが相次いで還俗し、中川宮《なかがわのみや》（のち賀陽宮《かやのみや》、久邇宮《くにのみや》）、山階宮《やましなのみや》、聖護院宮《しょうごいんのみや》、仁和寺宮《にんなじのみや》（のち東伏見宮《ひがしふしみのみや》、小松宮《こまつのみや》）、照高院宮《しょうこういんのみや》（聖護院宮を継承。のち北白川宮《きたしらかわのみや》）、華頂《かちょうの》宮《みや》、梶井宮《かじいのみや》（のち梨本宮《なしもとのみや》）の各宮家が成立した。

明治維新後、従来の前近代的な皇室制度は、大きく変容した。

まず、慶応《けいおう》四年（一八六八）閏四月十五日、皇親の範囲は、令の制度に引き戻され、「皇兄弟・皇子はみな親王となし」、「皇兄弟・皇子以外は諸王となし、親王より五世は王名を得るといえども皇親の限に在らず」と定められた。しかし、これを徹底させると、当時、現存していた親王は、霊元《れいげん》天皇（在位一六六三～一六八七）の四世孫である有栖川宮幟仁《たかひと》親王（一八一二～一八八六）を除き、全員、皇親の範囲からも外れてしまうので、現存の皇族については、既得の称号・身位を変更しないこととした。そして、四親王家の伏見宮・有栖川宮・閑院宮については、嫡子は従前の通り、天皇の養子となり親王宣下を受け（当時の桂宮家の当主は淑子《すみこ》内親王で女性であった）、それ以外の新立の宮家については、親王であるのは本人のみで、子は賜姓されて臣籍降下することに定められた。

明治三年（一八七〇）十二月十日、四親王家以外の新立の親王家は、二代目より賜姓して華族となることが定められたが、これは、慶応四年の制度に則ったものである。

なお、白川家の神祇伯資訓《すけのり》王（一八四一～一九〇六）は、明治二年（一八六九）六月一日、官制改革により神祇伯職を失い、王号を停められた。また、使王代も、明治三年九月十一日の伊勢例幣における「種弘《たねみつ》王」を最後に終焉を迎えた。

それ以来、令和初年の現在に至るまで、王号を称したのは、四親王家の男系子孫である皇族のみとなっている。

慶応四年制定の皇室制度の弛緩

慶応四年制定の新制にもとづき、四親王家の伏見宮《たつのみや》（貞愛《さだなる》）、閑院宮載仁《ことひと》王、有栖川宮威仁《たけひと》王は、親王宣下をこうむった。

しかし、明治十四年（一八八一）一月十九日、特旨によって、東伏見宮嘉彰《よしあき》親王（のちの小松宮彰仁《あきひと》親王）が世襲皇族となり、山階宮晃《あきら》親王が二代皇族となった。また、明治十六年（一八八三）二月十五日、華頂宮博経《ひろつね》親王の子博厚《ひろあつ》王に対して、その薨逝に先立ち、特別に明治天皇の養子として親王宣下が行なわれ、四月十三日、伏見宮貞愛親王の庶長子、愛賢《なるかた》王（のちの伏見宮博恭《ひろやす》王）が特旨により諸王に列されて華頂宮を相続した。そして、同年七月七日、久邇宮朝彦《あさひこ》親王が二代皇族になった。

こうして、新立の宮家が二代目から華族になるという一代皇族の制は、なし崩しとなった。明治十九年（一八八六）五月一日、小松宮継嗣の依仁王《よりひと》（のちの東伏見宮）が明治天皇の養子となり親王宣下をこうむったが、これが、平安時代から長く続いた親王宣下の最後となった。

なお、新立の宮家で新たに誕生した皇族男子は、基本的には王であった（華頂宮博厚親王は例外）。こうして、皇族の王が、平安後期以来、久々に数多く現れた。

明治の皇室典範の制定

相次ぐ特旨によって弛緩した皇室制度は、皇室に関する特別の法律である皇室典範によって、一新された。

明治二十二年（一八八九）一月十五日に制定された、明治の皇室典範では、令制以来の、皇親を天皇の四世孫までに限る制に代わり、皇族の男系子孫は永遠に皇族の身位を保つことができるという永世皇族の制が採用され、「皇子より皇玄孫に至るまでは男を親王、女を内親王とし、五世以下は男を王、女を女王とす」と定められた（同第三十一条）。

ちなみに、「天皇、支系より入て大統を承くるときは、皇兄弟姉妹の王・女王たる者に、特に親王・内親王の号を宣賜す」（同第三十二条）という条項があるが、これは空文に終わった。

なお、「現在の皇族五世以下、親王の号を宣賜したる者は、旧に依る」とあり（第十二章「補則」第五十七条）、すでに親王宣下を受けていた皇族の親王号は、そのまま維持された。

図3　明治制定の皇室典範における親王・内親王・王・女王

また、「皇族は養子を為《な》すことを得ず」と定められた（同第四十二条）。

皇室典範制定後、明治四十年（一九〇七）までの間に、賀陽宮《かやのみや》、東伏見宮《ひがしふしみのみや》、朝香宮《あさかのみや》、竹田宮《たけだのみや》、東久《ひがしく》邇宮《にのみや》の各宮家が成立した。これらの宮家は、小松宮継嗣であった依仁親王が立てた東伏見宮家を除き、すべて当主は王であった。彼らの男子も、言うまでもなく王であった。

永世皇族制による王の増加への懸念

さて、皇室典範の制定後、後継者を欠いて断絶する宮家が生じた一方で、多くの男子（すなわち王）をもうけた皇族も少なくなく、永世皇族制のままでは、王の人数が無制限に増加することとなりかねない、という問題が生じた。つまり、奈良期・平安前期の再現で、王の人数が膨大化すると国家財政にも影響が出る、という憂慮すべき事態が予想されたのである。

そこで、明治四十年二月十一日に制定された「皇室典範増補」では、「王は勅旨または情願に依り家名を賜い華族に列せしむることあるべし」（第一条）と、王が臣籍降下して華族に列することが許され、また、「王は勅許に依り、華族の家督相続人となり、又は、家督相続の目的を以て華族の養子となることを得」（第二条）とされた。

その結果、宮家の当主・継嗣以外の王は、原則として、臣籍降下して華族に列するのが通例となった。こうして、王の員数の増加は、一定程度、抑えられた。

なお、王が華族の養子となることができる制は、実際に適用された事例はなかった。

また、「皇族の、臣籍に入りたる者は、皇族に復することを得ず」（第六条）とあり、一度、皇籍を離れると、皇族に復帰できなかった。

さらに、大正九年（一九二〇）五月十九日に裁可された内規「皇族ノ降下ニ関スル施行準則」では、王は、「情願を為さざるときは長子孫の系統四世以内を除くの外《ほか》勅旨に依り家名を賜ひ華族に列す」とされ、二男以下の王はもちろん、宮家の長男であっても親王（一世と数える）の玄孫（五世）の王は、自発的に臣籍降下を願わない場合には、勅旨によって臣籍に降下して華族に列するものとされた。

この施行準則は一度も適用されることのないまま、華族制度を否定した日本国憲法が施行される以前の昭和二十一年（一九四六）十二月二十七日に廃止された。

軍務に就く王

近代における王は、原則として陸海軍に奉職し、軍人として活動した。

なかでも最も有名なのは、軍令部総長として大日本帝国海軍の頂点に上りつめた元帥・海軍大将博恭《ひろやす》王（伏見宮）、および、前代未聞、空前絶後の皇族の内閣総理大臣となった陸軍大将稔彦《なるひこ》王（東久邇宮。のち東久邇稔彦）の二人であろう。

16　戦後の王

昭和の皇室典範の制定

敗戦後、明治の皇室典範は廃止され、新たに昭和二十二年（一九四七）一月十五日、昭和の皇室典範が制定された。

その第六条には、「嫡出の皇子及び嫡男系嫡出の皇孫は、男を親王、女を内親王とし、三世以下の嫡男系嫡出の子孫は、男を王、女を女王とする」とあり、第七条には、「王が皇位を継承したときは、その兄弟姉妹たる王及び女王は、特にこれを親王及び内親王とする」とあり、皇孫までが親王・内親王、皇曽孫以下が王・女王、と定められた。

王が一人もいなくなる

昭和の皇室典範の第十一～十四条には、皇族の身分を離れる規定が定められている。

昭和二十二年十月十四日、皇室典範第十一・十三・十四条の規定にもとづき、伏見宮系の宮家に属する皇族の王二六人、女王一二人、王妃の内親王三人、王妃一〇人の計五一人が、皇族の身分を離れた。その結果、皇室には王と女王が一人もいなくなった。

昭和五十六年（一九八一）十二月二十日、彬子《あきこ》女王（大正天皇の曽孫。三笠宮崇仁《みかさのみやたかひと》親王の孫。寛仁《ともひと》親王の長女）が誕生し、三十四年ぶりに女王が現われた。しかし、王の不在は、令和初年に至っても、なお続いている。

現在、皇族の人数が減少し、現行の皇室典範の規定のままでは将来的に皇族男子は秋篠宮《あきしののみや》家の悠仁《ひさひと》親王ただ一人となる可能性もあるとして、皇室典範を改定し、昭和二十二年に皇籍を離れた旧皇族とその男系子孫を皇族にする、という案も論じられている。

仮に、それが実現した場合には、彼らは王と称されることと思われる。そうであれば、長らく断絶していた王が久々に復活することとなるが、令和元年（二〇一九）秋の時点では、予測が困難であると言わざるを得ない。

皇室制度史上における王の沿革は、以上のとおりである。

図4　昭和制定の皇室典範における親王・内親王・王・女王

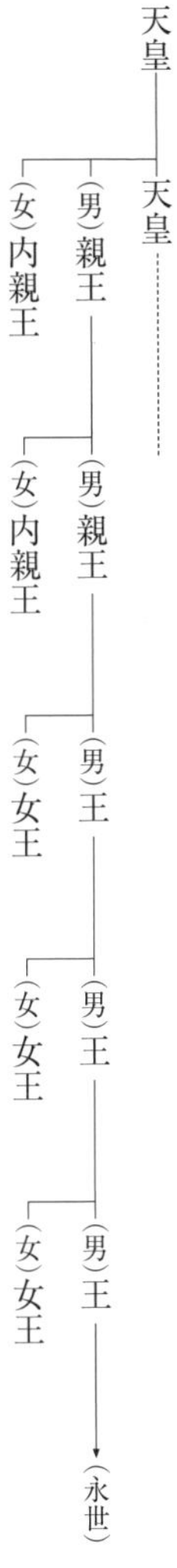

第一章　奈良時代と平安時代前期の王

1　王と「皇親政治」

「皇親政治」を担ったとされる親王・諸王

律令《りつりょう》制が機能していた奈良時代から平安時代前期に到る時代には、「皇親《こうしん》政治」のもと、皇親が政治的にも一定の力を持っていた時期もあったとされる。

しかし、この時期に、公卿《くぎょう》（大臣、大・中納言、参議、三位以上の有位者）となった皇親（親王と諸王）は、決して多くはなく、五世王以下の王を含めても次の二一人どまりである。

穂積親王《ほづみのみこ》（〜七一五）　天武《てんむ》天皇の子。知太政官事
舎人親王《とねりのみこ》（六七六〜七三五）　天武天皇の子。知太政官事
長屋王《ながやのおおきみ》（六七六〜七二九）　天武天皇の孫。高市皇子《たけちのみこ》の子。左大臣
鈴鹿王《すずかのおおきみ》（〜七四五）　長屋王の弟。知太政官事
葛城王《かづらきのおおきみ》（六八四〜七五七）　敏達《びだつ》天皇の五世王。参議、従三位。賜姓《しせい》され橘諸兄《たちばなのもろえ》と改名。

智努《ちぬ》(知努)王《のおおきみ》（六九三〜七七〇）　天武天皇の孫。長親王《ながのみこ》の子。従三位。賜姓され文室《ぶんやの》浄三と改名。

三原王《みはらのおおきみ》（〜七五二）　天武天皇の孫。舎人親王の子。従三位

栗栖王《くるすのおおきみ》（六八二〜七五三）　天武天皇の孫。長親王の子。従三位

船王《ふねのおおきみ》　三原王の弟。従三位。弟大炊王《おおいのおおきみ》の即位に伴い親王となる。

池田王《いけだのおおきみ》　船王の弟。従三位。弟大炊王の即位に伴い親王となる。

白壁王《しらかべのおおきみ》（七〇九〜七八一）　天智《てんじ》天皇の孫。志貴親王《しきのみこ》（施基皇子）の子。大納言。皇位を継承（光仁《こうにん》天皇）

山村王《やまむらのおおきみ》（七二二〜七六七）　用明《ようめい》天皇の子孫。従三位、参議。

和気王《わけのおおきみ》（〜七六五）　天武天皇の曽孫。三原王の男子。参議

神王《みわのおおきみ》（七三七〜八〇六）　光仁天皇の甥かつ婿。右大臣

壹志濃王《いちしののおおきみ》（七三三〜八〇五）　光仁天皇の甥。大納言

直世王（七七七〜八三四）　天武天皇の玄孫。長親王の曽孫。中納言

正躬王（七九九〜八六三）　桓武《かんむ》天皇の孫。万多親王《まんだのみこ》の子。参議

高枝王《たかえのおおきみ》（八〇二〜八五八）　桓武天皇の孫。伊予親王《いよのみこ》の子。従三位

忠貞王《たださだのおおきみ》（八二〇〜八八四）　桓武天皇の孫。賀陽親王《かやのみこ》の子。参議

基棟王《もとむねのおおきみ》　桓武天皇の孫で葛井親王《ふじいのみこ》の子か。従三位

十世王（八三三〜九一六）　桓武天皇の孫。仲野親王《なかののみこ》の子。参議

「皇親政治」の実体

結局、二人の親王を除けば、大臣となった皇親は、知太政官事を含めても長屋王と鈴鹿王と神王の三人のみ、大納言は白壁王（のちの光仁天皇）と壹志濃王、中納言は直世王、という少なさである（賜姓後は皇親でなく諸臣となる）。元明《げんめい》天皇の和銅《わどう》元年（七〇八）から淳和《じゅんな》天皇（在位八二三〜八三三）の天長《てんちょう》十年（八三三）までの大臣だけでも一四人を輩出した藤原氏とは、比較にならない。

もっとも、特定の時期を見ると、皇親が藤原氏を抑えて公卿の筆頭・二番手を占めていた時期が二度ある。第一期は、養老《ようろう》四年（七二〇）から神亀《じんき》六年（七二九）までの舎人親王と長屋王。第二期は、延《えん》暦《りゃく》十六年（七九七）から同二十四年までの神王と壹志濃王（ともに桓武天皇の従兄弟）である。

第一期は、右大臣藤原不比等《ふじわらのふひと》の死後、累進して左大臣となった長屋王が権勢を振るった時期にあたる。そして、その終焉は、周知のとおり、失脚した長屋王が自殺に追い込まれた時であった。

第二期は、神王は性格が恭謹にして「物に接するに淡若」な温厚な人物であり、壹志濃王は桓武天皇の飲み友達で、およそ皇親が権勢を振るうような実態はなかった。

要するに、皇親が一定の政治的実権を振るうことができたのは、長屋王の時期にとどまる。したがって、「皇親政治」と称し得る実体が存在していたとは考え難い。

「藤原四家」の虚構

なお、奈良時代〜平安中期における政治史の叙述において、通説的に使用される政治的集団の概念には、不適切なものが少なくない。例えば、藤原氏の四家、すなわち南家《なんけ》・北家《ほっけ》・式家《しきけ》・京家《きょうけ》を政治的集団と捉えて、「藤原南家の没落」、「藤原北家の他氏排斥」等々と称するのは、実態には合わない。藤原四家とは、強固な族的結合を保持していた集団とは考え難く、後には総論でも述べた王氏爵《おうししゃく》・源氏《げんじ》爵《しゃく》の「～御後《みのち》」と同じく、叙位《じょい》の儀における藤氏爵《とうししゃく》の巡《じゅん》（順番）の基準となった。

これらの用語は、政治権力をめぐる複雑な構図をわかりやすく理解する上では、それなりに有効ではあろう。しかし、「皇親政治」や「藤原北家の他氏排斥」等々の概念が一人歩きしてしまうと、実態から隔たった歴史像を構築することにつながってしまうのではないだろうか。

2　長屋王とその王子たち

最も有名な諸王、長屋王

いわゆる「皇親政治」の代表的人物の一人である長屋王は、神亀六年（七二九）二月、藤原四兄弟（藤原不比等の諸子）との政争に敗れ、「誣告《ぶこく》」によって無実でありながら妃・王子たちと共に自縊《じい》を強いられた、悲劇の左大臣である。

なお、長屋王を死に追いやった藤原四兄弟は、疫病の流行により、天平《てんぴょう》九年（七三七）、相次いで命を落とした。これは長屋王の怨霊によるとされ、恐れられた。

また、昭和六十三年（一九八八）、デパート「奈良そごう」建設予定地の発掘調査中、おびただしい量の木簡が出土し、その遺跡が長屋王邸宅跡と確認され、昭和最末期における一大事件として、大きな衝撃をもって報じられたものであった。

長屋王が史上最も有名な諸王であることは、衆目の一致するところであろう。

長屋王の王子たち

長屋王については多くの文献がある。しかし、その子孫については、未詳の点が少なくない。長屋王と共に自縊したのは、妃の吉備内親王《きびのひめみこ》と、四人の男子である。

図5　長屋王の一門

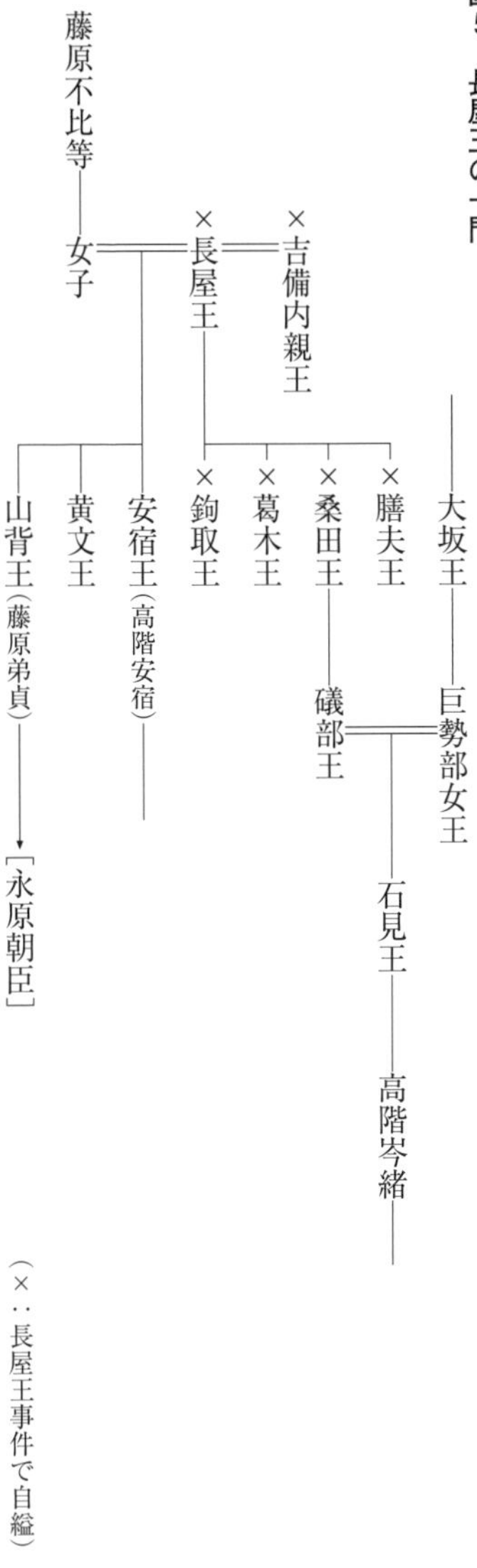

四王子のうち、桑田王《くわたのおおきみ》には、礒部王《いそべのおおきみ》という男子がいたことが知られる。父桑田王が非業の最期を遂げた時には、乳幼児であったと考えられる。

この礒部王は、大坂王《おおさかのおおきみ》（出自未詳）の女子巨勢部女王《こせべのおおきみ》との間に、石見王《いわみのおおきみ》という男子を儲けた（前田本『日本帝皇系図《にほんていおうけいず》』附載「高家」系図）。この石見王の母については、淳仁《じゅんにん》天皇（淡路廃帝《あわじのはいだい》）の女子とする説が有力であるが、誤りであろう。

石見王の子岑緒《みねお》は、高階真人《たかしなのまひと》の氏姓を賜わり、臣籍に降下した。平安・鎌倉期に活躍した高階氏や、高師直《こうのもろなお》ら高一族は、系図上、この高階岑緒《たかしなのみねお》の子孫であるとされる。

一方、長屋王と藤原不比等の女子（名は長娥子であると推定されている）との間に生まれた男女は、母が藤原不比等の女子であったため、「特に不死を賜わり」、勅命によって連坐を免れた。

生き残った三王子は、その後、天平勝宝《てんぴょうしょうほう》九歳（七五七）、橘奈良麻呂《たちばなのならまろ》の謀反《むへん》（天皇殺害、国家顛覆を謀る重罪）事件に関わることとなる。

山背王と、もう一つの藤原氏

橘諸兄の長男橘奈良麻呂《たちばなのならまろ》は、父の死後ますます政治的権力を強化した藤原仲麻呂《なかまろ》（七〇六～七六四）を打倒するため、謀反を企てた。その陰謀に加わった皇族は、皇太子を廃された道祖王《ふなどのおおきみ》（天武天皇の孫で、新田部親王《にいたべのみこ》の子。長屋王の従弟）、および、長屋王と藤原不比等の女子との間に生まれた二王子、安宿王《あすかべのおおきみ》と黄文王《きぶみのおおきみ》である。

安宿王・黄文王の同母弟にあたる山背王《やましろのおおきみ》は、謀反の陰謀を、ひそかに孝謙《こうけん》天皇（在位七四九～七五八）に上奏した。他にも密告する者があり、橘奈良麻呂の同志は一網打尽となった。これを嘉した孝謙天皇は、山背王に藤原朝臣の氏姓を賜わった。彼は名も改め、藤原弟貞《おとさだ》となった（七六三年没）。藤原弟貞の子孫は、不比等の男系子孫ではない、もう一つの藤原氏であったが、大同《だいどう》三年（八〇八）までに氏を永原《ながはら》と改めた。永原氏から有名な人物は現われなかったものの、平安後期に至るまで、氏人《うじびと》の存在を諸史料から確認することができる。

なお、広隆寺《こうりゅうじ》講堂の阿弥陀如来坐像《あみだにょらいざぞう》は、淳和天皇の女御《にょうご》永原氏の発願によって、九世紀前半に造立された。

石津王

ちなみに、古代における皇族出身の藤原氏としては、天平勝宝九歳正月九日に藤原仲麻呂の子となり藤原朝臣の氏姓を賜わった石津王（系譜未詳）がいる。

彼は、後に、藤原仲麻呂が藤原恵美押勝と改氏・改名した時であろうか、仲真人《なかのまひと》の氏姓を賜わり、名を石伴《いわとも》と改めたと考えられている。

この仲石伴《なかのいわとも》は、天平宝字《てんぴょうほうじ》八年（七六四）九月、反乱を起こした藤原恵美押勝（もと藤原仲麻呂）と運命を共にして、近江国《おうみ》勝野津《かちののつ》（現在の滋賀県高島市《たかしま》勝野《かつの》）にて斬首されている。

拷問によって虐殺された黄文王

長屋王と藤原不比等の女子との間に生まれた三王子のうちの第二子、黄文王は、橘奈良麻呂の陰謀に、積極的に加わった。

そのため、黄文王に対する仕打ちは苛烈なものとなった。皇籍を剥奪されたばかりか、氏姓のない「久奈多夫礼《くなたぶれ》」（頑迷で狂気じみた奴、の意味）という屈辱的な名前に改名させられた。普通、罪人となった皇親が臣籍に落とされる場合は真人《まひと》の姓《かばね》を与えられるのが通例であるが、それすら認められなかったのである。

そして、黄文王あらため「久奈多夫礼」は、船王（舎人親王の子）らによる激しい拷問を受けて、「杖下《じようか》に死」した。

なお、黄文王と同じく「杖下に死」したのは、廃太子道祖王あらため「麻度比《まどい》」、大伴古麻呂《おおとものこまろ》らであった。この古麻呂は、遣唐使として派遣された長安《ちようあん》にて、新羅《しらぎ》使より下座の席につくのを拒んだ話で有名である。

ところで、本居宣長《もとおりのりなが》（一七三〇〜一八〇一）の「玉鉾百首《たまほこひやくしゆ》」の中に、「くなたぶれ」を罵語として用いた一首がある。

くなたぶれ　馬子が罪も　きためずて　さかしら人の　せしはなにわざ

これは、崇峻《すしゆん》天皇を弑逆《しいぎやく》した蘇我馬子《そがのうまこ》の大罪を罰さなかった聖徳太子《しようとくたいし》を謗《そし》った歌であるが、扇動者としての宣長の一面が垣間見られる点で興味深い。

政争による死の危機を二度もくぐり抜けた安宿王

黄文王の兄安宿王《あすかべのおおきみ》は、事情を知らずに欺《あざむ》かれて謀議の場に加わる成り行きになった、との弁明が容《い》れられ、死を免れた。

この安宿王は、長屋王の諸子のうち、最も顕著な活動を行っており、もと満洲帝国の法制官僚にして戦後は右派の法制史学者として名高い滝川政《たきがわまさ》次郎《じろう》（一八九七〜一九九二）によって、専論も書かれている。また、宝塚歌劇団のミュージカル作品「たまゆらの記」（柴田《しばた》侑宏《ゆきひろ》作・演出、一九八八年）では主人公となっている。ちなみに、初演（平《たいら》みち主演）後まもなく、長屋王邸宅跡の発見が報道されたのは、まったくの偶然である。

さて、ここで、安宿王の経歴を概観する。

安宿王は生年未詳であるが、長屋王事件（七二九）の時、十四・五歳であったと考えられている。天平九年（七三七）九月、三世王として無位から従五位下に叙され、翌月、おそらく聖武天皇からの直接の下命によって、一躍、従四位下に叙された。

さらに安宿王は、天平十八年四月、八省（中務《なかつかさ》・式部《しきぶ》・治部《じぶ》・民部《みんぶ》・兵部《ひょうぶ》・刑部《ぎょうぶ》・大蔵《おおくら》・宮内《くない》の各省）の長たる治部卿《じぶきょう》に任じられた。時に三十一・二歳の若さである。その後も、富裕な大国、播磨《はりま》国の国守に任じられ（ただし、現地に赴任しない遥任《ようにん》と考えられている）、それなりに満ち足りた生活を送っていたと考えられる。

一方で、安宿王は、自ら写経を行うだけでなく、稀少な仏教経典を写経所に貸し出すほどの、熱心な仏教徒であった。

その評判が高かったためであろうか、天平勝宝六年（七五四）二月、苦難の波濤《はとう》を越えて来日した鑑《がん》真《じん》（六八八〜七六三）が入京した際に、鑑真一行を迎える勅使《ちよくし》となった。これは、安宿王の生涯において、最も晴れがましい一日であったかも知れない。

それが暗転したのが、天平勝宝九歳の橘奈良麻呂事件である。

陰謀が発覚した後、安宿王は、二度にわたって取調べを受けた。幸い、謀反《むへん》の罪は免れたが、謀反を知りながら告言しなかった罪に問われたのであろう、死一等を減刑されて遠流《おんる》に処された。

安宿王は、皇籍と官位を剥奪され、佐渡《さど》に配流《はいる》された。

それから十三年後、称徳《しようとく》天皇（孝謙天皇が重祚《ちようそ》。在位七六四〜七七〇）の病が重い神護景雲《じんごけいうん》四年（七七〇）七月、橘奈良麻呂に連座した四四三人の罪が免じられた。安宿も罪を免じられ、皇籍を復された。しかし、入京は許されなかった。おそらく流刑地に留め置かれたのであろう。

さらに三年後の宝亀《ほうき》四年（七七三）十月、安宿王は高階真人《たかしなのまひと》の氏姓を賜わった。当然、安宿王の子女も高階氏となったものと思われる。

その後の安宿の消息は、史料からは知ることができないが、佐渡国で没した可能性が高い。佐渡国には、土着の高階真人の氏人がいたことが知られる。おそらく安宿の後裔であろう。

3　王への賜姓と、王の貴種性の低下

奈良時代と平安時代前期における王たちへの賜姓

当時、臣籍へ降下した王は、おそらく、皇親として最後の世数となる四世王や、皇親ではないが王号を称すことができた五世王以下が中心であったと思われる。

天皇の子孫に賜姓される氏姓は、平安中期以降はほぼ源朝臣《みなもとのあそん》のみとなるが、平安前期まではさまざまであった。例えば、天平勝宝三年（七五一）正月二十七日に賜姓された王、三一名の氏は九氏である。また、延暦二十四年（八〇五）二月十五日には、一〇二人という多数にのぼる「左京人」の王・女王が賜姓されたが、氏は一五氏に及ぶ。

畿内における王たちの貴種性の欠如

このように、天皇の子孫の末端が賜姓によって整理され続けても、奈良時代から平安前期にかけての時期、諸王の人数は、常時、数百人に達していた。加えて、諸王の範疇には入らない五世王やその「承嫡者」で王号を称した者をも加えると、さらに多数に及んでいたであろう。

従って、当時は、国内の全人口に占める王の割合は、それなりに高かったと考えられる。特に、京都・畿内においては、その割合は、さらに高かったであろう。

そのため、奈良時代から平安前期にかけての京都・畿内では、王であっても、貴種として権威があるとは必ずしも認識されていなかったのではなかろうか。

4　武家の棟梁になるには時代が早すぎた中井王

豊後国とその周辺の「私営田領主」、中井王

しかし、畿内から遠く離れた地方では、たとい末流の王であっても、貴種としての権威は、それなりにあったようである。

平安前期、国司《こくし》として下向《げこう》した豊後《ぶんご》国（現、大分県）において、国家権力のみならず、おそらく皇胤としての権威をもかさにきて、暴力的に自己の勢力を扶植していた王がいた。承和《じょうわ》年間（八三四〜八四八）の豊後介《ぶんごのすけ》、中井王《なかいのおおきみ》である。

中井王は、正六位上の位階を有していた。当時の蔭位《おんい》制度では、三世王は従五位下に直叙されるが、四世王・五世王および五世王の嫡子は、満二十一歳になると自動的に正六位上に叙されたので、中井王は四世王以下であった。系譜は未詳であるが、承和年間における四世以下の王は、世数的に見て、天武天皇または天智天皇の後裔であると考えられる。

中井王は、豊後介としての任期が切れた後も、豊後国日田《ひた》郡に構えた私宅を本拠地として、周辺の諸郡に私営田を経営していた。

本来ならば、京都から下向した国司は、任期終了後には帰京しなければならない。しかし、在任中の収税に未納・未徴収分があると、職務の引継ぎの関係上、新任の国司から「解由状《げゆじょう》」をもらうことができず、「解由状」がなければ入京できない。これを悪用して、税に未納分があると称して地方に留まり続ける前任の国司が現われた。

彼ら、「秩満解任《ちつまんげにん》の人（任期が満ちた前任国司）、王臣子孫の徒」は、婚姻関係等を通じて在地の有力者と結合して土着し、「百姓《ひやくせい》を威陵《いりよう》し、農を妨げ業を奪う」という非法行為を行い、八世紀末には社会問題化していた。

彼らは、前任とはいえ公権力を背景に、浮浪人や没落しつつあった班田農民等を隷属下に置き、その労働力によって大規模な私営田を経営した。いわゆる「私営田領主」である。

中井王も、そのような「私営田領主」の一人であった。

中井王の挫折

中井王は、思うがままに「郡司《ぐんじ》・百姓を打ち損じ」、さらに、みずから隣国の筑後《ちくご》（現、佐賀県）・肥《ひ》後《ご》（現、熊本県）等に進出し、北九州一帯に勢力を拡大した。これは、十世紀以降に顕著となる武士団の活動に先行するものと評価することができる。

しかし、中井王は、武家の棟梁《とうりよう》となるには、時代が早すぎたようである。

中井王の非法行為は、豊後国の新任の国司から訴えられた。それを受理した大宰府《だざいふ》は、中井王を太政官に告発した。そして、承和九年（八四二）八月二十九日、太政官から中井王への処分が下った。その罪は前月の恩赦によって免じられたが、中井王本人は、畿内（おそらく京都）の本貫地《ほんがんち》（本籍地）への帰還を命じられた。

そもそも、中井王が北九州で勢力を拡大することができたのは、公権力を背景としたからであった。しかし、中井王は、逆に、より上位の公権力によって、その活動を封じられることとなったのである。

仲井王と清原益吉

その後の中井王の足跡は判然としないが、斉衡《せいこう》三年（八五六）十一月二十二日に文室真人《ぶんやのまひと》を賜姓された「散位従五位下仲井王」が、中井王と同一人である可能性は、十分にありえる。

文室真人の氏姓は、長親王《ながのみこ》（天武天皇の子）の子智努王《ちぬのおおきみ》らが、天平勝宝四年（七五二）に賜姓されたことに始まる。しかし、仲井王《なかいのおおきみ》と同時に文室真人を賜姓された清原益吉《きよはらのますよし》は、もと益吉王《ますよしのおおきみ》（益善王）で、舎人親王（天武天皇の子）の後裔と推定される。同時に同じ氏姓を賜わっていることから、仲井王は清原益吉の同族であると推測される。

益吉王（益善王）は、承和十三年（八四六）正月七日に、正六位上より従五位下に叙されているので、中井王と同様、四世王以下である。同年二月二十八日、子の興岑王《おきみねのおおきみ》・忠道王《ただみちのおおきみ》・忠棟王《ただむねのおおきみ》・忠主王《ただぬしのおおきみ》らが清原真人《きよはらのまひと》を賜姓され、十年後の斉衡三年六月十六日には、自身も清原真人を賜姓された。

仲井王が清原益吉の同族であったとすれば、後に文室真人を賜姓されたとはいえ、仲井王も、益善王

（益吉王）と同様、その諸子が清原真人となった可能性があろう。

豊後清原氏

実は、豊後に中井王の子孫がいた可能性がある。中世、豊後国玖珠《くす》郡には、豊後清原氏《ぶんごきよはらし》と称される一族が割拠して勢力を張っていた。この豊後清原氏を中井王の後裔とする説がある。

中井王が仲井王と同一人であり、仲井王が益善王（益吉王）と同族であるとすれば、彼ら豊後清原氏が、豊後国とその周辺に一時的とはいえ猛威を振るった中井王の子孫であるという蓋然性は、十分にあると考えられよう。玖珠郡は、中井王の私宅があった日田郡の東に隣接しているので、地理的にも特に問題はなさそうである。

豊後国日田郡を根拠地とした中井王は、暴力性をも備えた都下りの「貴種」として、郡司（国司の下で郡を治めた地方行政官）などの在地有力者と広く婚姻関係を結んでいたと見るに難くない。当時の婚姻形態である、いわゆる妻問婚《つまどい》により、中井王が、豊後一帯の在地有力者たちの女子との間に子をもうけ、その子らが清原真人を賜姓され、豊後清原氏の祖となったとする説に、少なくとも矛盾はない。

甲斐国山梨郡石和の清原当仁

京の官人であった王の子である清原氏が地方に居住していたという事例は、現に史料上に見出すことができる。

元慶《がんぎょう》八年（八八四）十一月五日、甲斐国《かい》が、同国「山梨《やまなし》郡石禾郷《いさわごう》を管する正六位上清原真人当仁」の宅に「嘉禾《かか》」（穂の多くついた、めでたい稲）が生えたことを言上した。その「嘉禾」の一つは、一株に一三本の茎と五〇本の穂があり、また一つは、一二本の茎と六本の穂があったとのことである。

この清原当仁は、諸国の国守を歴任した良吏として知られる五世王豊前王《とよざきのおおきみ》の子であった。当仁は、蔭位によって、嫡子である六世王として満二十一歳で自動的に正六位上に叙された後に、清原真人の氏姓を賜わったのであろう。

清原当仁が石禾郷すなわち石和《いさわ》に土着した事情は判然としない。父豊前王が甲斐国守となった事実は知られていないので、当仁は、父が下向先で在地有力者の女子との間に儲けた子ではなさそうである。彼自身が何らかの職務で甲斐国に下向し、山梨郡の有力者のもとに入婿《いりむこ》となった、と考えるべきであろう。

5　「良吏」と「能吏」、豊前王と弘宗王

博学にして傲慢な五世王、豊前王

清原当仁の父、豊前王（八〇五～八六五）は、天武天皇の子舎人親王の子孫で、四世王栄井王の子であった。同時代史料またはそれに準ずる史料からは、栄井王の父と祖父の名は未詳である。

豊前王の伝記は、「六国史《りっこくし》」の『日本三代実録《にほんさんだいじつろく》』における、王の死去を伝える貞観《じょうがん》七年（八六五）二月二日条に記載されている。

それによると、豊前王は、年少時より博学で知られていたが、そのためか性格が傲慢で、大言壮語を吐き、他人を品定めし、わがままをし放題という、なかなか厄介な人物であった。
『今昔物語集《こんじやくものがたりしゅう》』巻第十「豊前王ノ事」には、春の県召《あがためし》の除目《じもく》（正月十一～十三日に行われた地方官任官の年中行事）における国守《くにのかみ》の任官予測がよくあたるという豊前王についての逸話がある。この豊前王は、「柏原《かしわばら》の御門《みかど》」すなわち桓武《かんむ》天皇の皇子の「五の御子《みこ》」であり、「心ばえ素直にて」というので、舎人親王の子孫である豊前王とは別人のように見える。しかし、「柏原の御門」は「浄原《きよはら》の御門」すなわち天武天皇の、「五の御子」は「五世孫」の誤りであると考えれば、同一人であると見て差し障りないであろう。傲慢な性格も、見方を変えれば「素直」ということとなろうか。

よくあたる国司任官予想屋、豊前王

『今昔物語集』の逸話は、およそ次のとおりである。

　今は昔。柏原の御門の御子の五の御子に、豊前王という人がいた。四位の位階で、官職は刑部《ぎょうぶ》卿《きょう》、大和守《やまとのかみ》であった（史実では、豊前王が刑部卿になったとは知られていない）。

図6　豊前王略系図

天武天皇――舎人親王――□――□――栄井王――豊前王――清原当仁

世事をよく知っており、心ばえ素直にて、朝廷の政事についても善悪をよく知っていた。除目《じもく》（任官行事）の前に、国守にあまたの欠員があり、任官希望者があるのを、国の等級に見当をつけつつ、「その人は、その国の守になるであろう」、「その人は、道理をたてて望んでも、なれないであろう」などと、国ごとに予測を言っているのを人が聞いていたが、除目の儀式が終わった翌朝、この王《おおきみ》の推測は少しも違わなかった。

そのため、「この王の除目予想は、おそろしいほど明察力がある」と言って、除目の前には、任官希望者たちが、この王の家に行き集《つど》って、「なるであろう」と言われた人は両手をすり合わせて喜び、「なれないであろう」という言葉を聞いた人々は、「何てことを言いやがった老いぼれ王だ。賽《さえ》の神（道祖神《どうそじん》）を祀《まつ》って狂ってしまったんだろう」などとつぶやいて帰った。

「こうなるであろう」という人が任じられずに、意外にも別人がなったのを、「悪く任官がなされた」と世間では非難した。

そのため、天皇も、「豊前王はどのように除目を言ったかと、親しい人は行って尋ねよ」と仰せになった。

これは、田村《たむら》（文徳《もんとく》天皇）・水尾《みずのお》（清和《せいわ》天皇）などの御時《おんとき》であったであろうか。

この『今昔物語集』の逸話は、もちろん、史実であるという保証はない。

仮に事実とすれば、『日本三代実録』において豊前王の人となりに筆誅を加えたのは、国守に「なれないであろう」と任官予測を宣告された当人であったのかも知れない。

「良吏」豊前王

さて、先述のように、豊前王は良吏として知られる。

貞観四年（八六二）四月十五日、清和天皇は詔勅を下し、参議以上の公卿に、それぞれ「時政《じせい》の是非を論じ、世俗の得失を詳らかにする」ように求めた。それに応じて同年十二月二十七日、上表文を奉った右大臣藤原良相（八六七年没）は、豊前王を含む五人の良吏に同じく意見を奉らせるよう、奏上している。

その上表文の中で、「伊予守豊前王」は、「才学が早くあらわれ、官職を久しく歴任し、取り立てて優れた業績はないものの、経験を積んで物事に熟達していると言うに足る」と評されている。

そこで豊前王は、二世王から四世王までの諸王に年に二回、支給される封禄《ほうろく》である時服料《じふくりょう》に、支給対象である諸王の定数制限を行うことによって、国費の節用を計るべきことを上奏した。

豊前王の意見は、その時点では採用されなかったが、王の没後、貞観十二年（八七〇）二月二十日に裁可された。

藤堂高虎の先祖？　弘宗王

さて、右大臣藤原良相によって豊前王と共に名を挙げられた五人の中に、大和守弘宗王《ひろむねのおおきみ》がいる。

弘宗王は、承和八年（八四一）に、正六位上から従五位下に叙されているので、四世王以下であると考えられる。

弘宗王の系譜は、幕末・明治期の系図家、鈴木真年《すずきまとし》（一八三一〜一八九四）の『諸氏家牒』の「近江国御家人井口中原系図」によると、豊前王の子とされるが、年代的に無理がある。

また、明治期の系図家、中田憲信《なかたのりのぶ》の『皇胤志』によると、舎人親王《とねりのみこ》の子船親王《ふねのみこ》の曽孫とされるが、史料的根拠に乏しい。

しかし、弘宗王を、天武天皇の子舎人親王の子孫とすること自体は、事実と合致するようである。というのは、弘宗王の諸子は中原真人《なかはらのまひと》の氏姓を賜わっており、その子孫の一人と考えられる中原真人正基（清原真人を改賜姓される）は舎人親王の後裔であるからである。

ちなみに、「近江国御家人井口中原系図」によると、織豊〜江戸前期の大名、藤堂高虎《とうどうたかとら》（一五五六〜一六三〇）の藤堂家は、弘宗王の子孫の中原氏であるとされるが、信憑性は高くないように思われる。

弘宗王は「すこぶる治名あり」

藤原良相上表文によると、大和守弘宗王は、「すこぶる治名《ちみよう》（治績があるとの評判）があり、多くの諸国の国司を歴任し、自信過剰による失政や、法に違反して罰されたことはあるが、もろもろの国家運営を談じさせれば、その才能がないわけではない」、と評されている。

丹後守《たんごのかみ》、讃岐権守《さぬきのごんのかみ》、大和守、越前守《えちぜんのかみ》等、諸国の国司を歴任した弘宗王が罪を得たのは、仁寿《にんじゅ》二年（八五二）に任じられた讃岐権守の時であった。弘宗王は、空海《くうかい》（七七四〜八三五）が造った満濃池《まんのうのいけ》の修築を行った事績が知られるが、国内の百姓《ひやくせい》（公民）等を不法に労役させて酷使したためであろうか、原因はわからないが、ともかく百姓等に訴えられた。そこで、朝廷が推問使《すいもんし》を現地に派遣して虚実を調査してみたところ、弘宗王は罪を認めた。そのため、推問使は王を捕え、讃岐国内に禁固した。しかし、弘宗王は脱出、逃亡して入京した。ゆえに、朝廷は弘宗王を再び捕え、天安《てんあん》元年（八五七）四月、右《う》京職《きようしき》に拘禁した。

ところが、弘宗王は、それより三年もたたない貞観二年（八六〇）正月十六日に、顕職である左京《さきようの》大夫《だいぶ》に任じられた。この任官は、さながら朝廷が冤罪《えんざい》を償っているかのようである。さらに同年八月二十六日、弘宗王は大和守となった。

要するに、朝廷にとって重要なのは、国司が法を遵守することよりも、たとい法に反してでも治績そのものをあげることの方であり、それによって弘宗王は高く評価され、国司に復帰することができたのであろう。弘宗王は、「良吏」とは言い難いとしても、間違いなく「能吏」であったのである。

大和守として「すこぶる治名あり」という実績があった弘宗王は、貞観七年（八六五）正月二十七日、越前守となった。ところが、弘宗王は、またもや百姓に訴えられた。すなわち、弘宗王は私利私欲のために、規定以上の出挙《すいこ》、すなわち利子付きの官稲《かんとう》の貸し付けを百姓に押しつけ、その利息を私物化しようとしたというのである。もっとも、この法令違反が刑部省《ぎようぶしよう》で審理、断罪される前に弘宗王は死去したため、結局、罪を論じられることなく終わったのであった。

6　犯罪者となった王たち

朝廷からの推問使を殺害しようとした前日向守　嗣岑王

「倒るるところに土をつかめ」の悪徳受領《ずりよう》（任国に赴任して実務をとった国司の最上席者）の先駆けのような弘宗王が、讃岐国の百姓《ひやくせい》に訴えられて右京職に拘禁された天安元年（八五七）四月、同じく拘禁された王がいた。前日向守《さきのひゆうがのかみ》の従五位下嗣岑王《つぐみねのおおきみ》（または嗣峯王）である。

嗣岑王は、従五位下に叙爵《じよしやく》される前は正六位上の位階にあったので、四世王以下であったと考えられるが、その系譜は判然としない。

嗣岑王の罪は、朝廷から派遣された推問使の殺害を企てたことである。

嗣岑王は、任国日向において、弘宗王のように不法行為を働いていたものと思われる。おそらく日向国の百姓による告発があったためであろう、朝廷から推問使が派遣された。監査の結果、不正行為が明らかになったのを口封じするためか、または、推問使の調査そのものを妨げようとしたためか、おそらく嗣岑王は、手兵に推問使を襲撃させようとしたのであろう。

企ては露見した。斉衡二年（八五五）閏四月二十八日、九州の大宰府から、日向守嗣岑王が兵を発して推問使を殺害しようとした、との報告があった。

嗣岑王は日向国から逃亡し、ひそかに入京したが、捕えられて拘禁された。判決は、貞観元年（八五九）十二月二十七日に下った。すなわち、清和天皇（在位八五八〜八七六）の詔勅により、嗣岑王は「官《かん》当免爵《とうめんしやく》」、すなわち、官位を奪うことによって罪をあがなわせ、実刑を免れた。

推問使殺害未遂にしては、あまりに処罰が軽すぎるように思われる。そもそも、「兵を発して」と言うと、あたかも「嗣岑王の乱」が起きたかのように、ものものしく見えるが、実情は、推問使を殺害して闇に葬り去ろうとしたわけではなく、脅しつけて黙らせようとした程度であったのを、騒ぎ立てられて、大ごととなってしまっただけかも知れない。

その後の嗣岑王の消息は、知られていない。

凶悪殺人犯　茅原王（葦原王）

前日向守嗣岑王は、殺人未遂犯として刑罰にかけられたが、犯罪自体は、実はそれほど大袈裟なものでなかったのかも知れない。

一方で、正真正銘の凶悪殺人事件を起こした諸王もいた。

刑部親王《おさかべのみこ》（〜七〇五）の孫、茅原王（または葦原王）は、天武天皇の曽孫にあたる三世王であったが、「天性が凶悪で、喜んで酒店に遊ぶ」という不良皇親であった。

ある時、茅原王は、いつものように酒店で鯨飲していたが、酒宴の席上で呑み仲間と喧嘩になったのであろう、逆上して相手を刺殺した。そればかりか、遺体の太腿の肉を切り取り、遺体の胸の上で切り刻んで「なます」にした。

図7　茅原王（または葦原王）略系図

天武天皇 ─┬─ 刑部親王 ── 山前王 ── 茅原王（葦原王）
　　　　　└─ 舎人親王 ── 淳仁天皇（淡路廃帝）

当然、茅原王は刑事犯として裁判にかけられた。他の罪状も明白であり、茅原王には、おそらく死刑判決が下ったのであろう。しかし、時の天皇（淳仁天皇）は、情状酌量の余地がない殺人犯とはいえ皇室の一員である茅原王を処刑するに忍ばず、天平宝字五年（七六一）三月二十四日、王の身位を剥奪して龍田《たつたの》真人《まひと》の氏姓を与え、子女六人と共に種子島《たねがしま》に配流した。

茅原王が凶悪殺人犯であるにもかかわらず、真人の姓を与えられたのは、天皇の従弟の子として血縁関係が近く、かつ、太政官で最高の官職である知太政官事に任じられた祖父、刑部親王の功績が及んだためであろう。

死刑宣告を受けた深草王の罪状

延暦十二年（七九三）十月六日にも、斬刑に処されるべきところを配流に減刑された諸王がいた。深《ふか》草王《くさのおおきみ》である。

深草王は、四世王、すなわち、天皇の玄孫にあたるが、系譜も経歴も明らかでない。

刑事犯であった深草王は、「律《りつ》」（刑法）の規定に従い斬刑に処されるべきものと判決された。しかし、桓武天皇の勅命によって減刑され、隠岐《おき》国に配流されることとなった。

この深草王は、いかなる罪を犯して死刑宣告を受けたのであろうか。それは、「名例律《みょうれいりつ》」に示される「十悪《じゅうあく》」（国家・社会秩序を乱すとして特に重く罰された十大犯罪）の第四として挙げられる「悪逆」の罪によってであった。

具体的には、父を殴ったためである。

深草王は四世王であるので、その父は三世王である。ただし、皇親である三世王を殴ったことが問題とされたのではない。尊属である父を殴ったことが、斬刑に処されるべき「悪逆」にあたるのである。

「たかが父を殴ったくらいで死罪とは、あまりに罪が重すぎる。信じ難い」と思われる向きもあろう。昭和高度経済成長期以降、青少年が両親に暴力を振るう「家庭内暴力」が社会問題化したが、もちろん彼らに死刑判決が下ることは有り得ない。

しかし、尊属である祖父母・父母を殴るのは、律令《りつりょう》法制のもとでは極刑に処されるべき重罪であった。これはもちろん、東アジア文化圏における共通の道徳的規範である儒教の教えにもとづくものである。

「四世王深草王、父を殴る。律に拠るに斬に合す。勅して死を降《くだ》し隠岐国に流す」（『類聚国史《るいじゅこくし》』巻八十七）

深草王については、この短い条文の他には、何も伝えられていない。

7　文人仲雄王と、高僧聖宝（恒蔭王）

漢詩人仲雄王

奈良時代と平安時代前期には、王の人数が多かったので、犯罪に関わる者が現れたのは、けだし自然の成り行きでもあったろう。

しかし、その一方で、文化方面において大いに活躍した王も、当時、存在していた。その筆頭に挙げられるのが、仲雄王である。

仲雄王は、平安前期の漢詩人で、第二勅撰漢詩集『文華秀麗集《ぶんかしゅうれいしゅう》』の編者の一人であり、弘仁《こうにん》九年（八一八）に撰進された同集の序文を執筆した。同集に十三首、入集している（作者中、入集した漢詩の数で三番目に多い）ほか、第一勅撰漢詩集『凌雲集《りょううんしょう》』、第三勅撰漢詩集『経国集《けいこくしゅう》』にも入集しており、嵯峨《さが》天皇期における代表的な漢詩人の一人とされる。

その漢詩から、仲雄王が、時の権力者藤原冬嗣《ふゆつぐ》（七七五～八二六）や、桓武天皇の子で文人政治家として名高い良岑安世《よしみねのやすよ》（七八五～八三〇）、また、最澄《さいちょう》（七六七～八二二）、空海とも親交があったことが知られる。

しかし、仲雄王の生没年は未詳であり、その系譜も判然としない。大同《だいどう》三年（八〇八）正月二十五日、正六位上から従五位下に叙されているので、四世王以下と考えられるが、父祖が誰であるのかは、一切、知られていない。

さて、仲雄王は、律令期の官学である大学に入学して学生《がくしょう》となり、難関の「省試《しょうし》」に合格して文章生《もんじょうしょう》となった後、蔵人《くろうど》となったようである。ところが、仲雄王自身の言葉によると、有職故実《ゆうそくこじつ》の慣例に不慣れであったことが原因で、一時期、譴責《けんせき》をこうむって謹慎に処されたことがあったらしい。また、四国か九州に赴任したこともあったようである。おそらくその後、弘仁年間（八一〇〜八二四）に、内膳正《ないぜんのかみ》、大舎人頭《おおとねりのかみ》、信濃守《しなののかみ》の官職を歴任した。

位階は、弘仁十年（八一九）正月七日の正月叙位において従五位上に、同十四年四月二十七日の淳和《じゅんな》天皇即位叙位において正五位下に叙された。

このように仲雄王は、当時の王としては、位階はともかく官職については、まずまずの経歴と言える。

仲雄王については、管見の限り、逸話の類も伝えられていない。そもそも、仲雄王に限らず、当該期の漢詩人たちは、説話文学に取り上げられることが、あまり多くないように思われる。いずれにせよ、当代一流の漢詩人であった仲雄王については、知られていないことが多い。

仲雄王の詩、「豚のロース肉のうた」

仲雄王の作詩のうち、『経国集』の「彘肩詞《ていけんのし》」すなわち、豚の肩肉《ロース》の詞（雑言体《ざつごんたい》の韻文）は、岩波文庫の小島憲之編『王朝漢詩選』にも収録されている異色の作である。

彘肩、肉赤く、凝脂白し

爼に登りて、更に庖丁の手を待つ
鑾刀《らんとう》石に磨きて、刃霜の如し
坐客《ざかく》これを看て、相嚼《か》むこと久し
塩梅《えんばい》初めて和《あ》い、人争いて喫《く》う
口飽きて情《こころ》閑けし　何の欲か有らん
君見ずや　漢家の一壮士
剣を抜き寧《なん》ぞ辞せん　一杯の酒

豚の肩肉は、身が赤く、かたまった脂は白い
まな板にのせられて、これより庖丁《ほうちよう》（古代中国の有名な料理の名人。日本では転じて料理用の刃物の名となる）の手さばきを待つ
生贄の血や脂をとる刀は砥石で磨かれて、刃は霜のように白く輝く
その席にいる客たちは、これを見つつ、その肉を長く時間をかけて互いに玩味する
味加減の塩梅《あんばい》がようやく和合して、人々はわれ先にと食らう
すっかり堪能して口が飽き、食欲はおさまり　もはや満腹して何もいらなくなった
君は見なかったか。漢王朝の勇士、樊噲《はんかい》が、「鴻門《こうもん》の会《かい》」で劉邦《りゆうほう》の危急に際し、項羽の前で剣を抜いて豚の肩肉を切って食らい、「どうして断わるかい」とすごんで、勧められ

た一杯の酒をあおった故事を。

平安前期には、まだ食肉文化が残っていたのであろうか。それとも、漢土の故事に拠った、単なる想像上の情景なのであろうか。

恒蔭王――桜の名所、醍醐寺を創建した高僧、聖宝

当時の王のなかには、宗教方面で活躍した人物がいたことも銘記したい。

醍醐寺《だいごじ》の開山《かいさん》（創始者）である真言宗の高僧、聖宝《しょうぼう》（八三二～九〇九）は、俗名を恒蔭王《つねかげのおおきみ》と称し、五世王であった。

その系譜は、天智天皇の七男田原《たはら》天皇（志貴親王／施基皇子。天皇を追尊）の一男春日親王《かすがのみこ》（死後、弟が天皇となったため、王から親王となった）の玄孫で、葛声王の男子である。

恒蔭王（聖宝）の父、葛声王は、兵部大丞《ひょうぶだいじょう》の官職についていたが、二十六歳の若さで死去した。幼

図8　聖宝（恒蔭王）嫡系図

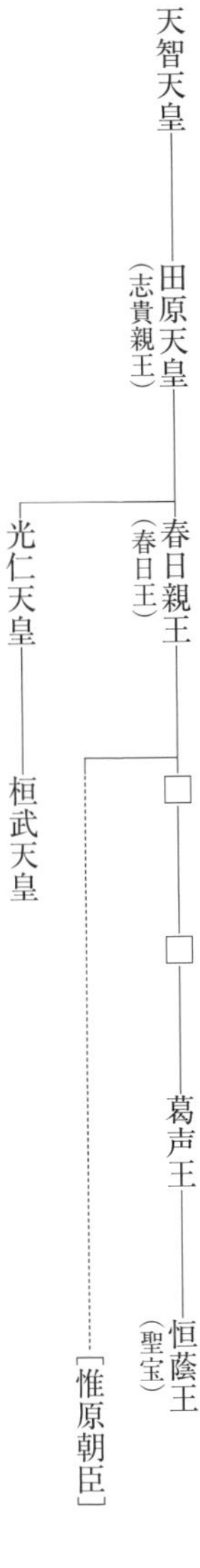

くして父を喪った恒蔭王は、十六歳で東大寺《とうだいじ》にて出家し、真雅《しんが》（八〇一〜八七九。空海の実弟）を師とした。三論《さんろん》・法相《ほっそう》・華厳《けごん》の三宗《しゅう》を兼学した聖宝は、三十歳の頃、京都に移り、霊地を求めて山野を巡りつつ、密教を修行した。そして、山城国《やましろ》笠取山《かさとりやま》の麓に湧き出す泉の水の清冽さに感銘を受けた聖宝は、その水を「醍醐」と名付け、貞観十八年（八七六）、その地に醍醐寺を開いたという。

その後、聖宝は、大寺院の要職を歴任し、僧正《そうじょう》となり、多くの優れた門弟を育成した。延喜《えんぎ》九年（九〇九）七月六日に七十八歳で死去。真言密教の「小野六流《おののろくりゅう》」の始祖として崇められた。

また、聖宝は、修験道《しゅげんどう》修行の交通路整備にも尽力した。そのため、後に、修験道中興の祖と称されることとなった。

8　宇多天皇の外戚、十世王

平安時代における王の公卿の最後、十世王

奈良時代と平安時代前期には、公卿に昇った一九人の王がいたことは、すでに見たとおりであるが、その掉尾《とうび》を飾ったのが十世王（八三三〜九一六）である。

十世王は、桓武天皇の二世孫王《にせいそんのう》で、仲野親王の十男であった。兄弟は、みな、名の二字目が「世」字でそろっている。彼は十男であるので、「十世」と名付けられたようである。

なお、『平中物語《へいちゅうものがたり》』の主人公で「色好み」として名高い平貞文《たいらのさだぶみ》（定文）（もと貞文王。九二三年没）は、

十世王の兄茂世王の孫にあたる。

ちなみに、貞文の父、平好風《よしかぜ》（もと好風王）も、好色であったことが知られる。

十世王の叙位

桓武天皇の二世孫王は、少なくとも四七人はいた。二世孫王は従四位下に直叙されるが、十世王は、なかなか叙位にあずかる機会に恵まれなかった。

ようやく十世王に叙位の順番が巡ってきたのは元慶《がんぎょう》八年（八八四）二月二十三日、王が五十二歳のときであった。諸王のなかでも二世孫王のみは別格で、無位であっても、それなりの礼遇は享《う》けていたのであったが、五十歳を過ぎても無位無官であったわけである。当時の諸王の多くが置かれていた状況を推察するに足ろう。

遅咲きの十世王が従四位下の位階に叙されたのは、あるいは、姉妹のおかげであったかも知れない。十世王の姉妹、班子女王（八三三〜九〇〇）は時康親王《ときやすのみこ》の妃であった。時康親王は、元慶八年二月四日、思いもかけず天皇となった（光孝《こうこう》天皇。在位八八四〜八八七）。天皇の義理の弟となった十世王が叙位にあずかったのは、光孝天皇の皇位継承から十九日後に行われた天皇即位叙位においてであった。たまたま、二世孫王の叙位の順番が十世王にあたっていただけなのかも知れないが、ここはやはり、他人を思いやる心の深いことで知られる光孝天皇が、不遇の義兄弟に手を差し伸べたと見ることができるように思われる。

宇多天皇の外戚となった十世王

三年後の仁和《にんな》三年（八八七）八月二十六日、光孝天皇が崩御《ほうぎょ》した。皇位を継承したのは、天皇と班子女王との間に生まれた末子源定省《みなもとのさだみ》であった（宇多《うだ》天皇。在位八八七～八九七）。こうして、十世王は、天皇の外戚となってしまった。

寛平《かんぴょう》三年（八九一）十二月六日、十世王は、宇多天皇より六十賀を賜わった（数え年では五十九歳であるが、仏教式には六十歳となる）。八年前までは、自身がそのような栄誉に浴することができるとは、思ってもみなかったことであろう。

さらに十世王は、寛平九年六月十九日、参議となり、公卿に列した。

健康長寿の十世王

十世王は、健康にも恵まれていた。昌泰《しょうたい》元年（八九八）五月十三日、六十六歳にして、伊勢臨時奉幣《ほうへい》の使王《つかいのおおきみ》を勤め、伊勢神宮に赴いている。伊勢奉幣使は騎馬で旅をする。おそらく十世王は、無位無官で無為の時を過ごしていた頃、野山に馬を駈ることも多かったに相違ない。

ところが、意外なことに、十世王は歯が悪かった。馬に乗りすぎて、始終、歯を食いしばっていたためかも知れないが、ともかく、歯が悪いために、堅い食物を咀嚼することが叶わず、漿《おもゆ》しか飲めなかった。十世王は、その漿の中に、「乾石決明《かんせつけつめい》」すなわち干しアワビの屑を入れて、毎日、服用していた（『政事要略』巻九十五所引、三善清行《みよしのきよゆき》編『善家秘記《ぜんけひき》』）。それが健康長寿の秘訣であったのであろう。

長生きも芸のうちである。そのために十世王は従三位にも昇ることができた。延喜十年（九一〇）正月七日、時に七十八歳。

延喜十五年七月二日、十世王は八十三歳という高齢で死去した。

皇親である諸王にして参議となることができたのは、日本史上、十世王が最後である。その意味で、十世王は、政治的に没落しつつある諸王の最後の輝きと言うことができるであろう。

第二章　貴種性を喪失した平安時代中期の王

1　平将門の乱を扇動した興世王

諸王の没落

平安時代の中期には、公卿《くぎょう》の地位に昇ることができた諸王は一人もいない。公卿でなくても政治方面で一定の事績を上げたという諸王もいない。

文化的な方面で活躍する王は何人か見られるものの、藤原氏の栄華の陰に、皇族の一員であるべき王の地位は次第に低下し、ついに廟堂《びょうどう》から諸王の姿は消え去るに至った。

平安時代中期、臣籍降下《しんせきこうか》せずに皇族に留まった王（諸王）は、時流に乗ることができず、血統の貴種性も喪失し、むしろ侮《あなど》られる存在にまで転落していった。

平安時代の作り物語、継子《まま こ》いじめの『落窪物語《おちくぼものがたり》』や、世界的な女流大文豪、紫 式部《むらさきしきぶ》の『源氏物語《げんじものがたり》』には、「なま孫王《そんのう》」「なまわかむとほり」という語彙が現われる。これは、孫王・皇胤ではあるが、それにふさわしくない人々のことを、侮蔑《ぶべつ》的に指す言葉である。文学作品に描かれているのは、無論、歴史事実ではない。しかし、それらが書かれた時代の情況が反映されている。その背景として挙げられるのは、経済構造の変化により、封禄の支給が滞った王が貧困化したという現象であろう。

本章では、諸王の政治的・社会的・経済的地位が大いに低下した、平安中期の諸王を取り上げる。

平将門の乱の「黒幕」的存在、興世王

平安中期の諸王のなかで最も有名なのは、まず疑いなく興世王《おきよのおおきみ》であろう。興世王は、平将門《たいらのまさかど》の乱の、いわば「黒幕」的存在である。平将門は、もともとは朝廷への叛逆までは考えていなかったが、興世王に煽動されて反乱に踏み切った。

平将門の乱は、「興世王・平将門」の乱？

南北朝時代の古記録、中原師守《なかはらのもろもり》の日記『師守記《もろもりき》』には、承平《じょうへい》の乱について「武蔵権守興世王・平将門等、東国に謀逆を成す」とある（貞和《じょうわ》三年十二月十七日条）。ここには、将門よりも興世王が先に挙げられており、あたかも「興世王・平将門の乱」であるかのようである。

ただし、これは、興世王が主体となって将門を動かした謀逆であることを意味するわけではなかろう。無位・無官の将門よりも、従五位下の位階を有し武蔵権守《むさしのごんのかみ》の官職に任じられていた興世王の方が、朝廷から見れば序列が上である。そのため、このような順序となったまでであろう。

なお、同じ『師守記』には、「東国謀反副将武蔵権守興世王」ともある（同日条）。この「副将」というのは、平将門の乱における興世王の立場を端的に示した表現であると言えよう。

私利私欲に走って紛争を引き起こした興世王と源経基

興世王の足跡は、平将門の乱を記した『将門記《しょうもんき》』から、主に知ることができる。武蔵権守に任じられて任国に赴任した興世王は、武蔵介《むさしのすけ》　源《みなもとの》　経基《つねもと》（武家の棟梁《とうりょう》清和源氏《せいわげんじ》の祖。九六一年没）と共に蓄財を図り、国司《こくし》の名のもとに過法な取り立てを行い、武蔵《むさし》国足立《あだち》郡の郡司《ぐんじ》、武蔵武芝《むさしのたけしば》との間に紛争を引き起こした。

足立郡は、ほぼ現在の東京都足立区（もと南足立《みなみあだち》郡）から埼玉県鴻巣《こうのす》市に至る地域にあり、中心地（郡衙《ぐんが》）は現在の大宮《おおみや》の地であった。

郡司の武蔵武芝は、平将門のように軍兵を擁した在地有力者であり、大宮の氷川《ひかわ》神社の神職、西角井《にしつのい》家《け》（もと内倉家《うちくらけ》）の祖とされる。

武蔵権守興世王と武蔵介源経基は、足立郡内の未進の官物《かんもつ》（諸国から政府に納める租税や上納物）を徴収しようと欲し、正官の武蔵守の着任以前に、足立郡内に立ち入ろうとした。これは、武蔵の歴代の国司の慣例に反するものであった。『将門記』は、「国司は無道を宗となし、郡司は正理を力となす」と記し、興世王と経基にきわめて批判的である。

足立郡司武蔵武芝は、興世王と源経基に対して、郡内に立ち入らぬよう求めた。それに対し、興世王と経基は、無礼と称して、軍事力を動員して強引に足立郡内に立ち入った。恐れた武芝は、しばし山野に身を隠した。

興世王らは、武芝の邸宅や縁辺の民家に襲来して掠奪の限りを尽くし、武芝の邸宅を差し押さえて破壊した。

この非道な行為に対して、武芝は、掠奪された私財の返還を請求したが、興世王らは、それを無視して、しきりに「合戦の構え」をした。

この武蔵国司（権守興世王と介源経基）と足立郡司（武蔵武芝）の争いは、承平八年（九三八）二月のことであった。

平将門による調停

武蔵国における混乱を知った、隣国下総《しもうさ》の平将門は、「かの武芝らは、わが近類のうちではなく、また、かの守（興世王）・介（源経基）は、わが兄弟の胤《たね》ではない」が、混乱を治めるために武蔵国に向かった。

将門が武蔵に到着した時、興世王・源経基は軍備を整え、共に妻子を率いて、比企《ひき》郡狭服山《さやきのやま》（地名比定に諸説あり）に登っていた。在地有力者である武蔵武芝の反撃を恐れた興世王と経基が要害の地に立て籠もり、これを武芝の手兵が包囲したのであろう。

将門は、武芝の陣営に赴き、国司と郡司の間を仲裁した。

そこで、興世王は国衙《こくが》（現、東京都府中市《ふちゅう》）に戻り、将門と武芝も合流し、和解の宴会を開いた。しかし、経基は、立て籠もった山から離れようとしなかった。武芝の兵の後陣たちは、故なく経基の陣営を取り囲んだ。経基は「未だに兵《つわもの》の道に練《ね》れていなかった」ため、あわてふためいて逃げ去った。意図に相違した将門らは下総の本拠地へ戻り、興世王は武蔵国府にとどまった。

経基は、権守興世王と将門が、武芝を指嗾して自分を誅殺《ちゅうさつ》しようとしたものと疑い、深い恨みを心に抱いて、京都に遁《に》げ上った。そして、恥をすすがんと、虚言を弄し、興世王と将門らの謀叛《むほん》を太政官に奏上した。

将門の「私君《しくん》」の太政大臣藤原忠平《ふじわらのただひら》は、実否を調査するため、使者を将門のもとに送った。将門は、常陸《ひたち》・下総・下野《しもつけ》・武蔵・上野《こうずけ》五ヵ国の解文《げぶみ》（公証文書）を得て、謀叛は無実であると言上した。これによって興世王と将門の謀叛の疑いは一まず晴れた、と考えられている。

興世王が平将門のもとに移る

さて、武蔵国には、正官の武蔵守、百済貞連《くだらのさだつら》が赴任してきた。興世王と貞連は「姻娅《あいむこ》の中」、すなわち、それぞれの妻が姉妹であるという姻戚関係にあったが、互いに不和であった。貞連は、興世王を政務から外して冷遇した。興世王の無道ぶりを認識していたためであろう。

そこで、興世王は世を恨み、下総国に「寄宿」した。これは、興世王が将門のもとに身を寄せたものと理解されている。

平将門に叛逆を指嗾

そうしている間に、常陸国の住人で「国の乱人」「民の毒害」と評される藤原玄明が常陸国司に背き、将門のもとに逃れた。玄明に合力した将門は、天慶《てんぎょう》二年（九三九）十一月二十一日、常陸国府（現、茨城県石岡市《いしおかし》）を攻撃し、「承平・天慶の乱」は、朝廷に対する将門の公然たる叛逆として、新たな段階に入った。

ここに、武蔵権守興世王が再び登場する。興世王は、ひそかに将門に次のように提議した。

「状況を見ると、一国を討ったとしても公《おおやけ》の責めは軽くない。どうせなら坂東《ばんどう》諸国すべてを略奪し、しばし様子をうかがおう」

この進言を容れた将門は、同年十二月十一日、下野国府を占領し、同月十五日、上野国府に入り、「新皇《しんのう》」と称して即位した。

興世王は「新皇」の朝廷の「宰人」として、関東諸国の除目《じもく》を執行し、自らは武蔵権守から上総介《かずさのすけ》となった。上総国は、親王が上総太守に任じられる「親王任国」であったため、興世王は守でなく介となったのであるが、「新皇」政権は、京都の朝廷の先例を打破できなかったようである。

興世王の死

上総介となった興世王は、上総国に赴任したと思われる。

ところが、翌天慶三年（九四〇）二月十四日、将門は、平貞盛《さだもり》と藤原秀郷《ひでさと》に、本拠地を攻撃されて敗死した。そして、その五日後の二月十九日、興世王と随兵三十余人は、上総国で討ち取られた。

興世王の系譜

この興世王は、当時の大半の諸王と同様、その出自は未詳である。

興世王の系譜は、明治時代の系図家中田憲信《なかたのりのぶ》の『皇胤志《こういんし》』に、桓武《かんむ》天皇の皇子仲野親王《なかののみこ》の子十世王の子時世王《ときよのおおきみ》の子として興世王が記されている。しかし、興世王に到る系線は抹消されている。

一方、追筆で、桓武天皇の皇子伊予親王《いよのみこ》の子継枝王から系線が引かれ、

継枝王――三隅王――村田王――興世王

と書き加えられている。

『皇胤志』の伝える興世王の両様の系譜は、いずれも史料的根拠に乏しく、信頼し難い。

興世王の出自の推測

しかし、興世王の出自を、制度的な側面から、ある程度までは推測することが可能である。

興世王の官位は、「武蔵権守従五位下」（『日本紀略《にほんきりやく》』天慶二年十二月二十七日条）であった。天皇の孫である二世孫王であれば、最初に叙される位階が従四位下であるので、興世王は三世以下の王である。

当時の制度では、三世王（天皇の曽孫）の初叙位階は従五位下、四世王以下の初叙位階は六位である。したがって、興世王は、従五位下に直叙されたのであれば三世王、六位から昇進したのであれば四世王

以下と考えられる。

また、武蔵国は、律令格式《りつりようきやくしき》の『延喜式《えんぎしき》』の規定によると、大国・上国・中国・下国のうち、最上位の大国にあたる。そして、武蔵守・権守に任じられた皇族、または、皇族から臣籍降下した臣下は、一世（天皇の子）の源信《みなもとのまこと》（八一〇〜八六八）と源行有（八五四〜八八七）、二世（天皇の孫）の春原五百枝《はるはらのいおえ》（七六〇〜八二九）、道野王《みちののおおきみ》（八五五年没）、正道王（八二二〜八四二）、房世王《ふさよのおおきみ》（のち平房世。八八三年没）、棟貞王《むねさだのおおきみ》、三世（天皇の曽孫）の笠王《かさのおおきみ》、および、出自未詳の従五位下礒野王《いそののおおきみ》、従五位上弘道王《ひろみちのおおきみ》、従五位下興世王である。

礒野王は図書頭《ずしよのかみ》、弘道王は玄蕃頭《げんばのかみ》、とそれぞれ京官の官歴がある。当時、京官に任じられる諸王は比較的、限られていたので、当時の諸王としては相対的に高い身位にあったと考えられる。また、史料に現れる礒野王と弘道王は当初より五位の位階を有している。六位から昇進した可能性がないとまでは言えないが、彼らの官歴から類推すると、従五位下に初叙される三世王であったと考えられよう。

したがって、興世王以外の、「大国」武蔵の国守に任じられた諸王は、すべて二世王か三世王であったと推定される。よって、興世王も三世王であった可能性が高い。

なお、興世王とほぼ同時代人である「仁和御後《にんなのみのち》」（光孝《こうこう》天皇の子孫）の三世王、兼盛王《かねもりのおおきみ》（のちの平兼《かね》盛《もり》。九九〇年没。著名歌人）は、天慶九年（九四六）四月二十八日に王氏爵《おうししやく》によって従五位下に直叙された四年後、天暦《てんりやく》四年（九五〇）に越中権守《えつちゆうのごんのかみ》に任じられている。越中は、大国に次ぐ上国である。武蔵権守興世王と比較すると、兼盛の方が任国では一ランク下がっている。兼盛は、同年天暦四年に臣籍

図9　平安初期～中期の皇統・皇胤略系図

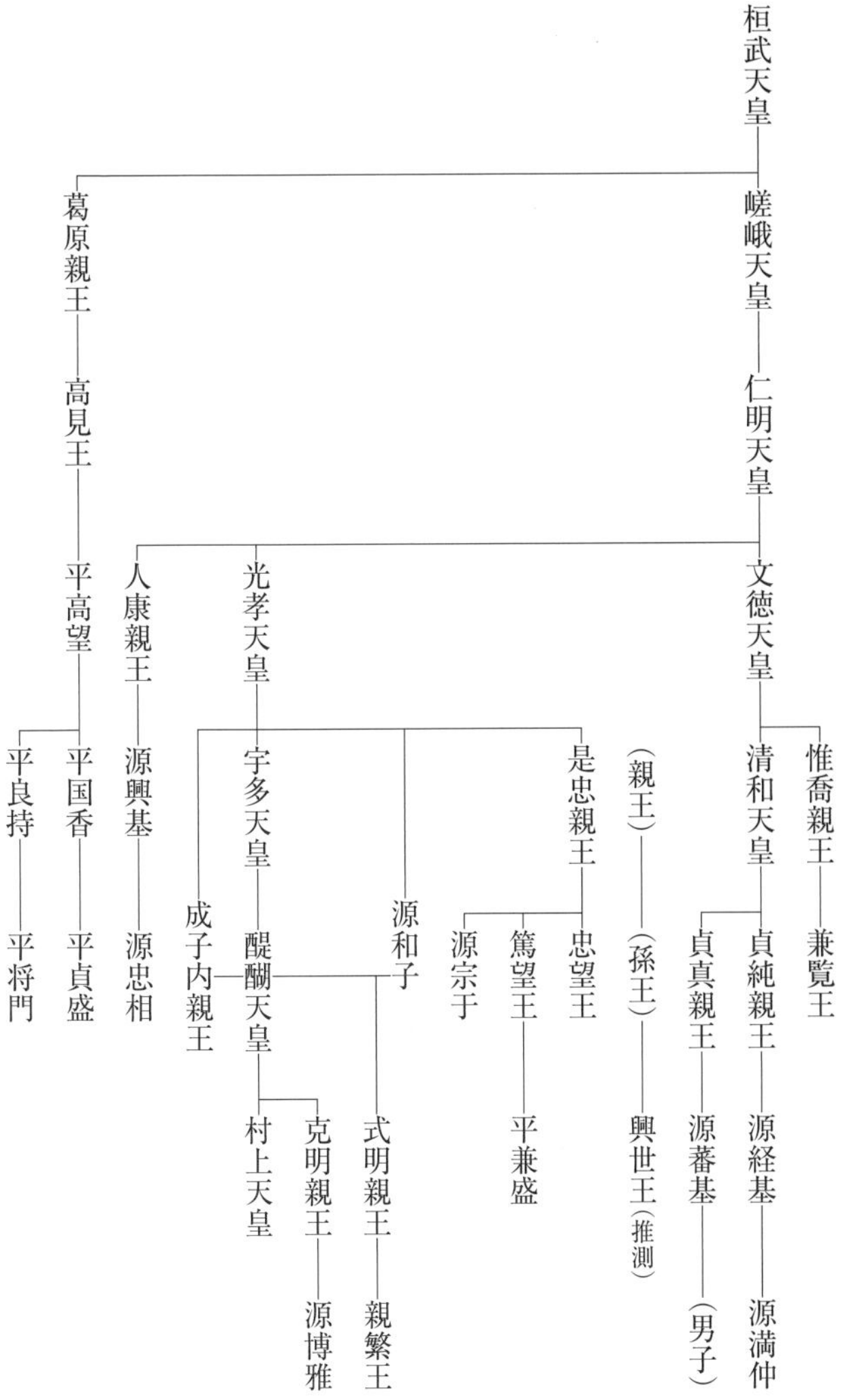

降下して平氏になっているので、それが、彼の任国のランクと関係しているのかも知れないが、ともかく、興世王の任国が三世兼盛王のより優っていることは、確認することができる。

以上より、興世王は三世王であったと考えるべきであろう。

では、興世王は、どの天皇の曽孫にあたるのであろうか。

世代的に見ると、彼は、文徳《もんとく》天皇か光孝天皇のいずれかの曽孫である可能性が高いと思われる。文徳天皇の孫王は、兼覧王《かねみのおおきみ》（惟喬親王《これたかのみこ》の子。九三二年没）、景式王（惟条親王《これえだのみこ》の子）、惟世王《これよのおおきみ》（惟彦親王《これひこのみこ》の子）が知られている。光孝天皇の孫王は、式順王、式瞻王、忠望王《ただもちのおおきみ》（以上、是忠親王《これただのみこ》の子）、篤望《あつもちの》王《おおきみ》（平兼盛の父。後述）が確認されている（系図類に是忠親王の子として見える興我王《こがのおおきみ》らは、明らかに三世王であるので、系図の誤りである）。彼ら以外にも、両天皇の孫王は存在した可能性がある。興世王は、これら孫王たちのうち、誰かの子として生まれたのではないだろうか。

現時点では、興世王の具体的な系譜を明らかにすることはできないが、文徳天皇か光孝天皇の三世王である可能性が高いと考えられよう。

2　源満仲の邸宅に押し入った強盗団の首領、親繁王

天皇の孫（二世孫王）にして強盗団の頭となった親繁王

平安中期、興世王と同様、悪名を残した王としては、強盗団の首領であった親繁王《ちかしげのおおきみ》がいる。

親繁王は、醍醐《だいご》天皇（在位八九七～九三〇）の孫にあたる二世孫王で、父は中務卿《なかつかさきょう》式明親王（九〇七～九六六）。応和《おうわ》元年（九六一）五月十日夜、大胆不敵にも、清和源氏の源満仲《みつなか》（時に前武蔵権守《さきのむさしのごんのかみ》）の邸宅に強盗に入った。この事件については、『扶桑略記《ふそうりゃっき》』天徳《てんとく》五年（応和元年）五月十日壬申条と、『古《こ》事談《じだん》』四「勇士」に、ほぼ同文の記述がある（後者では天徳四年（九六〇）五月十日のこととされるが、誤りであろう）。

源満仲（九九七没）は、武蔵国で醜態をさらした源経基の子であるが、父とは異なり「兵《つわもの》の道」に熟練し、武士団を組織して、武門源氏の礎を築いた。いわば、この強盗事件は、天皇の孫が、手下と共に、暴力団の組長宅に押し入ったようなものである。

満仲は、国司として赴任した先で暴力的に私財を獲得し、富裕であった。親繁王は、そこに目を付けたのであろう。

おそらく満仲は、自宅に強盗団が押し入るとは想定していなかったに違いない。親繁王らは、まんまと金目のものを奪い取って、引き上げた。

しかし、ここは満仲。はじめは寝ぼけまなこで慌てふためき逃げ隠れたかも知れないが、すぐに態勢を整え、強盗団の一人を生け捕りにした。

捕えられたのは倉橋弘重《くらはしのひろしげ》。彼は自白した。押し込み強盗は中務卿親王の第二男と、宮内丞中臣良《くないのじょうなかとみのよし》材《き》（または良村）、土佐権守《とさのごんのかみ》蕃基の男らの所為である、と。

親繁王の一味

中務卿親王とは式明親王。時の天皇、村上天皇《むらかみ》（在位九四六〜九六七）の兄にあたる。土佐権守蕃基とは、清和天皇の孫、源蕃基（父は貞真親王）。したがって、「蕃基の男」は、清和天皇の曽孫であり、源満仲の再従兄弟《はとこ》にあたる。

満仲は、天皇の甥が関わっていることを知ると、私的制裁に出るのは差し控えたようである。事件を検非違使《けびいし》（今の警察官と検察官を兼ねた職）に通報した。驚いた検非違使は、夜中にもかかわらず宮中に参内し、村上天皇に事件を奏聞した。

ただちに中務卿親王家に糺問が行われた。中務卿式明親王の家人は次のように言った。

「たしかに件《くだん》の孫王は、今晩、親王家に入りました。その同類、紀近輔《きのちかすけ》、中臣良材らもこの家におります」

そこで、事の由を式明親王に告げたところ、親王は次のように述べた。

「わが子、親繁は、日来、重く痢病を煩《わずら》っております。わが家の中にいますが、起居に堪えません。平復の時を待って、引き渡します」

明らかに仮病《けびょう》である。そこで、天皇の命令によって、検非違使たちは式明親王家の中に立ち入り、強盗団の同類の者たちを捜し求めたが、すでに逃げ去った後、もぬけの殻で、捕獲できなかった。

捜索の手は、他の皇族にまで及んだ。光孝天皇の皇女で醍醐天皇の妃である成子内親王（九七八年没）の家の中で、親繁王の同類の一人、紀近輔が捕獲された。

捕えられた近輔の供述によると、

「親繁王が賊首となって満仲の家に押し入ったのは事実である。盗み取った物は、すべて、かの親繁王のもとにあるはずである」

という。

そこで、村上天皇は勅命を下した。

「子息を引き渡さなかったため、ただちに式明親王に罪を科す。なお親繁の逃亡先を尋ね出して召し捕えるべし」

指名手配犯としてお尋ね者になった親繁王のその後の行方は、杳《よう》として知られない。父の式明親王は、おそらく罰金刑にかけられただけで済んだようであり、官位（中務卿三品）を保ったまま、五年後の康保《こうほう》三年（九六六）十二月十七日に死去した。

義賊伝説の主人公になることができなかった親繁王

この事件は、天皇の孫である二世孫王が強盗犯であったという、前代未聞、空前絶後の出来事であった。実は親繁王が高貴な出自の義賊であり、暴力的な武士団を擁して民衆を虐げる悪逆無道な源満仲から、不正に蓄財した金品を奪い取った、という話であれば痛快無比である。しかし、親繁王は、想像力の羽ばたく説話の世界において、義賊伝説の主人公となることはできなかった。

ともかく、身位にふさわしからぬ二世孫王を軽んじた「なま孫王」という言葉は、まさにこの親繁王にこそ似つかわしいようである。

3　困窮する王たち

俸給が支給されなかった平安中期の諸王

親繁王の事件は、単なる不良皇族の逸話としてよりも、むしろ、政治的・経済的に行き詰っていた当時の諸王が置かれていた状況を反映したもの、と位置づけることができそうである。

藤原摂関家《せっかんけ》の繁栄に反比例するかのように地位が低下した諸王は、朝廷には貴族としてではなく、中・下級官人として出仕した。国司に任じられる僥倖に恵まれれば、受領《ずりょう》として地方に下向《げこう》して私腹を肥やすこともできた。その機会を得られなかった諸王には、朝廷から支給される封禄こそが、重要な収入源であったろう。

ところが、平安中期以降における社会構造の変化により、諸国では規定どおりの収量では収税できなくなり、諸王を含む中・下級官人たちに対する封禄の支給が滞った。そのため、諸王は、すでに政治的権力をほぼ完全に失っていたのに加えて、経済的にも苦境に立たされることとなった。

「神祇伯忠望王等解状」

諸王を含む中・下級官人の貧困化を物語る史料として、興世王の同時代人である忠望王《ただもちのおおきみ》（光孝天皇の孫）等が提出した上申書、「神祇伯忠望王等解状《じんぎはくげじよう》」がある。これは、『政事要略《せいじようりやく》』巻第二七「年中行事十一月三」に掲載されている承平七年（九三七）十月十六日付の太政官符《だじようかんぷ》（太政官から下された公文書）に引用されているものである。そこには、次のようなくだりがある。

年中の給物《きゆうもつ》は、最も位禄にあり。しかるに諸国司等は、ただ申返《もうしかえし》（相手の意見に反論を申すこと）のみを事として、下行《げぎよう》（米・銭などの下賜・支給）をおもうなし。これによりて、あるいは徒《いたずら》に（無駄に）数年の官符を畳み（積み重ね）、永く生計の難に苦しみ、あるいは空しく一人の行李《こうり》（官の使）に疲れ、亡路の険を免れ難し。その窮困、もっとも甚《はなはだ》しき者は、既にして衙門《がもん》（役所）に餓死するに至る。

ここには大要、「位禄は官人たちにとって最も重要な年給であるが、諸国の国司たちが位禄を給付しようとせず、太政官から諸国に下された、位禄の支給を命じる官符も実行されないまま放置されて積み重ねられ、また、諸国に使いして位禄の支払いを請求しても効果がなく、ついには困窮のあまり、勤務先の役所で餓死する者まで現れた」と述べられている。

修辞・虚飾の多い麗文であるため、必ずしも文字通りに理解すべきものでないとは思われるが、位禄が支給されなかった官人たちが困窮にあえいだという事実があったことには、疑いの余地がなかろう。

「主税寮出雲国正税返却帳」に見える諸王

ただし、位禄は、まったく給付されなかったわけではない。実際に位禄を支給された諸王の名が挙げられている史料が現存している。承暦《じようりやく》二年（一〇七八）十二月三十日の日付がある「主税寮《しゆぜいりよう》出雲国《いずものくに》正税返却帳《しようぜいへんきやくちよう》」である。

この史料は、東京国立博物館に所蔵されている九条家本《くじようけぼん》『延喜式』（国宝）――律令格式の式を記録した『延喜式』の古写本で、摂関家の九条家に伝来した――第二十四巻の紙背文書《しはいもんじよ》（裏文書）の一部である。そこには、延長《えんちよう》元年（九二三）から延久《えんきゆう》二年（一〇七〇）までの間に出雲国が負担した、四位・五位の官人に支給された位禄料が挙げられており、諸王を含む官人たちの位階と名が記載されている。

例えば、「太政官康保《こうほう》四年五月十三日符により、従四位下佐頼王《すけよりのおおきみ》の当年位禄料は、穀参佰陸拾斛玖斗陸升」とある。ここには、従四位下の佐頼王（陽成《ようぜい》天皇の二世孫王。「色好み」の「百人一首」歌人、元《もと》良親王《よしのみこ》の子）に対し、康保四年（九六七）五月十三日の太政官符により、同年分の従四位下の位禄として穀三六〇石九斗六升が給付された旨が記されている。

この「主税寮出雲国正税返却帳」に見える王としては、佐頼王のほか、

従四位下景行王　天慶四年（九四一）
従五位下有忠王《ありただのおおきみ》　天慶四年
従四位下方古王　天慶五年（九四二）
従四位下懐古王　天徳二年（九五八）、康保二年（九六五）五月十一日
従四位下清忠王《きよただのおおきみ》　康保元年（応和四年、九六四）四月十九日
従五位下述職王　康保元年四月十九日、同二年五月二十八日

従四位下正清王　　康保二年（九六五）五月十一日
従五位下清方王《きよかたのおおきみ》　康保二年五月二十八日
従五位下仲明王《なかあきらのおおきみ》　康保四年七月十九日
が挙げられている。また、「王」とは明記されていないが、
従四位下正依　　康保四年某月二十日
従五位下有清《ありきよ》　康保元年四月十九日

には氏姓がないので、王であると考えられる。

ここに挙げられている一二名の王のうち、系譜が明らかであるのは、佐頼王、方古王（宇多《うだ》天皇の二世孫王。敦慶親王《あつよしのみこ》の男子）、正清王（醍醐天皇の二世孫王。有明親王《ありあきらのみこ》の二男。のち源正清）の三人だけで、残る九名の出自は判然としない。

当時、諸王には、位階の上昇が容易でなかった。よって、従四位下の王は二世孫王、従五位下の王は三世王以下である可能性が高いと思われる。

4　執務にいそしむ王たち、清忠王と清胤王

藤原氏の一貴族のために、伊賀で現地調査を行った清忠王

「主税寮出雲国正税返却帳」に見える清忠王《きよただのおおきみ》は、従四位下の位階を持っているので、二世孫王であ

ると思われる。ところが、同時期、四世王（天皇の玄孫である王）の清忠王という諸王もいた。四世王は、満二十一歳になると自動的に正六位上に叙されるが、叙位《じょい》の儀において王氏爵にあずかると従五位下に叙される。四世王が、六位または五位から累進して従四位下に達するというのは、当時においてはきわめて困難であった。よって、従四位下の清忠王と四世王の清忠王は別人と考えるべきであろう。

さて、四世王の清忠王は、康保元年（九六四）、藤原氏の貴族の一人である藤原朝成《あさひら》（右大臣定方《さだかた》の子。九一七〜九七四）が、自身の所領を荘園化する際に、現地調査にあたらせた人物である。調査地は、伊《い》賀《が》国名張《なばり》郡薦生牧《こもおのまき》（現、三重県名張市薦生）。そこは、周囲が東大寺《とうだいじ》領に囲まれていた。東大寺は、薦生牧は東大寺領内にあると主張し、その荘園化に反対した。

清忠王は、現地の下級役人の証言等にもとづき、東大寺の主張が誤りであるとの調査報告書を作成した。藤原朝成は、清忠王の報告書を根拠に東大寺に譲歩をせまり、東大寺は朝成の要求に屈した。ただし、この薦生牧は、その後、時を経た後、後白河院《ごしらかわいん》の手に渡り、結局、東大寺の所領となった。そして、荘園研究で非常に有名な東大寺領黒田荘《くろだのしょう》の一部となるに至った。

この清忠王は、朝廷の官人として現地調査をおこなったのではない。藤原氏の一貴族による私的調査のために派遣されたのであった。天皇の玄孫である四世王の清忠王は、おそらく、藤原朝成の家司《けいし》（家政機関の職員）であったか、または、朝成に雇われて仕事を請け負ったかの、いずれかであろう。

彼は天皇の一族であったが、藤原氏の貴族に頤使《いし》される存在であったのである。

受領に仕えていた三世王（天皇の曽孫）清胤王

当時、貴族のもとで働いていた諸王は、清忠王だけではなかった。彼の同時代人で、京都の中央貴族ら有力者でなく、受領《ずりよう》（任国に赴任して実務をとった国司の最上席者）のもとで働いていた清胤王《きよたねのおおきみ》という三世王（天皇の曽孫）は、九条家本『延喜式』第二十八巻の紙背文書（前述）の一部分、「清胤王書状《きよたねおうしよじよう》」によってのみ、存在が知られている。この「清胤王書状」は、康保三年（九六六）に清胤王が前周防守《さきのすおうのかみ》某に宛てて書いた一一通の書状（厳密には、書状と言上状《ごんじようじよう》と辞状《じじよう》）である。

それらが『延喜式』の紙背文書となるに至った事情はわからないが、周防国《すおう》（現、山口県東部）で清胤王から書状を受け取った前周防守某が、国司交替の手続きを無事に済ませた後、書状を携えて帰京し、その後、不要となった書状の裏側が再利用されたのであろう。

この「清胤王書状」には、十世紀後半の周防国の状況や、瀬戸内海の海運、京都に運送された庸と調、その他の官物《かんもつ》（諸国から政府に納める租税や上納物）の納入と照合の手続きに関する具体的なやりとりの実態が生々しく記されている。そのため、重要な一次史料として、網野善彦《あみのよしひこ》（一九二八〜二〇〇四）をはじめ、何人もの研究者によって取り上げられた。概説書においても、阿部猛『摂関政治』（教育社歴史新書）と棚橋光男『大系日本の歴史④王朝の社会』（小学館ライブラリー）に、「清胤王書状」がやや詳しく紹介されている。

「清胤王書状」から、平安中期の国家財政運営等に関するさまざまな事実が明らかにされているが、本史料は、平安中期の諸王が自ら書いた書状としては稀有《けう》の存在であり、彼らの生計の一端を知ることができるという点でも、たいへんに貴重である。

清胤王は、前周防守某の事実上の代理人として、京都において、国司交替にともなう公務――官物の納入と照合――や雑務の処理にあたっていた。清胤王は、周防国にとどまって残務処理をおこなっていた前周防守に充てて、事務報告のために、また、前周防守の指示を仰ぐために、また、事務処理等に必要なものを送付してもらうために、書状を送った。

この「清胤王書状」の中には、清胤王が追而書《おってがき》（追伸の部分）において、京都で起きた諸事件を前周防守に速報したものがある。また、書状から、清胤王が、周防国に滞在していた時に、熊毛《くまげ》郡の多仁《たに》村（山口県光《ひかり》市〜田布施町《たぶせちょう》周辺）と都濃《つの》郡の都乃《つの》（都濃）村（山口県周南《しゅうなん》市東北部の錦川《にしきがわ》上流域一帯）において、国司とその関係者（子弟・郎等）たちが百姓《ひゃくせい》を労役して彼らに預けて耕作させていた佃《つくだ》（領主の直営田）を所有していたことが知られる。

よって、清胤王は、単なる雇われ人ではなく、前周防守の腹心であり、おそらく家司《けいし》の一人であった、と推測されている。

なお、清胤王が仕えた前周防守が誰であるかはわからない。三世王を使役していることから、それなりの家柄であり、受領としてかなりの実力を備えていた人物であったと思われる。

清胤王の業務

さて、清胤王が前周防守のために遂行した業務は、多岐にわたっている。「清胤王書状」には難解な部分が多いが、大要は次のとおりである。

清胤王は、まず、周防国の御厨《みくりや》（皇室領）などからの進上品や、官米など、周防国から海運で運送されてきた、さまざまな官物《かんもつ》を取りまとめ、それらを、しかるべき役所に納入するための監督をおこなっている。なお、書状で報告対象とされた官米を積んだ船の船頭は、周防国の人でなく備中《びっちゅう》国の人であったが、運送中、官米の一部が海水をかぶり、彼はその湿損米を売却したものの、その代金をなかなか返却しようとしなかった。そこで、清胤王は、検非違使《けびいし》に申し出て、代金を回収させている。

しかるべき役所に官物がそれぞれ納入されると、納入先の役所から領収証を受領するのが手順である。しかし、納入先の役人が怠慢で、なかなか領収証を発行してもらえず、領収証が出されるか否かは「仏・神に祈禱」するしかない、と清胤王は大いに気をもんでいる。というのは、領収証がそろわなければ、官物を納入したことを確認してもらうための照合を始められないからである。

領収証は、雑掌《ざつしょう》（雑務を担当する下級家司）によって取りそろえられ、主計寮《しゅけいりょう》（庸・調と貢納物を計算する役所）で、担当官と台帳の照合をおこなう。しかし、領収書がそろわず手間どっている間に、雑掌の任期が切れてしまった。そのため、清胤王は前周防守に、後任として新しい雑掌を遣わすよう要求した。ところが、その新任の雑掌は逃げ去ってしまった。結局、雑掌を監督すべき清胤王自身が、雑掌の役割を代行して、照合に当たることとなった。

照合を始めるためには、「公事勘済料《くじかんさいりょう》」（「抄帳勘料《しょうちょうかんりょう》」「料物《りょうもつ》」「例物《れいもつ》」ともある）という手数料、実は公に黙認された賄賂を、担当官に贈る必要がある。しかし、そのための金銭が不足していた。そこで、清胤王は、あるいは自腹を切り、あるいは自ら借金をして、所定の手数料を支払い、ようやく照合を済ませることができた。

以上、先行研究に依拠して、ごく簡単にまとめてみたが、清胤王が請け負った業務は、かなり高水準の事務処理能力が求められる複雑なものである。したがって、清胤王は、太政官《だじょうかん》の官人として出仕した経歴がある可能性が高く、中央政府と地方行政の実務に通暁した人物であったと考えられている。

滝のように雨漏りがする古屋敷で執務に励む

ところで、清胤王は、京都において、二条殿《にじょうどの》という邸宅を居所にして執務していた。二条殿と言っても、京都の二条大路に面した、あまたある殿邸の一つであるので、具体的な位置まではわからない。「清胤王書状」に「二条寝殿并《なら》びに東対《ひがしのつい》等」と見えるので、それなりの規模を備えた寝殿造《しんでんづくり》の立派な建物であったであろう。

ところが、この二条殿は、ひどい老朽家屋であった。「清胤王書状」に、次のように記されている。

「とりわけ寝殿は雨が降ると雨漏りがして、人が住める状況ではありません。（東）対は雨漏りではなくまるで雨が降るようです。（周防）国からの指示により寄宿していますが、「更□门方」、修理できません。どのようにすればよろしいのでしょうか。これらの事情を御察しください」

「この（東対の）建物は雨が降ると人が住めません。建物の柱も先々には朽損するでしょう」

つまり、清胤王は、天皇の曽孫でありながら、滝のように雨漏りがする古屋敷で事務に励んでいた、ということになる。

また、清胤王には、前任地にとどまっている前周防守から、必要経費も十分には届いていなかったようである。

「二条殿では最近米が無くなりました。あれこれ手を尽くしましたが、もう打つ手がありません。」

先に述べたように、官物の納入を照合する実務を担当すべき雑掌が逃げ去っているが、俸給の不支払いが、その背景にあったと考えられよう。

必要経費の不足によって、清胤王が、職務を遂行するために自腹を切り、あるいは自ら借金をして、所定の手数料を支払ったことも、既述のとおりであるが、さながら、悪徳企業に雇用された現代の、「自爆営業」を強いられるセールスマンの姿の一面を見るかのようである。

しかし、清胤王にとって、それでも前周防守は、たいへんにありがたい雇い主であった。

前述のように、清胤王は、周防国の二つの村に佃を所有していた。これは、前周防守が在任中に清胤王のために与えたものであろう。これについて、清胤王は「件の田の事、承悦無極」と、手放しの喜びようである。しかし、それらの佃は、他人に耕作を妨害されて奪い取られてしまった。そのため、清胤王は、二度にわたって前周防守に措置を取るよう依頼している。

ここから、有名な「尾張国《おわりのくに》郡司《ぐんじ》百姓等《ひゃくせいらの》解文《げぶみ》」において糾弾されている尾張守《おわりのかみ》藤原元命《もとなが》の子弟・郎等と同じように、清胤王は、在任時の前周防守に付き従って周防国に赴き、在地の住民に無理やり佃を割り当てて耕作させ、彼らの怨嗟《えんさ》を買っていたことが憶測される。

もっとも、清胤王の場合は、佃からの収入は、蓄財のためにではなく、重要な生計のたつきであったであろう。しかし、前周防守が国司交替の引き継ぎ事務を終えて帰京した後にも、清胤王の所有する佃がそのまま維持されたとは考え難い。

清胤王のその後の動向は、何もわからない。帰京した前周防守のもとで、引き続き新たな職務にいそしんだのであろうか。

この清胤王は、天皇の曽孫たる三世王という出自にして、高水準の事務処理能力をも備えた、それなりに有能な人物であった。しかし、封禄だけでは生計が成り立たなかったのであろう。清胤王は、豊かな受領に仕えることによって、ようやく糊口《ここう》をしのぐことができたに違いない。

5　藤原氏の家人、保季王と国正王

藤原実資の「年来の家人」保季王

皇親《こうしん》にして家司となった王は、ほかにもいる。

藤原道長《みちなが》（九六六～一〇二七）の全盛期、道長に対して批判的であった右大臣藤原実資《さねすけ》（九五七～一〇四六）の日記、『小右記《しょうゆうき》』の長元《ちょうげん》五年（一〇三二）十二月二十六日条に、次のような記載がある。

去る二十四日、縫殿頭《ぬいどののかみ》保季《やすずえの》王《おおきみ》が三井寺《みいでら》に到り、出家した。去る二十三日、昼から夜まで雑事を述べた。年来の家人である。甚だ憐れむ。

保季王は、藤原実資に、長年、家司として仕えていた。我々が保季王の姿を知ることができるのは、実資の日記『小右記』があるおかげである。彼が縫殿頭に任じられたのは、寛仁《かんにん》三年（一〇一九）十二月二十一日。当時の諸王が任じられるのが必ずしも容易ではない京官である縫殿頭となることができたのは、主君、実資の推しがあったためであろう。

保季王の出自は知られていない。位階も判然としない。しかし、縫殿頭の官に相当する位階は従五位下であるので、彼は、従四位下に直叙される二世孫王であったとは考え難く、三世王以下であったと見るべきであろう。

保季王は、藤原実資の家人として、使い走りに回っていた。

藤原実資に所用がある他の貴顕も、保季王を伝達員として利用していた。寛仁三年十一月二十七日、藤原道綱《みちつな》（道長の異母兄。九五五～一〇二〇）は、自身の随身《ずいじん》（護衛官）であった日下部《くさかべ》有信を番長（近衛府・衛門府・兵衛府の下級幹部）職に復職させるよう、保季王をして藤原実資に伝えさせている。

また、万寿《まんじゅ》四年（一〇二七）正月二十五日、小一条院《こいちじょういん》（もと皇太子敦明親王《あつあきらのみこ》。三条《さんじょう》天皇の皇子。九九四～一〇五一）は、京官除目《きょうかんじもく》（任官行事）における自身の「年給」（年官・年爵）について、保季王を通じて実資に仰せを下した。保季王が実資の家司であることを承知していた藤原道綱や小一条院が、保季王に足労を煩わせたのであろう。

保季王が出家する前日、藤原実資は、昼から夜まで保季王と語り通して過ごした。保季王も、実資の腹心であり、主従とはいえ、肝胆相照《かんたんあいてら》らす仲であったと考えられよう。

「強奸」罪で位階を落とされた国正王

保季王が出家を遂げた日のまさに翌日にあたる長元五年（一〇三二）十二月二十五日、国正王という王が、従五位下から正六位上に位階を降下させられた。これは、国正王が、「強奸」を犯した罪による処分であった。国正王の出自はわからないが、従五位下であったので、三世王以下であることは確実である。

この事件は、『小右記』と、その目次『小記目録《しょうきもくろく》』に記載がある。『小右記』には欠落があるので、事件の全容を知ることはできないが、残された記録にもとづけば、次のように経緯をまとめることができる。

まず、事件が起こり、その後、訴訟があった。

長元五年八月二十一日、国正王は、河内《かわち》国に居住する、四位の位階を有している某氏の挙政の娘を強姦したとの嫌疑がかけられた。翌二十二日、国正王は内裏《だいり》に召喚されて、事の由を尋問された。

おそらく、国正王の審問にあたったのは、明法博士《みょうぼうのはかせ》（法的見解を記した報告書を作成・提出する）である某氏の利業であった。利業は、「律《りつ》」（刑法）の規定に従って、国正王の罪に関する勘文《かんもん》（上申意見書）を作成したものと思われる。

「雑律《ぞうりつ》」によると、「奸には、徒《ず》（懲役）一年。夫があれば徒二年」、「強《ごう》には、おのおの一等を加える」

というので、「強奸」は、「奸」の徒刑一年に、「強」の一等分を加えて、徒刑一年半となる。しかし、国正王は従五位下の位階を持っていたので、官当《かんとう》という、位記の剥奪によって流《る》・徒を免除する換刑が適用される。五位以上の官当は、一官分で徒刑二年分に相当する。よって、従五位下の場合には、従六位下に一位階、降位されることで、徒刑二年を免除されたこととなる。

したがって、国正王の罪に関する勘文は、おそらく、「強奸」により徒刑一年半の刑罰を受けるべきところを官当により降位するという内容であったであろう。

ところが、二ヵ月あまり後に、新しい展開があった。検非違使《けびいし》が、挙政の邸宅に入った強盗、「ム丸」を訊問したところ、「ム丸」は、国正王の従者であり、強盗を犯す以前に、国正王が河内に下った旨を供述した（『小右記』十一月七日条）。この供述を得て、十一月十日、時の関白《かんぱく》、藤原頼通《よりみち》（九九二～一〇七四）は、国正王の罪に関する勘文を作成し直すよう、命令を下した。

なお、実資は、「ム丸」の供述内容に、疑問を抱いている。

十一月十三日、国正王の罪に関する勘文の作成・上申に際し、明法博士利業に収賄の私曲があったとして、関白頼通は利業を退け、あらためて大外記《だいげき》（上奏文の作成や、先例調査などを行う）の小野《おのの》文義と明法博士の令宗《よしむねの》道成に勘文を作成するよう命じた。これをうけて、翌十四日、国正王に関する勘文を、小野文義と令宗道成に作成させた。

令宗道成が作成した勘文を見た小野文義は、勘文に問題点があることに気付いた。そこで、十二月七日、文義は、勘文に署名する前に、それを藤原実資に内々に見せたところ、やはり実資にも疑問に思わ

表3　「官当」と国正王の降位

	従五位下	正六位上	正六位下	従六位上	従六位下
徒二年の「官当」	従五位下	←	←	←	↓従六位下
徒一年半の「官当」換算	従五位下	←	←	↓従六位上	
国正王の降位	従五位下	↓正六位上			

れた。そこで、密かに勘文を修正するよう指示した。

十二月十日、藤原実資が、小野文義が持参した「国正王罪名勘文」の改訂版を見たところ、問題点はほぼ修正されていたので、史局（公文書の授受・作成を担当する部局）に交付するよう指示した。十二月十二日、大外記小野文義と明法博士令宗道成が連署した「国正王罪名勘文」が奏上された。ところが、関白頼通は、「国正王罪名勘文」をしばらく保留するよう指示した。

実は、国正王は、頼通より恩顧をこうむっている者であった。そのため、頼通は、自分の手下である国正王の罪が軽くなるように、いろいろと工作活動を行っていたのであった。

こうして、十二月二十五日、藤原頼通の措置により手心が加えられた宣旨《せんじ》（天皇の命を伝える公文書）が下され、国正王は、従五位下から正六位上に降位されるという、軽微な処分で済んだ。

官当では、徒刑二年が免除されるには、一位階の降位が必要となる。徒刑一年半に相当する「強奸」罪の場合、従五位下から従六位上への降位であれば、換算の上では、まだ納得できるが、従五位下から正六位上への降位だけでは、確かに罰が軽すぎるであろう。

これについて、藤原実資は、関白頼通の行いは「正道に背く」ものであり、事件の再調査が必要である、と『小右記』中に感想を述べているが、国正王事件に関する記載は、ここで終わっている。

以上より、国正王は、時の最高権力者、関白藤原頼通に結びつき庇護されていたことが明らかとなる。おそらく、頼通の家人として、虎の威を借る狐のように振る舞っていたのであろう。

6　歌人、兼覧王と平兼盛（兼盛王）

文化・芸術方面において活躍した平安中期の諸王

平安中期における諸王の多くは、清忠王、清胤王、保季王、国正王のように、有力貴族や富裕な受領に仕えることによって、世過ぎをおこなっていたのであろう。彼らは、歴史上、顕著な事績は残していない。

しかし、その一方、当時の諸王には、文化・芸術方面において活躍して名を残した人もいた。

紀貫之・凡河内躬恒に景仰された兼覧王

文化・芸術関係で名高い平安中期の王としては、歌人、兼覧王（九三二年没）を挙げることができる。

兼覧王《かねみのおおきみ》は、文徳天皇《もんとく》（在位八五〇〜八五八）の孫にあたる二世孫王で、父は惟喬親王《これたかのみこ》（八四四〜八九七）。「中古歌仙三十六人」の一人であり、『古今和歌集《こきんわかしゅう》』に五首の詠歌が入集している。入集一〇二首の紀貫之《きのつらゆき》、入集六〇首の凡河内躬恒《おおしこうちのみつね》とは比較にならないが、四位以上の位階を持つ存命者としては、入集六首の「百人一首」歌人、源宗于《むねゆき》（光孝天皇の孫。九三九年没）に次ぐ多さである。

兼覧王の五首のうちの一首は、『古今集』における双璧の大歌人、紀貫之・凡河内躬恒との贈答歌である。

『古今集』撰集中の延喜《えんぎ》四年（九〇四）のことと考えられているが、雨が激しく降る秋の日、宮中にある雷壺《かみなりのつぼ》すなわち襲芳舎《しほうしゃ》に召された貫之・躬恒ら撰者は、大御酒《おおみき》などを賜わり、夕刻まで酒宴を開いていた。そこには兼覧王が同席していた。貫之・躬恒は、兼覧王と長く語り合ったようである。

酒宴が果てて退出する際に、貫之は、

秋萩の　花をば雨に　ぬらせども　君をばまして　惜しとこそ思へ

と兼覧王に惜別の歌を贈った。これに対し、兼覧王は、

惜しむらむ　人の心を　知らぬまに　秋の時雨と　身ぞふりにける

と返歌を詠んだ。

躬恒は、兼覧王と語り合うのは初めてであった。おそらく和歌に関する話題を、よほど熱く語り合っ

たのであろう。別れ際に、躬恒も詠んだ。

　別るれど　嬉しくもあるか　今宵より　逢ひ見ぬさきに　何を恋ひまし

貫之・躬恒ほどの大歌人に、一ときの宴席での別れに際し、このような心のこもった惜別の歌を詠まれた兼覧王。江戸時代の偉大な国学者、契沖《けいちゅう》（一六四〇〜一七〇一）は、兼覧王を果報者の極みとして羨望《せんぼう》しているが、もっともなことである。

　しかし、当時の身分秩序においては、感激の念にひたったのは、貫之と躬恒のほうであった。二世孫王である兼覧王は四位の位階を持っていた。一方、貫之は、位階が五位止まり。躬恒に至っては、ようやく六位に昇るのがやっとで、かなり身分は低く（六位と五位との間には、身位に大きな差がある）、およそ皇孫と直々に顔をつきあわせて言葉を交わすことができるような立場にはなかった。

　これより六十年足らず後には、前述のように、強盗となった二世孫王、親繁王《ちかしげのおおきみ》が登場するのであるが、「聖世」と称される延喜の御代《みよ》には、まだ二世孫王の権威は、それなりに残っていたのであろう。

　さらに、兼覧王の父、惟喬親王は、文徳天皇の第一親王でありながら、藤原氏の外孫である弟惟仁《これひとの》親王《みこ》との皇位継承争いに敗れ、山間地に隠棲した悲劇の皇子にして、在原業平《ありわらのなりひら》（八二五〜八八〇）の親友であったことで高名である。『伊勢物語《いせものがたり》』でも有名な、惟喬親王と業平との心の通った交友は、一世代のちの歌人たちには、仰ぐべき讃嘆の対象として、すでに伝説的に語られていたことであろう。

　その惟喬親王の王子が、今、目の前で、身分の差を超えて、対等の立場で、胸襟《きょうきん》を開き、自分たちと和歌を熱く語り合っている……

『古今集』撰者の面々、特に躬恒には、この上なき感激であったろう。

「無智」の至り、兼覧王

このような佳き話の伝わる兼覧王であるが、一方、大文人の紀長谷雄《きのはせお》（八四五～九一二）が著した「競狩記《きそいがりき》」には、兼覧王の失態が、あからさまに記されている。

紀長谷雄の文集『紀家集《きかしゅう》』に収録されている「競狩記」は、昌泰《しょうたい》元年（八九八）十月二十日から十日間にわたって、山城《やましろ》・大和《やまと》・河内で開催された、宇多上皇の鷹狩りの様子を事細かに書き記した王朝リアリズム記録文学の極北である。

それによると、山城守であった兼覧王は、遊猟二日目の十月二十一日朝、赤目御厨《あかめのみくりや》（現、京都市伏見区）の上皇の宿所に「秣稲百束」を捧呈したが、その際、上皇の思召しを伺うことなく、宿所の庭の中に稲束を置き並べた。これに上皇は不機嫌の様子を示し、侍臣たちは互いに顔を見合わせるばかりで、誰も口を開こうとしなかった。捧げ物の稲束を受領すべき源忠相（仁明《にんみょう》天皇の曽孫。もと忠相王）は、進むこともできず、退くこともできず、左右を見回すばかりで顔面蒼白となり、どのように処置すればよいのかわからず、しばらく時を経た後、そのまま黙って引き退いた。忠相が退く間に、誰の従者ともわからぬ者たち数人が庭に乱入し、積まれた稲束を奪い去った。そこで、上皇は、検非違使に命じて、彼らを尋ね出して捕え、垣外《かいと》（屋敷の囲いの外）で笞打ちに処した。

現存する『紀家集』写本には破損が多く、「競狩記」にも文意をつかみ難い箇所があるが、この一件について筆者、紀長谷雄は、「そもそも賢明な君主が行幸する所では、□□□しないものであるが、兼覧王は、この道理を果たさず、自ら進めた。無智の□□である」と評している。

おそらく本文には「無智の至り」等と書かれてあったのであろう。情け容赦のない筆致である。二世孫王である兼覧王に対する畏敬の念は、ひとかけらもない。

もっとも、紀長谷雄は、「競狩記」のみならず、宇多上皇が大酒豪の貴族八人を集めて開いた飲みくらべ大会を写実的に記録した「亭子院賜飲記」においても、筆先一本で、王朝社会の成員が呈した愚行の一端を、鋭くえぐり出しており、左大臣時平《ときひら》の弟にして関白忠平《ただひら》の兄にあたる藤原仲平《なかひら》（のち左大臣。八七五〜九四五）に対しても辛辣きわまりない。よって、兼覧王のみが長谷雄によって指弾されているというわけではない。

また、この失態のみをもって、兼覧王が公事《くじ》（朝廷の政務等）において無能であったとまで結論づけることもできまい。

兼覧王の官位

さて、兼覧王の官位は、仁和《にんな》二年（八八六）正月七日、孫王として従四位下に直叙されたのを皮切りに、停滞期はあったものの昇進を重ね、延長二年（九二四）正月七日に正四位下に叙され、延長三年十月十四日には宮内卿《くないきょう》に任じられた。

正四位下の次は、通例では従三位に叙され、公卿となる。また、宮内卿は、八省の長であり、任後に公卿となる事例が少なくない。つまり、兼覧王は、公卿の座を目前にしていたのである。

しかし、兼覧王は、宮内卿正四位下の官位を最後に、承平二年（九三二）に死去した。年齢は六十歳台後半であったと考えられる。さらに長生きをしていれば、公卿になることができたかも知れない。

名歌人　平兼盛（もと兼盛王）の出自

なお、兼覧王は「中古歌仙三十六人」の一人とは言っても、実は、歌人としての力量はそれほどでもない、というのが定評である。

平安期における諸王出身の歌人として最も秀でているのは、兼盛王《かねもりのおおきみ》（九九〇年没）である。ただし、彼は賜姓されて平氏となり、歌人として活動した時期には、兼盛王でなく平兼盛であった。

そのため、本書で取り上げるべき対象者からは外れてしまうのであるが、「百人一首」にも採用された名歌、「忍ぶれど色に出にけりわが恋はものや思ふと人の問ふまで」の作者として甚だ有名な平兼盛の系譜については諸説があり、諸王に関する基礎知識があれば誤った説を訂正できるので、一言する。

室町初期に編纂された系図集、『尊卑分脈《そんぴぶんみゃく》』の光孝平氏《こうこうへいし》の部分によると、兼盛に至る直系系譜は、

光孝天皇——是忠親王——興我王——篤行——兼盛

と記されている。しかし、この系譜には、複数の誤りがある。

第一に、興我王《こがのおおきみ》は光孝天皇の二世孫王ではない。興我王は、貞観《じょうがん》二年（八六〇）十一月十六日に無位から従五位下に叙されている（『日本三代実録《にほんさんだいじつろく》』）。従五位下に直叙されるのは三世王である。そもそも、

この系譜で興我王の父とされる是忠親王《これただのみこ》（八五七～九二二）は、貞観二年には四歳であるので、年齢から見ても興我王の父ではありえない。

第二に、兼盛は興我王の孫ではない。興我王は三世王であるので、その孫であるとすれば五世王となる。当時、五世王は王氏爵の対象とされていなかった。兼盛は、「仁和御後《にんなのみのち》」（光孝天皇の子孫）として王氏爵にあずかっているので、五世王ではない。

第三に、興我王の子の篤行（九一〇年没）は、仁和二年（八八六）七月十五日に賜姓されて平氏となっている（『日本三代実録』）。兼盛は諸王であるので、王に戻った形跡がない平篤行の子とは認めがたい。よって、この『尊卑分脈』の系譜のうち事実と認めることができるのは、「光孝天皇――是忠親王」と「興我王――篤行」の部分のみである。

兼盛王（のちの平兼盛）は「仁和御後」の王氏であるので、光孝天皇の子孫であることは確実である。また、彼は王氏爵で従五位下に叙されているので、三世王または四世王である。

そもそも、兼盛王は、王氏爵にあずかる以前に、大学に入学して、学生《がくしょう》として紀伝道《きでんどう》を「多年」にわたって勉学していた。彼は、「寮試《りょうし》」という最初の試験に及第して擬文章生《ぎもんじょうしょう》（擬生《ぎそう》）となった。さらに第二の試験「省試《しょうし》」に合格して文章生《もんじょうしょう》となるべきところ、たまたま天慶《てんぎょう》九年（九四六）四月二十八日の村上天皇即位叙位で王氏爵にあずかる諸王がいなかったため、無位であった兼盛王に白羽の矢が立ち、思いもかけず兼盛王は、五月五日の叙位において、四月二十八日分の王氏爵にあずかり、従五位下に直叙された。

当時における大学の試験は難関で、二十歳前で文章生となるのは困難であった。兼盛王が王氏爵で叙位されたのも、二十歳過ぎであろう。四世王であれば、当時の蔭位《おんい》の規定により、満二十一歳で自動的に正六位上に叙される。兼盛王は無位から従五位下に直叙されているので、兼盛王は、四世王でなく、三世王であったと推測される。

よって、兼盛王は光孝天皇の曽孫と考えられる。

兼盛王の父（光孝天皇の二世孫王）については、宮内庁書陵部所蔵の『兼盛集』（平兼盛の和歌集）の奥書に「平兼盛（筑前守篤望三男。母宮道氏）」とあり、また、『三十六人歌仙伝』に「前駿河守従五位上平朝臣兼盛（従四位上兵部大輔篤行王三男）」とあり、「篤望《あつもち》」と「篤行王」の二説がある。

「篤望」は、延長八年（九三〇）十一月十八日、朱雀《すざく》天皇（在位九三〇〜九四六）の即位を予告する宇《う》治墓《じのはか》への山陵使《さんりょうし》として「散位《さんに》篤望王」が、また、承平六年（九三六）十二月十六日、「荷前《のさき》」という年中行事における荷前使《のさきのつかい》として「備中権守篤望王」が、同時代史料から確認されている。年代的にも、兼盛の父として、矛盾はない。

一方、「篤行王」については、前述の平篤行と、時康親王《ときやすのみこ》（のちの光孝天皇）の子で源氏を賜姓された源篤行は実在しているが、年代的に兼盛の父に比定されうる「篤行王」という諸王の存在は、同時代史料からは知られていない。

実は、「望」の字を草書体で縦に長く引き伸ばして書いたものと、「行王」を草書体で続けて短くつめて書いたものは、書き方次第では、非常に酷似した字形となる。おそらく「篤行王」とは、「篤望」の崩し字を誤読したものであろう。そして、この「篤行王」が、平篤行（興我王の子）と混同された結果、「興我王——篤行——兼盛」という誤った系譜が成立したのであろう。

兼盛王（のちの平兼盛）の父篤望王の父は未詳であるが、光孝天皇の子で親王の身位にあったのは、是忠親王と是貞親王《これさだのみこ》（九〇三没）の二人だけである。是忠親王の子には、忠望王《ただもちのおおきみ》がいる。当時は、すでに、兄弟間で名の一字を同字でそろえる傾向が見られる。よって、「望」字を共有する忠望王と篤望王は、兄弟であったと考えるべきであろう。

以上より、兼盛の系譜は、

光孝天皇——是忠親王——篤望王——兼盛王（のち平兼盛）

と復原される。

実は、この復原系譜は、国文学者の増淵勝一氏によって、早くも一九七四年に提示されていたものである。その後も反対意見が出されてはいたが、ここに、兼盛の出自をめぐる問題は、決着がついたものと見てよいであろう。

7　大雅楽家、頼吉王（源頼能）

もと二世孫王の大雅楽家、源博雅

平兼盛は、前述のように、もと「仁和御後」の諸王、兼盛王であったが、賜姓された後に歌人として名を挙げた。

同様に、賜姓された後に文化・芸術方面で大いに活躍した、もと諸王のうち、最も有名なのは、平安時代中期の大雅楽家、「博雅三位《はくがのさんみ》」こと源博雅《ひろまさ》（九一八〜九八〇）であろう。

源博雅は、醍醐天皇の一男克明親王（九〇三〜九二七）の一男で、承平四年（九三四）正月七日、無位から従四位下に叙された。二世孫王は蔭位《おんい》によって従四位下に直叙されるが、天皇の孫でも臣下は従五位下への直叙である。よって、博雅は、二世孫王《にせいそんのう》「博雅王《ひろまさのおおきみ》」として従四位下に叙された後に、源氏を賜姓されたのであろう。

雅楽の龍笛（横笛）の大名人「王監物頼吉」

天元三年（九八〇）に死去した博雅の墓所は、没後五十年を経ぬうちに、ほとんどの人には知られなくなっていた。しかし、それを知っていて、ときどき参拝していた人物がいた。楽所《がくそ》預《あずかり》少監物《しょうけんもつ》の源頼能《よりよし》（頼吉）である（『古今著聞集《ここんちょもんじゅう》』『続教訓抄《ぞくきょうくんしょう》』）。

源頼能（頼吉）は、「王監物頼吉《おうけんもつよりよし》」とも称された。すなわち、「王で監物《けんもつ》の官にあった頼吉」である。この王監物頼吉は、もと王太《おうた》（王太丸《おうたまる》）と称された。「王の太郎」という意味である。したがって、源頼能（頼吉）は、もと頼吉王《よりよしのおおきみ》であり、賜姓されて源氏となった、と考えられる（竹中拓実氏の御教示による）。彼は、「源頼能」としてよりも、「王監物頼吉」の名のもとで、より多く、雅楽説話に登場しているので、平兼盛や源博雅とは異なり、王として長く活動し、功成り名遂げた後に賜姓されて源氏となったようである。

王監物頼吉は、十一世紀の雅楽界において活躍した、雅楽の龍笛《りゅうてき》の「天下無双」「ならびなき上手」と評される大名人で、治暦《じりゃく》四年（一〇六八）の後三条《ごさんじょう》天皇（在位一〇六八〜一〇七三）の大嘗会《だいじょうえ》に際し、勅命によって雅楽の有名曲「千秋楽《せんしゅうらく》」を作曲したことで知られている（『龍鳴抄《りゅうめいしょう》』『教訓抄《きょうくんしょう》』）。

頼吉は、王太（王太丸）と称されていたことから、某王の長男であると推定されるが、その出自はまったく知られていない。

彼が任じられた少監物の官は、相当する位階が正七位である。およそ五位の諸王が任じられるべき官職ではない。彼の位階は六位であったに違いない。三世王であれば、蔭位の制により、従五位下に叙されるので、彼は四世王以下であったと考えられる。ともかく、頼吉王は末流の王の一人であった。

修業時代の頼吉王

雅楽説話によると、頼吉は「上古に恥ざる数奇《すき》の者《もの》」「上古には優《まさ》る数寄者《すきもの》」であった。

頼吉は、王太（王太丸）と称されていた若輩の時分に、奈良に居住する楽人《がくじん》、玉手信近《たまてのぶちか》（延近）の弟子となり、横笛《ようじょう》（龍笛）を習った。遠路を厭《いと》わず、時に一日ごとに、時に二・三日ごとに、京都から奈良に通った。彼は、時間には恵まれていたようである。

この玉手信近は、龍笛の祖とされる尾張浜主《おわりのはまぬし》の曽孫弟子、戸部《こべの》好多の聟となり、雅楽允《うたのじょう》に任じられた。玉手信近の聟となったのが戸部正近《こべのまさちか》である。

信近は、頼吉に教える日もあれば、教えない日もあった。そのため頼吉は、得るところなく遠路を空しく帰ることもあった。

ある時は、信近が田畑で害虫を駆除するというので、頼吉も師匠に従い、朝から夕方に至るまで、一緒に害虫を駆除した。作業が終わって頼吉が帰ろうとした時に、思いもかけず一曲を伝授された。

またある時は、師匠が大豆を刈り取って収穫する場所に到って、共に刈り取った。刈り終えた後、信近は、鎌の柄を笛に見立てて、頼吉に教えた。

このようにして頼吉は修業に努め、身分の低い人への質問を恥じず、貴賤を問わず訪ねては学んだという（『続教訓抄』）。

そもそも、楽人の身分は、かなり低かった。当時の王は、すでに貴種性を喪失していたとはいえ、それでも楽人とは比較にならぬ高い身分であった。まさに頼吉が「数寄者」たるゆえんである。

頼吉王、鮮烈デビュー！

さて、後一条《ごいちじょう》天皇（在位一〇一六〜一〇三六）の御代の長元七年（一〇三四）正月二十二日、天皇が主催する祝宴の儀、「内宴」が、正暦《しょうりゃく》四年（九九三）正月二十二日以来、四十一年ぶりに開催された。先例に従うと、内宴の開始を告げる参音声《まいりおんじょう》（入場曲）には、「最涼州《さいりょうしゅう》」という雅楽曲が演奏されることになっていた。

この楽曲は「西涼州《さいりょうしゅう》」とも称し、調子は「沙陀調《さだちょう》」。曲名となった地名「西涼《せいりょう》」（甘粛省《かんしゅくしょう》西北部）と、調子名から、いかにも騎馬遊牧民「沙陀突厥《さだとつけつ》」に由来する曲であるかのように思われるが、未詳である。それはさておき、いざ内宴を始めようという時に到り、伶人《れいじん》（楽人）たちが、「この楽曲を知りません」と申し立てた。めったに演奏されることがない稀曲「最涼州」は、四十一年の歳月を経て、楽人たちに伝習されていなかったのである。

時の雅楽允、戸部正近は、楽人たちは誰も知らない、と内宴を取り仕切る公卿たちに申し上げた。公卿たちには想定外の事態であった。そこで、公卿たちは、「他の楽曲に改定すべきか、それとも、内宴そのものを中止すべきか」等々と、評定をおこなった。

前述のように、戸部正近は、頼吉王の師匠、玉手信近（延近）の娘婿であった。そのため、当時、王太（王太丸）と呼ばれていた頼吉王のことも知っていたと思われる。おそらく、彼の存在を公卿に知らせたのであろう。

そこで、評定において、「延近という者の弟子に、王太（王太丸）という、物を知らぬということがなく、よくよく物を知っている者がいるようです。彼に尋ねてみて、彼が『知らない』と申した折には、どのようにでも取り計らうことにしましょう」と決定された。

早速、王太（王太丸）が召し出された。最初、彼は、「まもなく参上いたします」とは申したものの、一向に出頭しようとしなかった。王の出自とはいえ無官の身にして、専門の楽人でもない。突然のこととて心構えもなく、また、御前に参ずる準備を整えることもできなかったのであろう。そのため、公卿たちが重ねてわざわざ問い尋ねてみたところ、彼は「最涼州」の楽曲を伝習した由を申し上げた。

雅楽の楽曲は、たとい楽譜に載せられていたとしても、師匠から直接、伝授を受けなければ演奏すべきでない、というのが楽人たちの通念であったようである。

こうして、王太（王太丸）すなわち頼吉王のおかげで、内宴は無事に開催することができた。彼は、王の出身ではあったが、身分の低い楽人たちの中に交わり、みごとに楽曲を演奏して、大役を果たしたのであった。

後一条天皇、関白藤原頼通は、大いに感嘆した。かくて、頼吉王は、「大功の者である」と藤原頼通の執奏により、翌二十三日、楽所《がくそ》預《あずかり》の職を授けられ、また、少監物に任じられた。

その後、頼吉王は、藤原頼通に召されて、頼通のもとに仕えるようになった。頼通の引きにより、さらに内膳正《ないぜんのかみ》、内豎頭《ないじゆのかみ》となり、やんごとなき身となるに至った、という（『龍鳴抄』『続教訓抄』）。

内膳正は、相当位階が正六位上であるが、諸王が任じられる官職の一つであり、従五位下で任じられるのが通例であったようである。おそらく頼吉王は、五位の位階に昇ることができたのであろう。それでも、やんごとなきと言うのは大袈裟な感じがするが、末流の王である頼吉王にとっては、望みうる最高の官位に至ることができたと言えるであろう。

頼吉王の雅楽譜『綿譜』

頼吉王（源頼能）は、習い覚えた横笛《ようじよう》（龍笛）の楽曲を、「一塵《いちじん》」も残さず、すべて楽譜に書き取った。彼は、その横笛の楽譜を、綿《わた》に包み、懐中に入れて、肌身離さず歩いていたという。非常に優れた楽譜であり、時の人は、これを『頼能《よりよし》の綿譜《わたふ》』と称した。

彼は、雅楽曲の演奏には、非常に真摯《しんし》な姿勢で臨んでいた。覚束《おぼつか》ない楽曲は、楽屋においても、この『綿譜』を広げて、横笛を吹いた。その道の「長者」のすることであったので、見苦しいことでもなく、また、それを非難する人もいなかった、という（『続教訓抄』）。

当時における雅楽曲の総数は、現存する雅楽曲の数とは桁違いの多さであった。頼吉王は、当時すでに稀曲となっていた多くの楽曲を伝習していたので、彼にとって「覚束ない」楽曲があるのは当然のことと、人々も認識していたということであろう。

『頼能の綿譜』は、頼吉の弟子であった藤原宗俊《むねとし》（道長の曽孫で、中御門《なかのみかど》右大臣藤原宗忠《むねただ》の父）に伝えられ、その後、摂関家の藤原忠実《ただざね》に奉られ、さらに鳥羽《とば》法皇に献呈されたことが知られる（『龍鳴抄』）が、その後、湮滅《いんめつ》し、現存しない。

頼吉王が作曲した雅楽曲「千秋楽」

王監物頼吉すなわち頼吉王は、治暦四年十一月二十二日に行われた後三条天皇の大嘗会のために、雅楽曲「千秋楽」を作曲した。

なお、大相撲や芝居における興行の最終日を「千秋楽（千穐楽）」と称するのは、この曲が、舞楽法《ほう》会《え》などの退出音楽としてしばしば演奏されたため、と説明されることがある。しかし、直接的には、そうであるまい。

能楽《のうがく》の名曲「高砂《たかさご》」の末尾（キリ）の最後の詞句、「千秋楽は民《たみ》を撫《な》で、万歳楽《まんざいらく》には命《いのち》を延ぶ。相生《あいおい》の松風《まつかぜ》、颯々《さつさつ》の声《こえ》ぞ楽しむ、颯々の声ぞ楽しむ」は、「千秋楽」と称され、能楽関係の催しの際、しばしば付祝言《つけしゆうげん》として、最後に謡われる。

これが、興行最終日を「千秋楽」と称す由来であろう。

以上、平安時代中期の王を取り上げた。ここに、貴種性を喪失しつつも、それぞれの能力を生かして、したたかに生きる王たちが存在することを、確認することができたであろう。

第三章　平安後期（院政期）の王と、擬制的な王の集団「王氏」

1　位階が上がらず、封禄も未支給——致清王

白河院政期の諸王は、皇位継承候補者とは認識されていなかった

本章では、平安後期（院政期）の王と、彼らの子孫について概観する。

白河《しらかわ》上皇（法皇）の院政期（一〇八六〜一一二九）、諸王の人的供給は、叙位《じょい》における王氏爵《おうししやく》等によって続いており、伊勢奉幣《いせほうへい》の使王《つかいのおおきみ》も伊勢へ差遣され続けていた。


彼ら、当時の諸王は、朝廷では、現実的に皇位継承権があるとは認識されていなかったようである。

元永《げんねい》二年（一一一九）八月十四日、白河法皇の三弟輔仁《すけひと》親王（皇位継承問題により白河法皇に冷遇されていた）の男子、有仁《ありひと》王は、源氏を賜姓《しせい》されて臣籍降下《しんせきこうか》した。輔仁親王に近侍していた村上源氏の公家　源《みなもとの》師時《もろとき》（一〇七七〜一一三六）は大いに悲憤慷慨したが、賜姓に先立つ八月七日、輔仁親王に対して、大略、「白壁《しらかべ》天皇（光仁《こうにん》天皇）が納言（大納言）になった後に帝位につき、寛平《かんぴょう》法皇（宇多《うだ》天皇）が賜姓後に天下を治めたように、若宮（有仁）に運があれば心配は無用であり、運がなくとも源高明《たかあきら》・雅《まさ》

信《のぶ》・重信《しげのぶ》のように朝廷で顕官となり栄耀を得ることができる」と述べたのに続けて、

「成清、資清、宗清、宗房は王孫なり。正親正《おおきみのかみ》が極官たり。以奉幣使《ほうへいし》□大皇。今の人はこれを進めず」と申し上げている（源師時の日記『長秋記《ちょうしゅうき》』元永二年八月七日条）。

脱字があり、解釈が困難であるが、およそ、「成清王、資清《すけきよ》王、宗清《むねきよ》王、宗房《むねふさ》王は王孫であるが、正親正が極官《ごっかん》（その家柄で到達できる最高の官職）であり、奉幣使で大皇《おおきみ》（使王）となるばかりであるので、今の人が彼らを皇位継承者として進めることはない」というような意味であろう。

ともかく、公家たちに、諸王は取るに足らぬもので眼中にない、と考えられていた実態をも、ここから読み取ることができよう。

ここに名前が挙げられている成清王、資清王、宗清王、宗房王のうち、成清王は正親正となり伊勢奉幣の使王を何度も勤めており、資清王も伊勢使王を勤めたことが、諸記録に残されている。ただし、彼ら四人とも、出自・系譜は未詳である。

致清王申文

平安時代後期（院政期）における諸王がみずからを語った文書史料は、管見の限り、一点しか知られていない。すなわち、正親正の官職にあり、従五位下の位階にあった致清《むねきよ》王という諸王が、永久《えいきゅう》二年（一一一四）の正月叙位において、一階上の従五位上に昇叙されることを望んで提出した申文《もうしぶみ》（叙位・任官または官位の昇進を朝廷に申請する文書）である。これは、平安時代の詩文・詔勅《しょうちょく》等を類別編集した書、『朝野群載《ちょうやぐんさい》』（三善為康《みよしのためやす》編。永久四年〈一一一六〉自序）に引用されている。

おそらく、定型化された例文に、自身の状況を当てはめただけと思われる文章であり、致清王の個性が反映されたものではない。

短い文章であるので、ここにその全文を引用してみよう。

従五位下行正親正致清王、誠惶誠恐《せいこうせいきょう》謹《つつし》みて言《もう》す。
殊《こと》に天恩を蒙《こうむ》り、先例に因准《いんじゅん》し、叙労（叙位の年功）并《なら》びに奉幣使等の功により、一階を叙せられんことを請う状。

右、致清、謹みて案内《あない》（文書の内容）を検《けみ》するに、王氏爵に叙するの輩が、幾年も経ずして加級に預かるは先例なり。しかるに致清は、去る永保《えいほう》二年に氏爵《うじのしゃく》に預かりしより以降、叙位の労（年功）三十三年、奉幣使九十四度。此《これ》と謂《い》い彼と謂い、多年の節、けだし一階の級に預かるべし。望むらくは、天恩を請《こ》い、先例に因准し、一階を叙せらるれば、いよいよ奉公の空しからざるを知らん。

致清、誠惶誠恐謹みて言す。

永久二年正月四日　　従五位下行正親正致清王

三十年以上、位階が上がらず、伊勢奉幣使を勤めること九十四回

ここから知られる致清王の経歴を閲すると、まず、永保二年（一〇八二）正月五日の正月叙位で、王氏爵にあずかり、従五位下に叙されたことが知られる。「叙位の労、三十三年」というのは、同じ位階のままで朝廷に仕えること三十三年、という意味である。この申文が提出された永久二年（一一一四）は、まさしく永保二年から三十三年目であり、致清王の主張に誤りはない。

そして、致清王は、その間に、伊勢神宮への奉幣使を九十四回も勤めたという。やはり事実であろう。これによると、三十二年間にわたって、平均すると一年に三回弱、使王として伊勢へ参向している計算となる。

その期間において致清王が伊勢奉幣使の使王を勤めたことを史料から確認することができるのは、わずかに、寛治《かんじ》四年（一〇九〇）十一月六日に発遣された公卿《くぎょう》勅使《ちょくし》の副使のみである。その時、致清王は「散位《さんに》」。すなわち、官職に就いていなかった（大江匡房《おおえのまさふさ》の日記『江記《ごうき》』同日条）。

致清王は、その後、申文が提出された永久二年正月までの間に、当時の諸王の極官である正親正に任じられているので、諸王の中では相対的に官職に恵まれていると言える。しかし、位階については、三十三年の間、ずっと従五位下のまま、放置されていた。

これが、当時における諸王の官位昇進の実態であった。

ストライキを決行した致清王

致清王が、永久二年の正月叙位で、望みどおり従五位上に昇叙できたか否かは、史料の欠如により、知ることができない。

致清王は、その後、永久五年（一一一七）十月二十三日、伊勢例幣の使王を勤め（例幣は九月十一日であるが、延引されていた）、大治《だいじ》四年（一一二九）九月十一日、伊勢例幣の使王を勤めた（この時点でも正親正であった）ことが知られるが、これらは、実際に彼が勤めた伊勢使王のうちの、ごく一部に過ぎまい。

なお、大治四年の例幣で、致清王は、受給すべき封禄《ほうろく》の時服料が未支給であったので、支給されなければ使王を勤めることができない、とストライキに打って出ている。そのため、奉幣使の発遣の儀が遅々として進まず、まもなく日が暮れようとする申刻《さるのこく》（午後四〜五時頃）に、ようやく奉幣使は出立することができた（『中右記《ちゆうゆうき》』）。

伊勢奉幣使発遣の儀を、使王が自身の経済的苦境を訴える場とした事例は、その後も、しばしば見られた。

2　満正系美濃源氏の重代相伝の家人、厚見王大夫政則王一族

自活のため地方に下向する諸王たち

封禄受給を主な収入とした諸王は、平安中・後期における社会的・経済的構造の変化に対応できず、没落していったが、その一方で、京都を離れて自活を志した諸王もいた。

本来、諸王を含む五位以上の位階の保持者は、自由意思で畿内から出ることが禁じられていた。しか

し、早くも平安初期から、その禁令は破られ続け、平安中期には、天皇の孫である二世孫王《にせいそんのう》さえもが勝手に地方へ下向《げこう》するようになっていた。そこで、仁寿《にんじゅ》三年（八五三）四月二十六日、孫王の畿外への下向が禁止された（『類聚三代格《るいじゅうさんだいきゃく》』十九「禁制」）が、如何ほど効果があったものか疑わしい。

ともかく、平安後期以降、地方に土着して代を重ねていた諸王の存在が確認されている。

その典型的な事例が、美濃《みの》国茜部荘《あかなべのしょう》・平田荘《ひらたのしょう》の厚見王大夫政則《あつみのおうだいぶまさのり》の一族と、播磨《はりま》国大部荘《おおべのしょう》の王氏一門である。

厚見郡郡司かつ荘官の政則王

「厚見王大夫政則《あつみのおうだいぶまさのり》」の名で知られる政則《まさのり》王は、平安後期に美濃国厚見《あつみ》郡（現在の岐阜県岐阜市南部）に土着していた諸王である。「厚見」は名字《みょうじ》、「王大夫」とは五位の諸王である。彼の出自は未詳であるが、五位の諸王は三世王か四世王であるので、彼は天皇の曽孫または玄孫にあたる。

政則王は、厚見郡の郡司《ぐんじ》（国司《こくし》の下で郡を治めた地方行政官）であり、また、厚見郡内にあった二つの荘園、茜部荘と平田荘の下司《げし》（荘園領主の命をうけて荘園の現地で事務をとった荘官）をも兼ねていた。

政則王は、自身が京都から下向して厚見郡司の家の婿となり郡司となったか、または、下向した父と厚見郡司家の娘との間に生まれ、母方から郡司の職を受け継いだか、のいずれかであろう。

政則王の弟は定増《じょうぞう》という名の僧で、茜部荘の別当《べっとう》（事務担当職）を務め、荘園の一角に居住していた。

政則王と東大寺との紛争

九世紀後半頃、美濃国司と、荘園領主である東大寺《とうだいじ》との間に、茜部荘の加納《かのう》（荘園の本来認められた地域外で耕作された付属地）をめぐって争いが生じた。その際、郡司であった政則王は、上司にあたる国司の側に立った。

そのため、東大寺は、政則王の勢力を茜部荘から排除しようと試み、嘉保《かほう》三年（一〇九六）より以前のある時、政則王に代えて、清和源氏の源国房《くにふさ》（美濃土岐《とき》氏の祖）を茜部荘の下司にした。そこで、国房の家人《けにん》たちは、茜部荘に乗り込み、茜部荘における政則・定増兄弟の職務を停止させた。ここに、東大寺の目論見《もくろみ》は成功したかのように見えた。

しかし、政則王は、そのままでは引きさがらなかった。彼は、厚見郡司として公権力の一端を担っていたので、その立場を利用して、茜部荘の北辺を「公田《くでん》《こうでん》」と称して収公し、自らの支配下にあった平田荘の加納に編入してしまった。

そして、その状況は、永治《えいじ》二年（一一四二）に至るまで、少なくとも約五十年の間、変わることなく続いていたようである（「東大寺文書」）。

美濃国における「清和源氏」両流の争い

実は、この事件の背景には、美濃国における「清和源氏」同士の勢力争いもあったようである。

源経基の子で源満仲《みつなか》の弟にあたる源満正《みつまさ》（満政）の子孫は、美濃国方県《かたがた》郡（岐阜市北部）を中心に、早くから美濃国に勢力を拡げていた。

一方、源満仲の曽孫にあたる源国房は、祖父源頼光《よりみつ》、父源頼国《よりくに》が共に美濃守に任じられ、自身も「美濃七郎」と号し、美濃国南西部の多芸《たぎ》郡を本拠地として、在地武士を自己の郎等として組織化し、新興勢力として勢力を伸ばしていた。

ついに両勢力は衝突し、承暦《じようりやく》三年（一〇七九）六月、満正の曽孫源重宗《しげむね》と、源国房との間に、大規模な合戦が行われた。そこで、朝廷は両名を都に召喚した。しかし、重宗はこれに応じなかった。そのため、重宗は源義家《よしいえ》に追討され、結局、獄に下された。ただし、重宗の一族は、この事件の後も美濃国において勢力を保持しつづけた。

政則王の一門は、この源重宗の一族と密接な関係があった。

流鏑馬の名手「敦身王大夫」一門

村上源氏の公家源師時《もろとき》の日記『長秋記《ちようしゆうき》』の天承《てんしよう》元年（一一三一）九月二十日条によると、京都の南方、鳥羽《とば》の城南寺《じようなんじ》（城南宮《じようなんぐう》は、その後身）の祭礼における流鏑馬《やぶさめ》（ご存知、馬を走らせながら次々と三つの的を騎射する射技）で、源重宗の孫重成の側から出場した代表として、「敦身王大夫《あつみのおうだいぶ》」の孫、敦身二郎正弘が射手をつとめた。この「敦身王大夫」とは、厚見王大夫すなわち政則王と同一人であろう。

「敦身王大夫」は、かつて、藤原教通《のりみち》（藤原道長《みちなが》の子）の春日詣《かすがもうで》の際に開催された笠懸《かさがけ》（遠矢を射る騎射の儀）で、源重宗の側からの代表として射手となったという。

したがって、「敦身王大夫」とその孫敦身二郎正弘は、源重宗とその孫重成の、重代相伝《じゅうだいそうでん》の家人であったのである。

藤原教通の春日詣は治暦二年（一〇六六）十一月二十六日である（『扶桑略記《ふそうりゃくき》』）ので、「敦身王大夫」

図10　厚見王大夫（敦身王大夫）一門と清和源氏

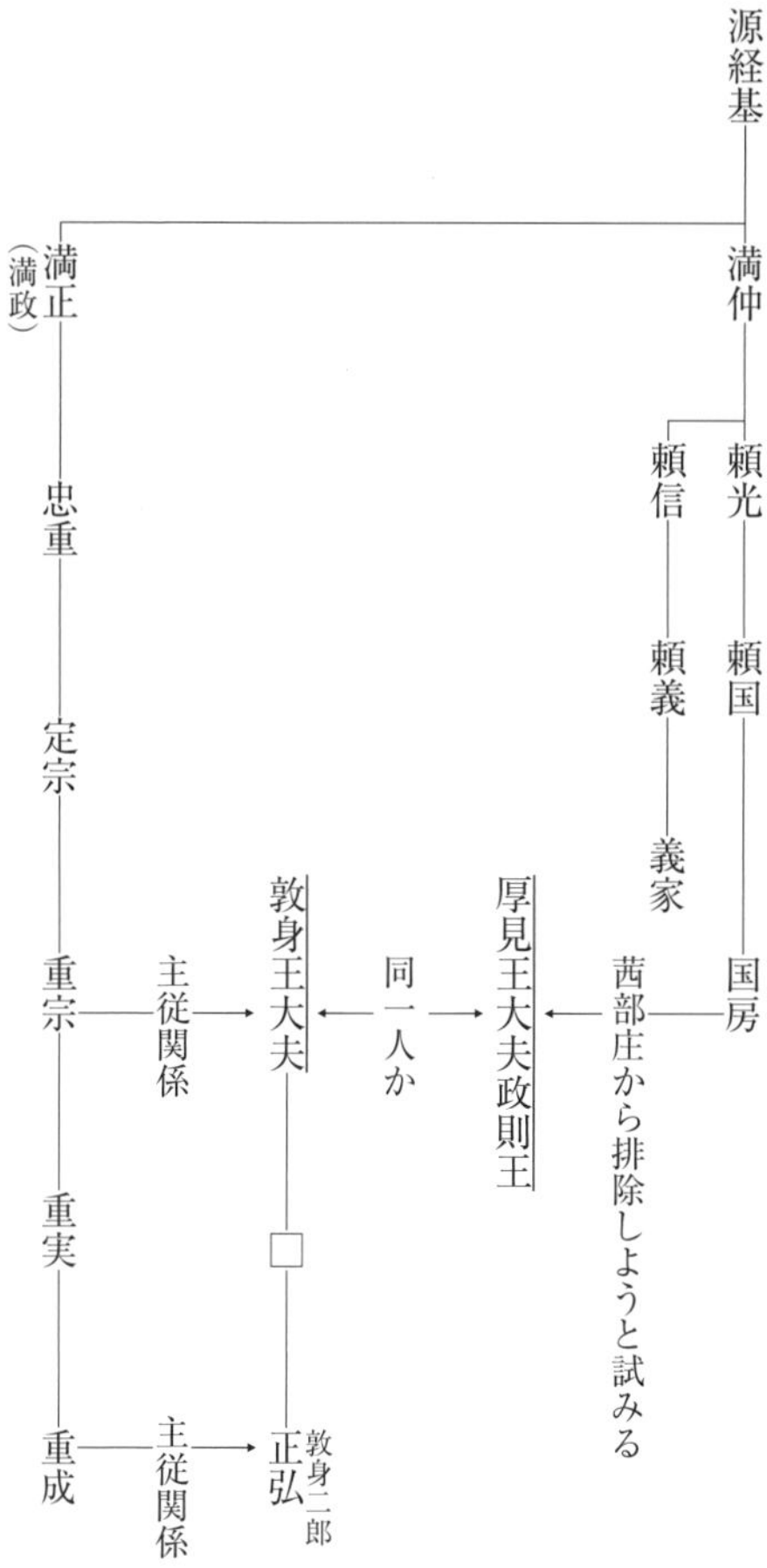

に比定される政則王（厚見王大夫）は、それより以前に、源重宗の家人となっていたと考えられる。

要するに、東大寺は、政則王を茜部荘《あかなべのしょう》から排除するために、政則王の主君、源重宗と対立関係にある源国房を起用した、ということとなろう。

なお、「敦身王大夫」は、笠懸において馬を走らせ、馬手《めて》、すなわち、馬の手綱を持つ右手の側を射たという。これは、弓手《ゆんで》、すなわち、弓を持つ左手の側を騎射するより、難度が高い。「敦身王大夫」の孫、敦身二郎正弘も、この城南祭の流鏑馬において、馬を疾駆させて馬手を射て、三つの的を、すべて射当てている。

ここから、政則王の一門が、代々、武芸に非常に熟達していた事実を知ることができる。

このように、政則王は、美濃国厚見郡に土着して郡司および荘園の荘官を務め、武士化していた。しかし、皇親《こうしん》たる諸王にして五位の有位者であったにもかかわらず、政則王は武士の棟梁となるには至らず、彼の子孫は「清和源氏」庶流の重代相伝の家人に甘んじていたのであった。

3　下級荘官、公文職の王氏

播磨国加東郡大部荘の王氏一門

平安時代後期以降に地方に下って土着したと考えられる諸王には、播磨《はりま》国加東《かとう》郡の大部荘《おおべのしょう》の王氏一門もいた（「東大寺文書」ほか）。

大部荘は、現在の兵庫県小野《おの》市付近にあった東大寺領荘園である。大部荘の故地に位置する小野市浄《きよ》谷町《たにちょう》の浄土寺《じょうどじ》は、鎌倉初期の高僧、重源《ちょうげん》によって創建され、天竺様《てんじくよう》の浄土堂と、名仏師快慶《かいけい》が制作した阿弥陀三尊像で有名である。

鎌倉時代、この大部荘では、「久」字を名の一字目に付けた王氏が、代々、公文職《くもんしき》という荘官職を務めた。

公文《くもん》とは、荘園の現地において、下司《げし》などの下で、年貢収納などの実務にあたった下級荘官である。下司と同様に名主《みょうしゅ》的・武士的性格を持っていたが、社会階層的には低い地位にあった。

よって、播磨国大部荘の王氏一門も、美濃国茜部荘・平田荘で下司をも務めた政則王のように、武士化した諸王とその末裔であったと考えられる。しかし、下司の下で頤使《いし》される公文職を世襲した彼らは、清和源氏庶流の家人となった政則王の一族よりも、さらにウダツがあがらなかったようである。

久清王・久守

大部荘の王氏として記録が残されている最初の人物は、久清《ひさきよ》王である。彼は、建永《けんねい》二年（一二〇七）正月、大部荘の公文職に補任《ぶにん》された。久清王の事績は、これ以外は何も判らない。出自・系譜も、現在知られている史料からは知ることができない。しかし、彼の子孫または一族と考えられる王氏の人々が、彼より以後、大部荘の公文職を世襲している。

仁治《にんじ》三年（一二四二）正月二十八日、「左近将監久守《さこんのしょうげんひさもり》」が、「相伝の道理に任せ」て、大部荘公文職に補任された。この久守には「王」号が付けられていないが、「相伝」とあることから、久清王の一門であったと考えられる。世代的には、久清王の子か孫にあたるであろう。彼は播磨国に土着してはいたが、官職に就いていたので、京都との間を往来することもあったであろう。

久光王

弘安《こうあん》六年（一二八三）六月十日、「久光《ひさみつ》王（久秀《ひさひで》を改む）」が、「重代の補任たるに依り」、大部荘公文職に補任された（久光王は「義光王」とも翻刻されるが、「義」の崩し字は「久」と類似している）。

久光王は、すくなくとも永仁《えいにん》六年（一二九八）五月七日の時点までは、大部荘の公文職にあったことが知られるが、彼は単独で公文職を務めたのではなかった。

久光王は、正応《しょうおう》五年（一二九二）六月十三日には久時《ひさとき》と共に、同年閏六月十六日には円戒《えんかい》と共に公文職にあった。円戒は「左衛門入道円戒」とも称されているので、左衛門大尉《さえもんのだいじょう》に任じられていたのであろう。

また、永仁三年（一二九五）二月二十八日、「王久光」は「円戒法師跡、王若寿女《わかじゅにょ》」と共に、あらためて公文職に補任された。

「王久光」「王若寿女」と、「王」字が名の上に付けられると、あたかも漢人の姓のように見えるが、これは、称号である「王」が氏姓のように使われたものであり、同様の例は少なからず存在する。

円戒法師の跡を取って公文職に補任された王若寿女は、円戒の娘であり、「王氏（若寿御前）」とも見える。よって、円戒も王氏の一人であり、久清王の一門にして、上述の久時と同一人であると考えられる。

円戒の娘、若寿女

若寿女は、自身が公文職にあったが、徳治《とくじ》二年（一三〇七）三月十三日、死期を間近に悟った夫の観《かん》円《えん》から、大部荘の「一方の公文職」などを譲与された。つまり、若寿女と、夫の観円は、夫婦でそれぞれ公文職に就いていたこととなる。

観円は「王九郎入道観円」「王九郎沙弥《しゃみ》」と称され、また、子が王号を称しているので、明らかに王氏である。よって、彼は、永仁三年二月に若寿女と共に公文職に補任された久光王と同一人である可能性が高い。

若寿女は、自身が父（円戒）から相伝した分に加えて、夫、観円の分の公文職をも譲られた結果、大部荘すべての公文となった。

観円・若寿女（覚性）夫妻の子女

さて、観円《かんえん》は、妻、若寿女に公文職を譲与した際に、「後代の相続を定むるの時は、女房若寿御前の計らいとなして、子孫の中に、その器を相計りて給うべきなり」と遺言し、まもなく死去したと思われる。

図11　播磨国大部荘の王氏一門

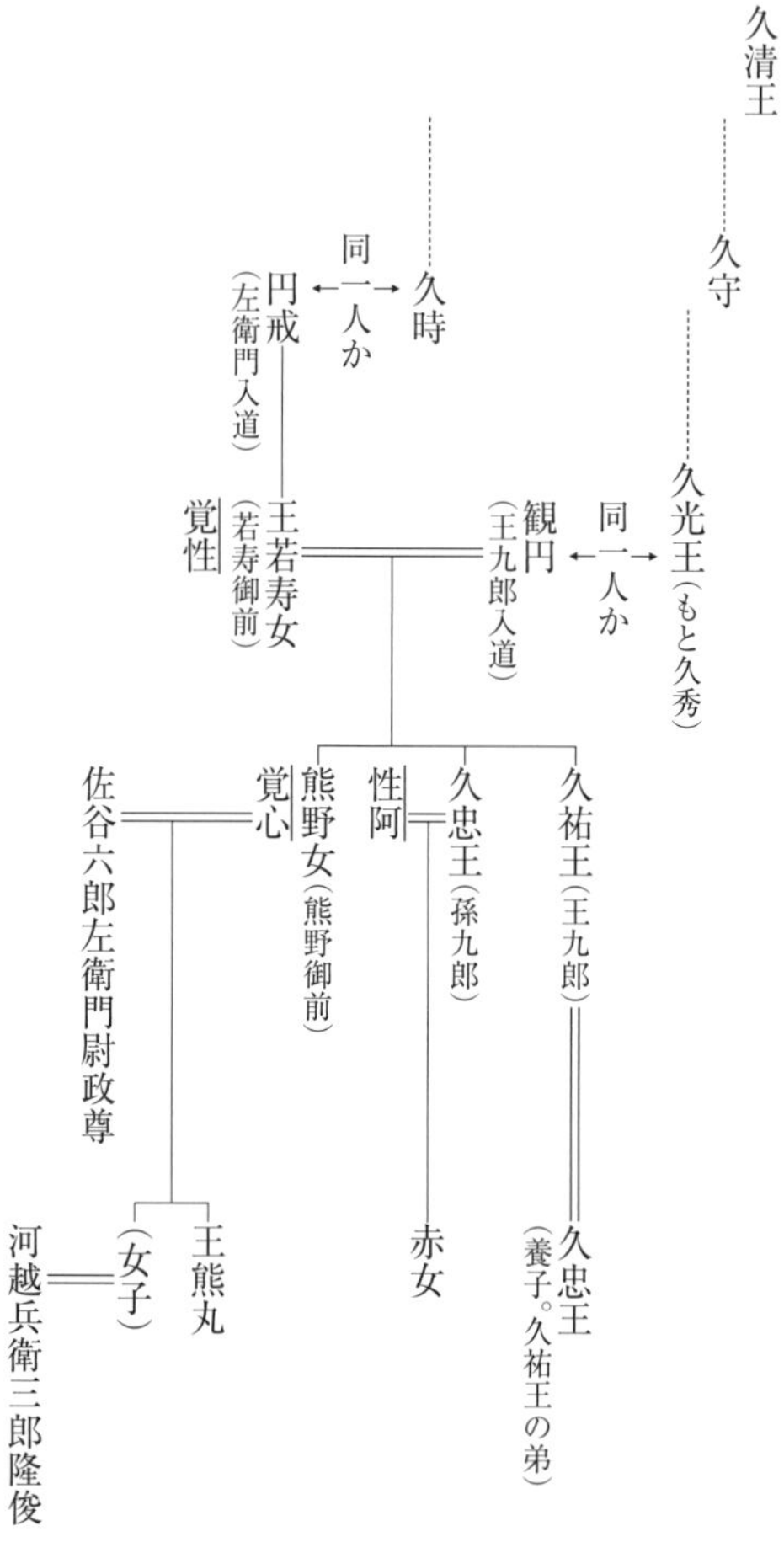

「後家《ごけ》」となった若寿女は、出家して、覚性《かくしょう》と称した。観円と若寿女（覚性）の間には、嫡子の久祐《ひさすけ》王（王九郎）と、二男の久忠《ひさただ》王（孫九郎）の二子息と、熊《ゆ》野《や》女（熊野御前《ゆやごぜん》。出家して覚心《かくしん》と称す）という女子がいた。

久祐王と久忠王との相論と和与

観円没後の徳治二年六月、観円の長男、久祐王が大部荘公文職に就いた。これに不満であった弟の久忠王は相論を起こした。

結局、久祐王は、大部荘の「三分一」の公文職を久忠王に分かち与え、延慶《えんぎょう》二年（一三〇九）二月十一日、二人の間に和与状が取り交わされた。

その後まもなく、久祐王は死去した。子がなかった久祐王は、弟の久忠王を養子にしていた。久忠王は、兄の相続分であった大部荘の「三分二」の公文職をも継承することとなり、正和《しょうわ》三年（一三一四）二月十七日、久忠王は大部荘公文職に就いた。

大部荘の王氏（諸王）の一門には、惣領《そうりょう》（本家）のほかに、庶子《そし》（分家）があった。元応《げんのう》二年（一三二〇）五月二十三日、庶子等が惣領たる久忠王に従うようにとの命令が下されており、この頃、庶子の間、または庶子と惣領との間に相論があったことが知られる。

久忠王死後の相続争い

久忠王は、同年または翌年（元亨《げんこう》元年）に、妻の性阿《しょうあ》と、幼少の娘、赤女《あかによ》を遺して死去した。遺言によると、跡はまず性阿に管領させ、次いで女子の赤女に譲るように、とのことであった。その時、久忠王の母、覚性（若寿女）は存命であった。

久忠王の死後、大部荘の公文職および所領の相続をめぐって、久忠王の妻・娘である性阿・赤女と、久忠王の母・姉妹である覚性（若寿女）・覚心（熊野女）との間に、骨肉の争いが生じた。

この訴訟は、鎌倉末期の元亨二年（一三二二）二月以前に始まり、南北朝初期にいたるまで、二十年以上の長期にわたって繰り広げられた。

これは、性阿・赤女の側から見れば、覚心（熊野女）とその夫佐谷六郎左衛門尉政尊《まさたか》が、老耄した覚性（若寿女）の名を借りて久忠王の遺産を奪い取ろうとしたものとなる。一方、覚性は、自身は決して老耄しておらず、赤女が祖母に敵対するのは法に背く、と主張している。

両者の論点を比較してみると、覚性（若寿女）・覚心（熊野女）の側の主張は、ときに二転三転し、争点をずらして問題をすり替えようとすることもあり、客観的に見て、形勢不利の感は否めない。

例えば、はじめ、覚心（熊野女）の夫佐谷政尊は、久忠王の公文職は、覚心と政尊との間に生まれた子王熊丸《おうくままる》に譲与されたと主張していた。ところが、その後、覚心（熊野女）は、久忠王が久祐王の養子となって公文職等を相続したことについて、「成人における養子は、公家・武家、全て許されざるの条、皆以て御存知の御事なり」と論じ、久忠王が久祐王の養子になったということ自体が虚偽であり、罪科に相当するため、久祐王・久忠王の所領を管領する資格があるのは覚心（熊野女）だけである、と主張している。この申し立ては、事実関係の上で、かなり無理があると言わざるを得ない。なお、ここから、彼ら一族が「公家・武家」の双方に自己を帰属させる意識を持っていたことがうかがわれるのは、興味深い。

この相論は、喧嘩両成敗で、覚性（若寿女）自身が父円戒から相伝した分の公文職を取り戻すことによって、一旦、妥結した。そして、覚性（若寿女）は、自己の公文職を、娘の覚心（熊野女）に譲り渡した。

南北朝の争乱における大部荘の王氏一門

しかし、南北朝の争乱において、覚心（熊野女）は、その夫佐谷政尊の「謀叛」に加わって、逐電した。要するに、南朝方に与したのであろう。

播磨国守護《しゅご》赤松円心《あかまつえんしん》は、覚心（熊野女）側の公文職を赤松一族に給与した。荘園領主側としては、公文職が守護の一族の手に渡ることは、何としても避けたかった。そこで、覚心（熊野女）の公文職を久忠王の後家性阿に管領させることにした。赤松氏もこれを認め、性阿とその娘赤女が、大部庄すべての公文職を回復した。

その後も、覚心（熊野女）は、亡母覚性（若寿女）から相続して所持していた分の公文職を取り戻そうと、康永《こうえい》四年（一三四五）五月二十七日、翌貞和《じょうわ》二年（一三四六）五月、娘婿の河越《かわごえ》兵衛三郎隆俊《たかとし》の助力を得て、訴訟をおこなった。そこで性阿は、貞和二年六月・七月と二度にわたり反論を行った。おそらく、覚心（熊野女）の主張は退けられたであろう。

ところが、急転直下、その後まもなくのことと思われるが、観応《かんのう》三年（一三五二）六月より以前のある時、公文の王氏一族は、武士間の抗争に巻き込まれ、大部荘から逃亡するのやむなきに至った。

その時点では、惣領家の男系男子はすでに絶えていたが、百四十年以上もの長きにわたり、播磨国大部荘において、下級荘官である公文職を相伝した王氏一門の歴史は、ここに、まことに呆気《あっけ》なく幕を閉じたのであった。

周防国二嶋荘の王氏

荘園の公文職を世襲していたと考えられる諸王（王氏）としては、仁和寺《にんなじ》領の周防国《すおう》吉敷郡《よしき》二嶋荘《ふたじまのしょう》（現、山口県山口市）の一部を「重代相伝の所領」として、その公文職を「住〔重〕代相伝の所職」としていた「王重宗《しげむね》」もいる。

彼は、正嘉《しょうか》二年（一二五八）六月十日、公文職を子息の一人に譲与したが、翌正元《しょうげん》元年（一二五八）正月二十日、荘園領主の命によって追放された（「仁和寺文書」）。

この「王重宗」は、建暦《けんりゃく》二年（一二一二）正月五日の正月叙位で王氏爵にあずかって従五位下に叙された、重宗王（系統未詳）と同一人である可能性がある。

このように、王氏には、地方に下り、荘園の公文職として、低い社会階層に置かれていた系統が存在していたことが知られる。しかし、彼ら、公文職を世襲した王氏は、南北朝時代に、荘園の消長と運命を共にするかのごとく、記録からその姿を消した。

地方に下向してもウダツが上がらなかった諸王（王氏）

以上のとおり、地方に下って土着した以上の諸王（王氏）は、武士的な性格を帯びていたが、有位者であっても、そうでなくても、下向先の荘園においては、地頭《じとう》としてでなく、社会階層的に高いとは言い難い下級荘官として、「一所懸命」に必死に生きていた。

結局、彼らの中からは、歴史上、頭角を現した人々は、まったく現われなかった。

4　白川神祇伯家成立前史――冷泉源氏から花山王氏へ

京都でも貴族未満の身分であった諸王（王氏）

一方、京都にとどまっていたと思われる諸王も、その大半は、鎌倉時代には貴族未満の身分に置かれていた。

それは、諸王（王氏）の大半が、院政期における身分秩序の再編成において、公家社会においても、武士社会においても、十分に適応できなかったために他ならない。

そもそも、平安時代中期以降は、五位以上の位階を持っているだけでは貴族と認められなかった。天皇から昇殿《しょうでん》（天皇の居所である清涼殿《せいりょうでん》の南面にある「殿上の間《てんじょうのま》」に昇ること）を許されて殿上人《てんじょうびと》になることが、貴族であるための条件となった。これが院政期以降、家格《かかく》として固定化し、朝廷社会において、貴族である堂上《とうしょう》と、昇殿を許されない地下《じげ》とに、階層分化した。

ちなみに、地下は、たとい三位に叙されて公卿になったとしても、家格は地下のままであった（ただし、地下から堂上に昇格した家も、いくつかある）。

諸王は、もともと親王と諸臣の中間的な存在であったが、平安後期にはすでに没落しており、この新しい身分秩序のもとで貴族身分を獲得するのは困難であった。天皇の孫（親王の子）にあたる二世孫王《そんのう》は別格であるが、ほとんどの王は、昇殿を許されず、官職にも恵まれず、その政治的・社会的地位は高くなかった。

堂上公家の家格を獲得することができた「花山王氏」

しかし、唯一、花山《かざん》天皇（在位九八四～九八六）の子孫である顕広《あきひろ》王・仲資《なかすけ》王父子の系統の王氏のみ、堂上公家の家格を獲得することができた。その嫡流が白川家《しらかわけ》である。

昭和時代まで続いた白川家は、源氏諸流のうちの「花山源氏《かざんげんじ》」として知られるが、神祇伯《じんぎはく》を世襲した白川家当主は、幕末維新に至るまで代々、王号を称しており、「花山王氏《かざんおうし》」としての性格を保ち続けた。

王氏のうち、白川家のみが堂上公家として貴族となることができたことには、どのような事情があったのであろうか。

「冷泉源氏」の源延信

花山法皇が出家後にもうけた二人の男子、昭登と清仁は、花山法皇の父冷泉《れいぜい》上皇（在位九六七～九六九）の擬制的な子として、親王になった。

清仁親王の子、延信《のぶざね》王は、安和御後《あんなのみのち》（冷泉天皇後裔）の二世孫王であったが、万寿《まんじゅ》二年（一〇二五）十二月二十九日、源氏を賜姓された。いわゆる「冷泉源氏《れいぜいげんじ》」である。

源延信は、寛徳《かんとく》三年（一〇四六）二月、神祇官《じんぎかん》の長官である神祇伯に任じられた。

康資王

源延信の子、康資《やすすけ》（一〇四一～一〇九〇）は、擬制的に、実系で祖父にあたる清仁親王の子となり、二世孫王になった。ここに、「冷泉源氏」は一代で消滅した。康資王は、花山天皇の孫王と朝廷から認められたようである。

康資王は、実の父、源延信と同様に、神祇伯に任じられた。ちなみに、康資王の母は、有名な「百人一首」歌人、伊勢大輔《いせのたゆう》の娘で、「伯母《はくのはは》」と称される歌人である。

源顕康

康資王の子、顕康《あきやす》は、村上源氏の六条《ろくじょう》右大臣源顕房《あきふさ》（一〇三七～一〇九四）の子となり、源氏になった。三世王のままでは官職に恵まれないため、源氏として官途につくこととなったのであろう。

系図集『尊卑分脈《そんぴぶんみゃく》』によると、顕康の官位は安芸権守《あきのごんのかみ》、正親正、従五位上である。正親正は、皇親の名籍をつかさどる正親司《おおきみのつかさ》の長であり、もっぱら諸王が任じられる官職であるので、顕康は源氏から諸王（王氏）にもどった可能性もある。

5　伯家の事実上の家祖——王氏長者、神祇伯となった顕広王

「花山王氏」の三世王、顕広王

顕康の子、顕広《あきひろ》（一〇九五〜一一八〇）は、実系では花山天皇の五世孫となるが、擬制的に祖父康資王の子となり、寛和御後《かんなのみのち》（花山天皇後裔）の王氏、すなわち「花山王氏」として三世王になった。

当時、諸王（王氏）は、三条《さんじょう》天皇の子孫である長和御後《ちょうわのみのち》を最後に、天皇家からの分出が絶えていたため、平安末期に至るまでに、時の経過と共に諸王（王氏）の人々は世数を経て、ことごとく四世王（天皇の玄孫である王）以下となっていた。

顕広王は、実系では花山天皇の五世孫であったが、擬制的には三世王（天皇の曽孫）であり、世数の上で他の諸王に優っていたのみならず、しかも長寿であったため、諸王の筆頭となることができた。

こうして、顕広王は、事実上の王氏長者《おうしちょうじゃ》の地位を確立した。

王氏是定

実は、もともと諸王（王氏）には、氏長者《うじのちょうじゃ》がいなかった。いたのは、王氏是定《おうしぜじょう》であった。

是定とは、氏長者の代行のことである。氏長者とは、氏人《うじびと》のうち最高の官位にある者である。源氏・藤原氏・橘氏のそれぞれの氏長者は、叙位の儀において、氏爵《うじのしやく》（特定の氏族の出身者が従五位下に叙さ

れる特権）にあずかる対象者を、それぞれの氏人から推挙した。しかし、平安時代後期、橘氏は衰え、橘氏で最高官位にある者でも公卿に昇っていない状況となった。そこで、橘氏長者の代行として、女系で橘氏の子孫にあたる親王および藤原氏・源氏の公卿が、橘氏爵《きつししゃく》をつかさどった。これを「橘氏是定《きつしぜじょう》」と称する。鎌倉期以降、藤原摂関家《せっかんけ》の九条家《くじょうけ》と一条家《いちじょうけ》が橘氏是定をつとめ、その後、公卿に昇る橘氏長者が現われるようになっても、すでに制度的に確立していた橘氏是定は、九条家・一条家のもとに存続し、江戸時代に至った。

王氏には、もとより氏長者がいなかったので、任官している親王の筆頭、すなわち第一親王（たいていは式部卿《しきぶきょう》に任じられている親王）が、王氏是定として王氏爵をつかさどった。

図12　冷泉源氏・花山王氏略系図

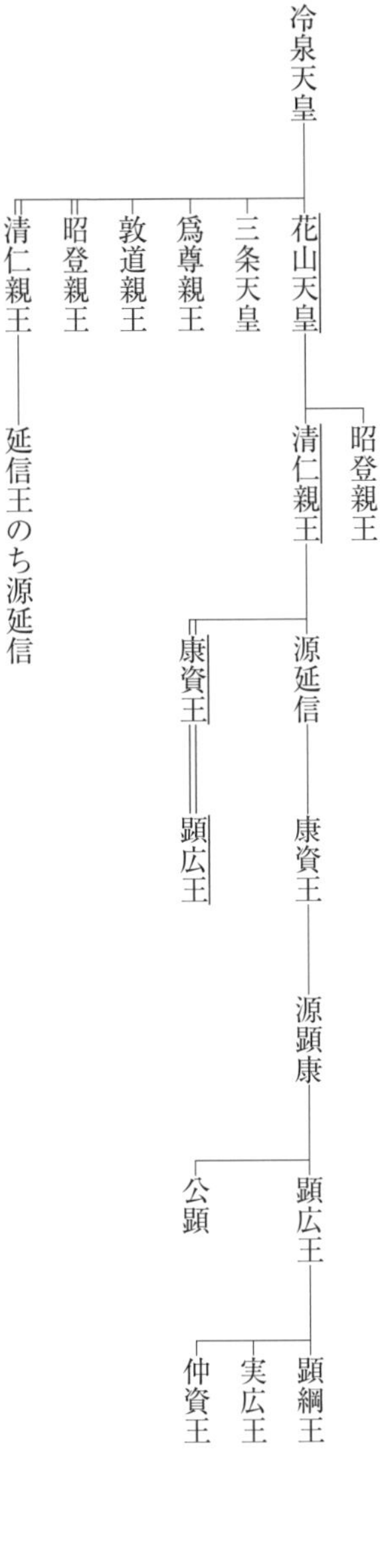

ところが、院政期より、皇子のほとんど全てが仏門に入るようになると、官途につく親王が払底するという事態が生じた。

小一条院《こいちじょういん》（もと皇太子の敦明《あつあきら》親王）の子で、擬制的に祖父三条天皇の子として親王となった式部卿敦賢《あつかた》親王が承保四年（一〇七七）八月十七日に死去したのを最後に、任官している俗体親王は、長い期間、欠けることとなった。

白河天皇の弟輔仁《すけひと》親王は、皇位継承争いの敗者として冷遇され、終生、無品・無官のままであった。鳥羽《とば》天皇の子雅仁《まさひと》親王は、三品に叙されたものの、日がな一日、当時の流行歌謡である今様《いまよう》を唄って遊び暮らしており、文にもあらず、武にもあらず、およそ官職に就いて朝廷儀礼を執行できる器とはみなされていなかった（この雅仁親王は、棚からボタ餅で皇位を継承することになった。すなわち後白河《ごしらかわ》天皇である）。崇徳《すとく》天皇の子重仁《しげひと》親王（一一四〇～一一六二）は三品に叙されたが、皇位継承争いの敗者となり、出家し、任官することなく終わった。

そのため、敦賢親王の死後、叙位の儀において、王氏是定である第一親王による王氏爵の推挙はおこなわれなくなった。そこで、叙位の儀において、諸王が自薦によって自ら王氏爵にあずかることとなった。諸王が従五位下に叙される王氏爵とは別立てで行われた二世孫王爵《にせいそんのうしゃく》では、孫王は自薦によって二世孫王爵にあずかっていたので、これを王氏爵にも適用したのであろう。

しかし、王氏爵における諸王の自薦は先例に合わないとして、叙位の儀式を執行した担当の公卿によって、王氏を叙すべきか否かが、たびたび問題とされた。

王氏長者となった顕広王

従来、王氏是定がおこなっていた王氏爵の推挙を、諸王の筆頭であった顕広王がつとめることとなったのは、そのためであろう。

その時期は判然としないが、王氏爵が再開されて継続的に行われるようになったのは永治二年（一一四二）正月五日の正月叙位より以降である。顕広王が正親正に任じられたのは同年正月二十三日であり、同年康治《こうじ》元年十一月十四日の近衛《このえ》天皇大嘗《だいじょう》会《え》叙位で、顕広王の子実広《さねひろ》王が王氏爵で叙爵《じょしゃく》されている。よって、顕広王は永治二年／康治元年に事実上の王氏長者になったと考えられる。

顕広王は、長寛《ちょうかん》三年（一一六五）正月二十三日、神祇伯に任じられた。時に位階は従五位上、年齢は七十一歳であった。神祇伯には、顕広王の実の曽祖父源延信と、実の祖父康資王も任じられているが、五位の位階で神祇伯となったのは、史上、顕広王が初めてである。

また、顕広王は、正親正の官を長男顕行王（のち顕綱《あきつな》王と改名）に譲り、自家を王氏長者の家として確立しようと努めた。

王氏の官位の壁を破った顕広王

翌年、仁安《にんなん》元年（一一六六）十一月、顕広王は正五位下に叙された。顕広王は、自身の日記『顕広王記』において、「これ希代と云うべし」と述懐しており、当時の諸王が正五位下に昇ることが稀であったことを知ることができる。

さらに翌年、仁安二年二月十一日、顕広王は、従四位下に叙された。顕広王は、「これまた希代なり」と述べ、「命を今に長らえて、三代の職（すなわち神祇伯）を続けて、四位にまで昇ることができた。これ以上、何を求めることがあろうか。まさにこれは神慮に任せ奉ったゆえである」と感慨を書き記している。

顕広王は、高齢にもかかわらず、伊勢奉幣使《ほうへいし》の使王《つかいのおおきみ》を勤めて伊勢神宮にも赴いている。精勤が認められたこともあろう、仁安四年正月六日、正四位下に叙され、ついに、公卿となる従三位の一歩手前にまで位階を上げた（通例、正四位上には叙されない）。

顕広王は八十二歳に至るまで神祇伯を勤め、安元《あんげん》二年（一一七六）十二月五日、神祇伯を子の仲資《なかすけ》王に譲り、翌年、安元三年二月二十日、出家し、治承《じしょう》四年（一一八〇）七月十九日、八十六歳で死去した。

さすがに三位の壁を破ることまでは叶わなかったが、顕広王は、時代の潮目に乗ることができて、朝廷の官位秩序のもとで低迷していた諸王の中にあっては、他とは隔絶した地位を打ち立てることができたのであった。そして、顕広王が果しえなかった上階《じょうかい》（従三位に叙されて公卿に列すること）は、その子、仲資王に委ねられることになった。

顕広王の弟、本覚院公顕

顕広王の躍進は、実は、彼一人の実力のみによって成し遂げられたものではなかった、と思われる。

すなわち、彼の十五歳年少の弟で、第三五世園城寺長吏《おんじょうじちょうり》、第六〇世天台座主《てんだいざす》となった高僧、園城寺本覚院《ほんがくいん》の公顕《こうけん》大僧正（一一〇九〜一一九二）の寄与もあったと考えられる。

公顕は、おそらく兄顕広王の擬制的な子として、仏門に入った。説法に非常にひいでており、平氏と後白河法皇が催す法会《ほうえ》の導師として重用され、常に、時の権力者に接近した。

顕広王の死後ではあるが、文治《ぶんじ》三年（一一八七）八月二十四日、公顕は後白河法皇に伝法灌頂《でんぽうかんじょう》（密教で、阿闍梨《あじゃり》位を得ようとする者に大日如来《だいにちにょらい》の法を授けること）を授け、「寺門の光華、一身の大幸と謂うべきなり」と評された。

また、源頼朝《よりとも》にも接近し、文治元年（一一八五）十月、鎌倉に下向して、勝長寿院《しょうちょうじゅいん》（大御堂《おおみどう》）の落慶供養の導師をつとめた。勝長寿院は、源頼朝の父、義朝《よしとも》と、鎌田政清《かまたまさきよ》（義朝と共に、長田忠致《おさだただむね》に討たれた）の頸が葬られた、鎌倉将軍家の菩提寺である。公顕は、建久《けんきゅう》三年（一一九二）十一月、源頼朝からの再度の招きにより、「前大将堂」（勝長寿院のことであろう）供養の導師として関東へ下向する途中で、急死した。享年八十四歳。

顕広王・公顕の兄弟は、それぞれ、神祇伯と天台座主として、天皇祭祀と天台仏教の頂点を極め、そろって長命であり、晩年に至るまで行動的であった。顕広王が、諸王としては「希代」の出世を遂げることができた背景としては、後白河法皇等、時の権力者たちからの信望が厚かった公顕の存在をも無視することができないと思われる。

6　公卿となり、伯家の地位を確立した仲資王

顕広王の両子、顕綱王と仲資王の相論

顕広王が安元三年(一一七七)に出家した後、顕広王の二人の子息、正親正顕綱王《おおきみのかみあきつな》(もと顕行王)と、神祇伯仲資王《なかすけ》(一一五七〜一二二二)との間に、王氏長者の地位をめぐる争いが生じた。

治承二年(一一七八)の正月叙位において、顕綱王と仲資王は、それぞれ王氏爵の推挙をおこなった。顕綱王は、自身の位階が「上臈《じょうろう》」(上席)であると主張し、仲資王は、自身が神祇伯であることが王氏長者に値すると主張した。

両者の言い分は真っ向から対立したが、そもそも、諸王による王氏爵の推挙自体が、顕綱王・仲資王の父、顕広王によって初めて始められた新例であり、叙位の儀式を執行する公卿たちは、先例がないため、対応に苦慮した。

ここで注目されるのは、仲資王が、神祇伯の官職と王氏長者とを結び付けていることである。しかし、この仲資王の主張に根拠はなかった。よって、顕綱王の方に分があったが、結局、この年の叙位においては、王氏爵はおこなわれなかった。

王氏長者をめぐる兄弟間の争いは、翌年に持ち越され、治承三年の正月叙位においても、顯綱王と仲資王の相論は繰り返され、王氏爵はおこなわれなかった。

しかし、同年秋の伊勢奉幣の際に、正親正顕綱王が王氏長者と認められ、治承四年の正月叙位では、顕綱王が推挙した康信王（顕綱王の子）が王氏爵にあずかり、この問題には決着がついた。

親子ほど年齢の離れた兄弟、顕綱王と仲資王の官位昇進それぞれ

そもそも、顕綱王と仲資王は異母兄弟であった。顕綱王の母方は受領《ずりょう》で地方官であった。一方、仲資王の母方は弁官《べんかん》で京官であり、外祖父の父は、花山天皇の皇子の外孫でもあった。母の出自では、仲資王の方が顕綱王よりもまさっている。また、ここで注意すべきは、仲資王の年齢である。

仲資王は保元《ほうげん》二年（一一五七）の生まれで、父顕広王が何と六十二歳の時にもうけた子である。異母兄顕綱王（顕広王の嫡男）には、仲資王と同年齢の女子がいたので、顕綱王と仲資王は、父子ほど年齢が離れていた。顕綱王は、当時の諸王の常として、位階の昇叙には長い期間を要していたであろう。

ところが、仲資王は、父の引き立てにより、十七歳の若さで従五位上に昇叙されている。父顕広王が従五位上に昇叙された年月日は判然としないが、四十八歳の時点では、まだ従五位下にとどまっていたことを考えれば、いかに仲資王の位階上昇が急速であるかが理解されよう。

また、顕広王は、神祇官の官職を、顕綱王にでなく、仲資王に譲っている。よって、仲資王が父顕広王に寵愛されていたことに、疑いの余地はない。

治承二年に弱冠十九歳の仲資王は、自身の位階上昇の速さと、老父の寵愛をかさに着て、上席ではあるが出世の遅い異母兄をないがしろにして、自らが王氏長者になろうと考えたのであろう。

結局、仲資王の野望は、この時には果たされなかった。

さて、仲資王の異母兄顕綱王は、最終位階が従四位下に達したことが知られる。父顕広王の正四位下には及ばなかったが、当時の他の諸王と比べれば十分に高い位階である。しかし、顕綱王は、治承四年の正月叙位を最後に、史料上から姿を消した。寿永《じゆえい》二年（一一八三）十二月二十二日に、「寛平御後《かんぴようのみのち》」すなわち宇多《うだ》王氏の資遠《すけとお》王が正親正に任じられているので、おそらく顕綱王は、これより少し以前に卒去または出家したのであろう。

一方、仲資王は、養和《ようわ》元年（一一八一）十一月二十八日に正五位下、その翌年の寿永元年（一一八二）四月九日に従四位下、その翌々年の元暦《げんりやく》元年（一一八四）三月二十七日には正四位下に昇り、早くも異母兄顕綱王の最終位階を超越し、亡き父顕広王と同じ位階に達した。

よって、仲資王は、遅くとも元暦元年三月までには王氏長者になったと考えられる。現に、同年七月二十四日の、後鳥羽天皇の即位にともなう叙位では、仲資王の二男資宗《すけむね》王が王氏爵にあずかっており、これは仲資王の推挙によるものであろう。

諸王（王氏）共有の権益の私物化を図る仲資王

王氏長者となった仲資王は、早速、長年にわたって諸王（王氏）に共有されてきた権益の私物化に着手した。

近江国《おうみ》（現在の滋賀県）には「王氏田《おうしでん》」と称される保田《ほでん》（国衙《こくが》領の小聚落の田地）が三十丁《ちよう》（丁は町に

同じ。一町は四〇〇尺平方）あり、代々、正親正が知行《ちぎょう》していた。

ところが、仲資王は王氏田を強引に知行した。言うまでもなく仲資王は、王氏長者こそが王氏田を知行すべきと考えたのであろう。

これに対して、正親正の資遠王をはじめとする王氏たちは、王氏田が仲資王によって押領された、と頭弁《とうのべん》（弁官である蔵人頭《くろうどのとう》）の藤原光雅《みつまさ》に訴え出た。

しかし、この訴訟に対する裁決は下らなかった。そのため、元暦元年九月十一日、伊勢例幣の使王を勤めることになった正親正資遠王は、発遣の儀式において、王氏田の訴訟への裁断がなければ進発し難い、とストライキに打って出た。資遠王の抗議は長時間に及んだ。例幣の儀式を執行した藤原忠親《ただちか》（公家中山家《なかやまけ》の始祖。一一三一～一一九五）は、訴えは頭弁に申すべきであると資遠を説得したが、そのために奉幣使の出発は遅延した（藤原忠親の日記『山槐記《さんかいき》』）。

その後も、仲資王による王氏田の「横領《おうりょう》」は続いた。文治元年（一一八五）九月十一日の例幣で、使王の致重王《むねしげ》が訴訟を行なった（『山槐記』）のも、そのためであろう。文治二年二月四日より以前に、その件について仲資王に問うよう勅定が下ったが、訴訟は解決に至らなかったようである。

文治三年七月二十日の臨時七社奉幣の発遣に際しても、「王氏の訴訟」によって、伊勢奉幣使の参列が大幅に遅れた。これも、おそらく、王氏田をめぐる訴えであろう。

王氏田をめぐる、神祇伯仲資王と、正親正資遠王ら王氏たちとの相論がどのように決着したかは未詳である。

位階を買って、ついに公卿に昇る

このように、仲資王は、必ずしも道理が立たないにもかかわらず、兄と王氏長者の立場を争い、また、諸王（王氏）共有の権益を私物化した。これらから見ても、半端でなく押しの強い人であったようである。

では、仲資王は、なぜ、周囲との軋轢をかえりみず、ここまで強引に横車を押し通そうとしたのであろうか。

その鍵は、仲資王の位階にある。前述のように、仲資王は、元暦元年三月二十七日、正四位下に叙されたが、それは、朝廷に建築資材を献じて、神祇官の殿舎の一つ、八神殿《はっしんでん》を造営した賞による昇叙であった。さらに、建久元年（一一九〇）十月二十六日、仲資王は、従三位に叙され、ついに父祖の果しえなかった公卿の地位に昇ることができたのであったが、これも、神祇官の殿舎を修造した賞によるものであった。

要するに、仲資王は、位階を買ったのである。そのためには、王氏爵に推挙されることを望む王氏たちからの賄賂や、王氏田からの収入が、是が非でも必要であったのであろう。

ともかく、仲資王は、諸王としては平安中期以来、久々に公卿に列し、平安末期から鎌倉初期にかけての公家家格確立期に、堂上公家の家格を獲得するための基礎を固め、他の諸王（王氏）の一門を圧倒・凌駕したのであった。

神祇伯としての見識があった仲資王

しかし、仲資王は、私利私欲のみに取りつかれた我利我利亡者であったわけではない。神祇伯としての自覚を十分に備えた、ひとかどの人物であったことは確実である。

仲資王は、建久二年（一一九一）九月十一日の例幣の際、藤原兼実《かねざね》から中臣使《なかとみのつかい》に関する質問を受け、適格な回答をおこなっている。

実は、花山天皇の子孫の「花山王氏」は、もともと神祇道《じんぎどう》を家職としていたわけではなかった。仲資王の妻は、卜部《うらべ》氏の出身である。卜部氏は、もともと卜占《ぼくせん》を職務とした、神祇道を専門とする下級氏族であり、平安時代から、神祇官における地位を次第に上昇させていた。仲資王の神祇道に関する知識は、勃興しつつある卜部氏と手を結ぶことによって獲得された可能性もあると思われる。

院政期における身分秩序の再編成に乗ることができた仲資王

仲資王は、建久九年（一一九八）十二月九日、長男業資《なりすけ》王（一一八四～一二二四）に神祇伯を譲り、神祇伯の世襲を確定的にした。

仲資王自身は、元久《げんきゅう》二年（一二〇五）正月五日に正三位に叙され、建永二年（一二〇七）正月十八日には八省の長、兵部卿《ひょうぶきょう》に任じられ、同年七月二十八日、「多年の素懐」を遂げて出家し、貞応《じょうおう》元年（一二二二）、六十六年の人生を終えた。

このように、仲資王は、横車を押しつつ、院政期における身分秩序の再編成の波に乗って、神祇伯を自家の官職として確定することに成功したのであった。

褰帳女王

仲資王の子孫は、神祇伯を自家のみで世襲して（そのため「伯家《はっけ》」と称される）、明治維新に至ったが、ほかに、天皇の即位式における褰帳《けんちょう》女王を代々、世襲的に輩出した。

褰帳とは、天皇が着座した高御座《たかみくら》の、南面の帳を左右にかかげ開くこと、また、その役のことである。当初は、左褰帳・右褰帳とも女王が勤めた。

平安時代後期からは、原則として、右褰帳を典侍が、左褰帳を女王が勤めるようになった。

そして、久寿《きゅうじゅ》二年（一一五五）十月二十六日の後白河天皇の即位式では、顕広王の女子、四世女王の顕子《あきこ》女王が、左褰帳を勤めた。

三年後の保元三年（一一五八）十二月二十日における二条《にじょう》天皇（在位一一五八～一一六五）の即位式では、故左大臣源有仁（輔仁親王の子）の女子、源有子《ありこ》（おそらく擬制的な子であろう）が左褰帳を勤めたが、永万《えいまん》元年（一一六五）七月二十七日の六条《ろくじょう》天皇（在位一一六五～一一六八）の即位式からは、左褰帳は、顕広王・仲資王の一門（その嫡流が白川家）の女子に独占され、神祇伯の女子（擬制的な女子も含む）が褰帳女王を勤めるのが慣例となった。そのため、女子がいない神祇伯は、一族や他家の女性を自身の養子または猶子《ゆうし》（名目的な養子）にして、褰帳女王を勤めさせた。

こうして、白川神祇伯家の褰帳女王は、幕末、弘化《こうか》四年（一八四七）九月二十三日の孝明《こうめい》天皇の即位式に至るまで続いた。

7　花山源氏の成立と、堂上公家への伯家の家格確定

仲資王の両子、業資王と資宗王

さて、ここで話を戻し、仲資《なかすけ》王没後の、彼の諸子の動向を見てみよう。

仲資王の長男、業資《なりすけ》王は、建久九年（一一九八）十二月九日、父から譲られて、十五歳の若さで神祇伯となった。さらに、建保《けんぽう》四年（一二一六）正月五日、従三位に叙され、二代続けて公卿となった。

一方、仲資王の二男、資宗《すけむね》王は、「寛和御後」として王氏爵にあずかって従五位下に叙された後、元久二年（一二〇五）八月九日、源朝臣を賜姓され（いわゆる「花山源氏」）、侍従に任じられ、翌建永元年（一二〇六）十一月十七日、昇殿をゆるされ、承久《じょうきゅう》元年（一二一九）十二月十七日、右近衛権少将《うこのえのごんのしょうしょう》となった。侍従から少将となるのは、「羽林家《うりんけ》」と称される武官の堂上公家《とうしょうくげ》の昇進パターンである。こうして、「花山源氏」に堂上公家の家格が確定した。

ところが、貞応《じょうおう》三年（一二二四）閏七月十五日、神祇伯業資王が、四十一歳の若さで死去した。業資王の諸子は若年であったため、弟の源資宗が、神祇伯を継いだ。この時に資宗は源氏から王に戻った。

王氏と源氏の中間的な存在である花山源氏

以来、業資王・資宗王の子孫は、戦国時代に至るまで、原則として、王氏爵《おうししゃく》にあずかり、擬制的に「四世」王として従五位下に叙され、その後、源氏となり（ただし、最初から源氏として従五位下に叙された事例もある）、「羽林家」の堂上公家として侍従、少将、中将と昇進し、神祇伯に任じられると、少将または中将を辞して王に復するのが家例となり、最高位は正二位にまで昇ることができた。

このように、中世における「花山源氏」は、擬制的には皇親としての側面をも形骸的に保持し続け、王氏（諸王）と源氏との中間的な存在であったという点で、他の源氏諸流の公家とは異なっていた。

花山源氏の三流鼎立

資宗王は、父・兄と同様、公卿に列し、従二位にまで昇った。

彼は、兄業資王の子、源資光《すけみつ》（もと資光王。一二六八年没）を差し置いて、自身の子、資基《すけもと》（一二二六～一二六四）に神祇伯職を譲った。ここに花山源氏は二流に分裂し、神祇伯職をめぐり、数世代にわたって相論が続けられた。

その後、業資王流（白川家）は、さらに二流に分かれた。こうして、南北朝期、花山源氏には三流が鼎立した。

この花山源氏の諸流分立は、皇統をも含めた、当時の公家社会において広く見られた諸家分立現象の一つと位置づけられる。

図13　花山源氏（伯家、白川家）略系図

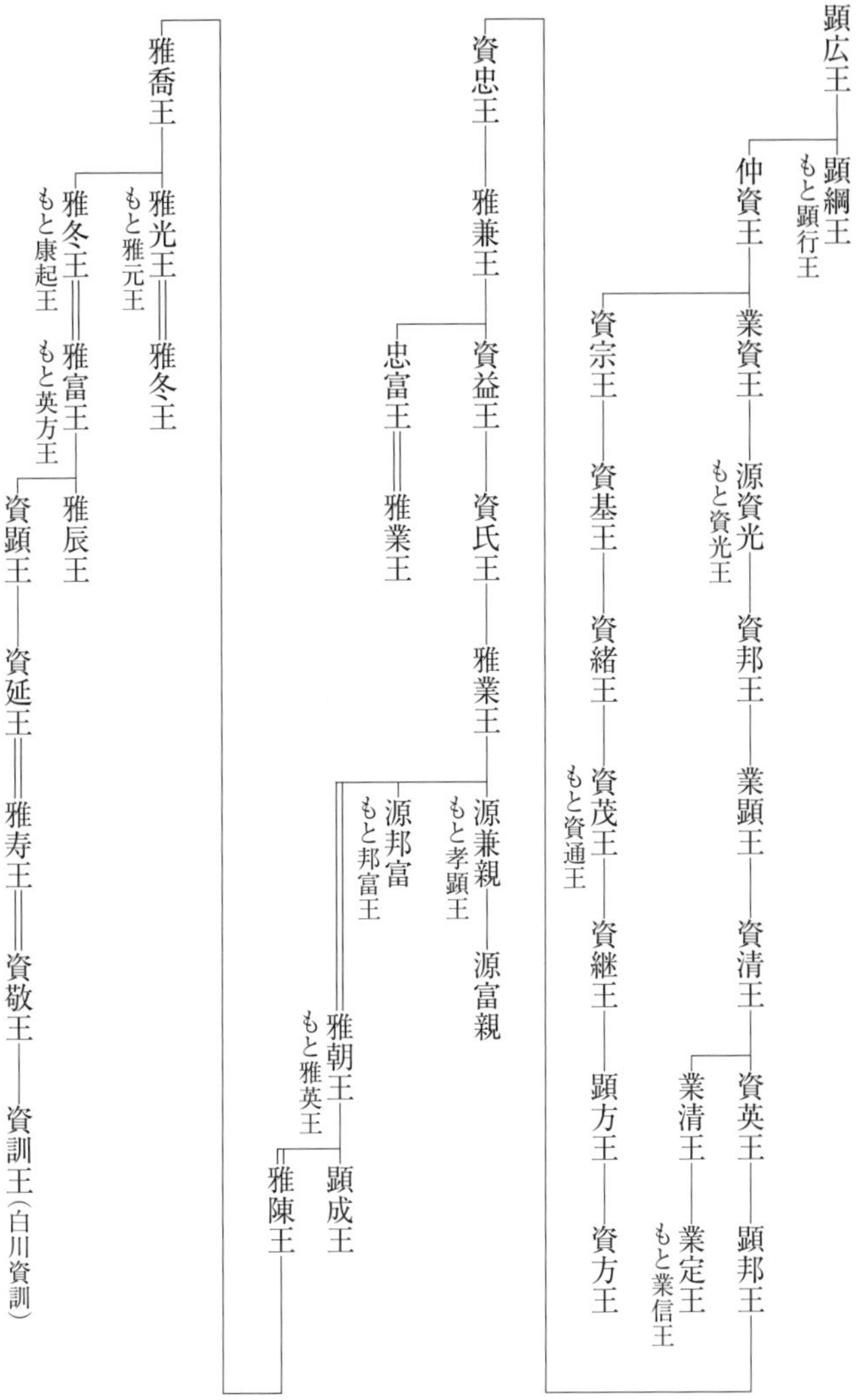

その後、室町時代前期、公家の諸家は、第一次大絶滅期を迎えた。花山源氏は、業資王流の嫡流（白川家）のみ、これを乗り切って、生き残ることができた。

8　皇統ではなくなった白川神祇伯家の王

白川家における花山天皇の男系血統の断絶

公家の第二次大絶滅期は、周知のように、戦国時代である。花山天皇の男系血統を伝えて戦国時代に至った白川家も、その影響を受けることとなった。

戦国末期の神祇伯雅業《まさなり》王（一四八八〜一五六〇）は、永正《えいしょう》七年（一五一〇）正月二十五日から五十年の長きにわたり、神祇伯の官職にあった。雅業王は、永禄《えいろく》三年（一五六〇）九月十二日に、神祇伯在職のまま、七十三歳で死去した。

雅業王の長男兼親《かねちか》（もと孝顕《たかあき》王。一五〇九生）は、摂関家の一条家の分家で戦国公家大名として有名な土佐一条家に祗候し、自身の子富親《とみちか》と共に、京都から遠く離れた土佐にいた。

兼親の弟、邦富《くにとみ》（一五三九生）は、弘治《こうじ》三年（一五五七）九月五日、十九歳で出家しており、京都とその付近には、神祇伯を継ぐべき白川家の人はいなかった。

そのため、雅業王の娘婿である村上源氏の公家、中院通為《なかのいんみちため》（一五一七〜一五六五）の二男が雅業王の猶子となり、雅英《まさひで》と名付けられ、白川家を継承した。

雅英（一五五五～一六三二）は、王ではなく源氏として、永禄四年（一五六一）正月五日、七歳で従五位下に叙され、翌日、元服し、侍従に任じられた。しかし、直ちには神祇伯には任じられなかった。当時、王は神祇伯一人しかいなかったため、ここに、日本史上、初めて王が不在となった。

神祇伯は九年間、空職のままであったが、永禄十二年十二月二十七日、源雅英が十五歳で神祇伯に任じられ、雅英王と称した。こうして、九年ぶりに王も復活したが、花山天皇後裔の王氏の男系血統には属さない、神祇伯の王が成立したのであった。

なお、花山天皇の正系を引く源兼親は、永禄六年頃は南国土佐にて存命であったが、元亀《げんき》二年（一五七一）までに死去または出家した。兼親の子富親は、天正《てんしょう》四年（一五七六）頃までは土佐に居住していたようであるが、その後の消息は未詳である。こうして、花山天皇の最後の男系子孫は、織豊期に歴史上から姿を消した。

養子によって継承された白川家

雅英王は、元亀三年（一五七二）十二月二十日、雅朝《まさとも》王と改名し、神祇伯のまま、少将、ついで中将を兼任した。以後、白川家の歴代は、神祇伯で少将・中将を兼ねた。

雅朝王は、慶長《けいちょう》十年（一六〇五）十一月十七日、神祇伯を子の顕成王（一五八四～一六一八）に譲ったが、その際に王号を止めて、源氏に復した。以来、白川家では、神祇伯に任官している時に限り、王号を称するようになった。

神祇伯を辞した源雅朝は、寛永《かんえい》元年（一六二四）三月十五日、七十歳で参議となった。これは、花山源氏（白川家）で参議となった唯一の事例である。雅朝は、「大臣家」の家格である中院家《なかのいんけ》から白川家に入って継承したので、実家の余光によって、前例のない昇進がかなったのであろう。

雅朝の子顕成王は、白川家の家例に従い、慶長六年（一六〇一）正月六日、正月叙位において王氏爵にあずかり、従五位下に叙された。よって、形式的には「寛和御後《かんなのみのち》」の四世王であった。

しかし、顕成王が早世した後に白川家を継承した雅陳王《まさのぶ》（一五九二〜一六六三）は、藤原氏の高倉家（家格は半家《はんけ》）の出身であり、白川家の男系血統は、皇統（村上源氏）から藤原氏の系統に代わった。ここに、天皇の男系子孫でない人が王号を称するという事態が生じた。しかし、これは、君臣間の秩序を乱すものとは考えられていなかったようである。当時、王号は神祇伯の称号であると、もっぱら認識されていたのであろう。

この雅陳王と、彼以降の白川家歴代当主は、王を経ずに最初から源氏として従五位下に叙され、神祇伯に任じられた時点で初めて王号を称した。

神道界の新興勢力、伯家神道（白川神道）

白川家は、幕末に至るまで神祇伯として天皇祭祀を司っていた。しかし、白川家は、近現代の日本における外務大臣の大半が外交官出身ではないのと同様、もともと、「諸道の輩」として神祇道を家職としていたわけではなかった。

江戸時代の白川家は、神祇道を家職とする卜部氏の吉田家と並ぶ、神祇道の家元的名門として知られるが、実は、白川家が神祇道への傾斜を強めたのは、雅陳王の子、雅喬王《まさたか》（一六二〇～一六八八）からであった。

さらに、「神祇管領長上《じんぎかんれいちようじよう》」として神道界に君臨した吉田家の「吉田神道」と対抗する白川伯王家《しらかわはくおうけ》の「伯家神道《はつけしんとう》（白川神道）」が確立するのは、雅喬王の子、雅光王《まさみつ》（一六六〇～一七〇六）のもとで宝永三年（一七〇六）に白川家初代学頭となった臼井雅胤《うすいまさたね》が神道学説を組織・整備してより以降のことである。

神道界における新興勢力である「伯家神道」は、教学の形成と共に勢力を急激に拡大させ、天保《てんぽう》十二年（一八四〇）には平田篤胤《ひらたあつたね》（一七七六～一八四三）が学頭となり、国粋主義的な傾向も帯びて、近代日本の国家神道にも少なからぬ影響を与えることとなった。

明治二年、白川神祇伯家の王号停止

明治維新の後、白川家最後の神祇伯、資訓王《すけのり》（一八四一～一九〇六）は、明治二年（一八六九）六月一日、官制改革により神祇伯職を失い、それにともなって王号を称することを停止した。

ここに、花山天皇後裔の系譜を伝えて七百年余りにわたり神祇伯職を独占した、白川神祇伯家の「王」の歴史は幕を閉じた。

これは同時に、皇族にあらざる「王」を排除し、皇族と臣民との間の境界的な存在を一掃することによって、天皇・皇族の尊貴性を屹立《きつりつ》させようとする、近代日本における新たな秩序が確立したことをも意味すると言えよう。

9　花山王氏の傍系と、宇多王氏

花山王氏の傍系

以上のように、花山王氏の仲資王の二子、業資王・資宗《すけむね》王の後裔は、花山源氏の堂上公家となり、神祇伯を世襲し、その嫡流、白川家は、近世以降に男系血統は変わったものの、王号を明治維新に至るまで称し続けた。

この神祇伯を世襲した花山王氏（花山源氏）のほかにも、平安末期以降の諸王（王氏）の中には、京都にとどまり朝廷に仕えていた系統が、いくつか存在した。

彼らは、平安後期の諸王と同様、位階は五位にとどまり、昇りうる最高の官職は正親正《おおきみのかみ》であり、伊勢奉幣《ほうへい》の使王《つかいのおおきみ》を勤めるのが常であった。

まず、花山天皇の子孫である諸王（王氏）に、傍流の系統があった。

例えば、仲資王の兄弟、顕経《あきつね》王は正親正に任じられ、その子行資王は、加賀権守《かがのごんのかみ》に任じられ、伊勢奉幣の使王を勤めたことが、史料上、確認されている。

康資王の兄弟、兼文王の後裔

また、『尊卑分脈』によると、康資《やすすけ》王の兄弟兼文《かねぶみ》王の子孫が、範綱《のりつな》まで四代にわたって代々、正親正に任じられていたとされる。

範綱には王号が付けられていないが、正親正は諸王が任じられるのが通例であったので、王であった可能性が高い。その場合、範綱は、令《りょう》制のもとでは皇親には含まれない五世王となる。

範綱の子、源兼朝《かねとも》は、詠歌が勅撰和歌集《ちょくせんわかしゅう》『続後撰和歌集《しょくごせんわかしゅう》』（一二五一年撰）等に入集しており、源氏であったことが確認されている。

資遠王の一門

花山天皇の子孫である「寛和御後」とは異なる系統に属した王氏（諸王）としては、前述の神祇伯仲資王に対する訴訟をおこなった正親正資遠王と、その子孫がいる。

資遠王の系譜は判然としないが、その子懐言王が「寛平《かんぴょう》御後」として王氏爵にあずかり従五位下に叙されている。「寛平御後」とは、宇多天皇の子孫である。よって、資遠王は宇多王氏であったと考えられる。ただし、それが実系か擬制的系譜であるかは、判断し難い。

図14　宇多王氏略系図

宇多天皇……資遠王―懐言王―懐遠《なりとお》王

資遠王は、応保《おうほう》三年（一一六三）二月二十七日以降、文治五年（一一八九）九月十一日に至るまで、伊勢奉幣の使王を何度も勤めたことが、史料から確認することができる。

資遠王の子懐言王は、仁平《にんぴょう》三年（一一五三）正月五日に王氏爵にあずかり、その後、正治《しょうじ》二年（一二〇〇）二月二十二日に至るまで、父同様、伊勢奉幣の使王を何度も勤めたことが知られる。

懐言王の子懐遠《なりとお》王は、建久五年（一一九四）正月六日、王氏爵にあずかって従五位下に叙され、その後、内膳正《ないぜんのかみ》に任じられ、寛元《かんげん》四年（一二四六）八月七日まで伊勢奉幣の使王を勤めたことが確認される。「寛平御後」の王氏は、史料上、懐遠王を最後に姿を消した。

平安末期から鎌倉前期にかけて活動した資遠王・懐言王・懐遠王の三代は、おそらく五位の位階にとどまったままであり、諸王の専官とされていた内膳正・正親正に任じられ、伊勢奉幣の使王を勤めるという、当時における諸王（王氏）の典型的な経歴を有する一族であった。

10　村上王氏となった三条天皇後裔の王氏

三条天皇の子孫の王氏

資遠王の一門と同様の経歴を持つ、典型的な諸王（王氏）の系統のうち、唯一、系図史料に系譜が記されているのが、三条天皇の子孫の王氏である。

三条天皇の一男敦明《あつあきら》親王（小一条院）の孫、敦輔《あつすけ》王（一〇四四～一一一一）は、実系では三条天皇の曽孫であるが、擬制的に三条天皇の三男敦平《あつひら》親王の子として二世孫王《にせいそんのう》となり、神祇伯に任じられた。

「天暦御後」の王氏となった源通季

敦輔王の子、源通季《みちずえ》は、『尊卑分脈』『本朝皇胤紹運録《ほんちようこういんじよううんろく》』によると、天喜《てんぎ》三年（一〇五五）に、天皇の勅命により、「天暦御後《てんりやくのみのち》」の王氏、すなわち村上王氏となったとされる。しかし、その年には、通季の父敦輔王はまだ十二歳であるので、明らかに誤りである。字形の類似および年代から、これは「天《てん》永《ねい》三年」（一一一二）とあるべきものであろう（「永」と「喜」の草書体は、比較的類似している）。

この天永三年は、敦輔王の死去の翌年にあたる。敦輔王の没後、諸王専任の官職（正親正・内膳正）に任じられるべき諸王が不足したため、敦輔王の子で源氏となっていた通季を王氏にしたが、その際に、継承者が欠けていた村上天皇後裔の諸王（王氏）を継がせた、と考えられよう。

親能王に対する藤原兼実二十三歳の嘲り

この通季の孫、親能王は、応保二年（一一六二）正月五日の正月叙位で王氏爵にあずかり、従五位下に叙された。その後、内膳正に任じられた親能王は、承安《じようあん》元年（一一七一）八月十一日、崇徳天皇（在位一一二三〜一一四一）の皇后（中宮）であった皇嘉門院《こうかもんいん》（藤原聖子。一一二一〜一一八一）のもとに初めて参上した。

皇嘉門院は、藤原忠通《ただみち》の一女であり、「皇嘉門院領」と称されることとなる荘園群の領主であった。

親能王は、荘官の職を求めるために参上したのであろうか。この時、女院御所で居あわせたのが、皇嘉門院の弟で、五摂家《ごせっけ》の九条家の始祖、藤原兼実（一一四九～一二〇七）であった。当時、弱冠二十三歳にして従二位、右大将・権大納言であった兼実は、親能王に対して、「どういうつもりで参上したのか。嘲笑すべし、嘲笑すべし」と、所感を日記『玉葉《ぎょくよう》』に書き記している。

親族でも何でもない王大夫ふぜいが、女院のツテを求めて猟官のために押しかけてきた、という口吻《こうふん》であり、いかにも兼実らしい筆致であるが、当時の諸王（王氏）へ向ける藤原摂関家のまなざしが率直に現われている点で、興味深い。

図15　村上王氏（三条天皇後裔）略系図

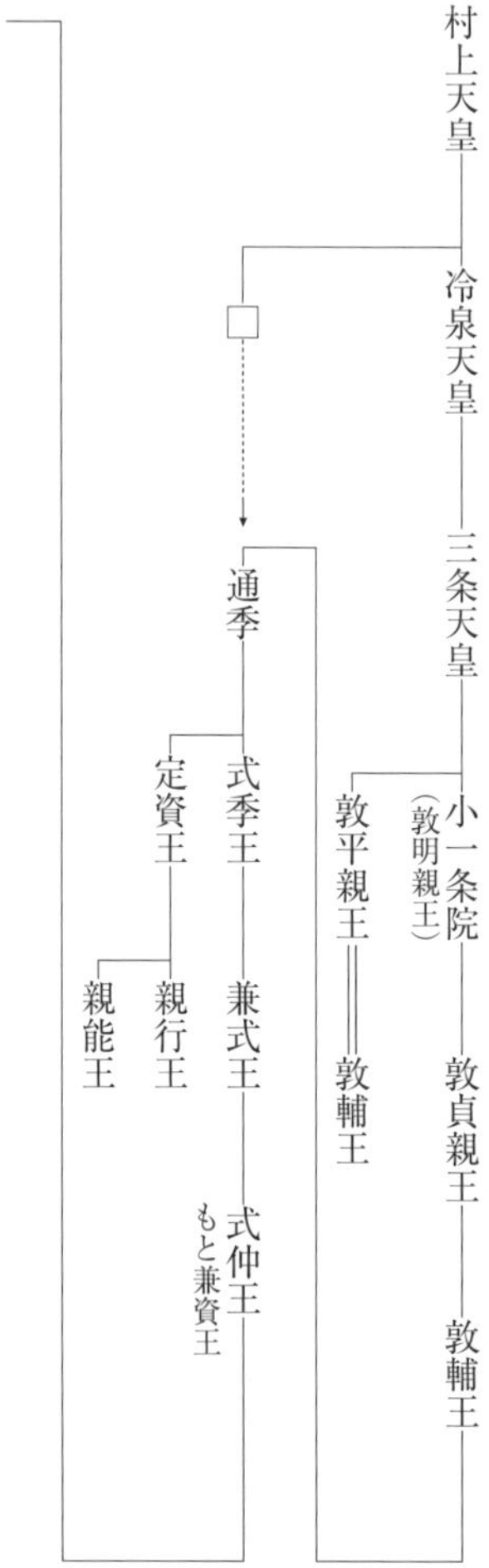

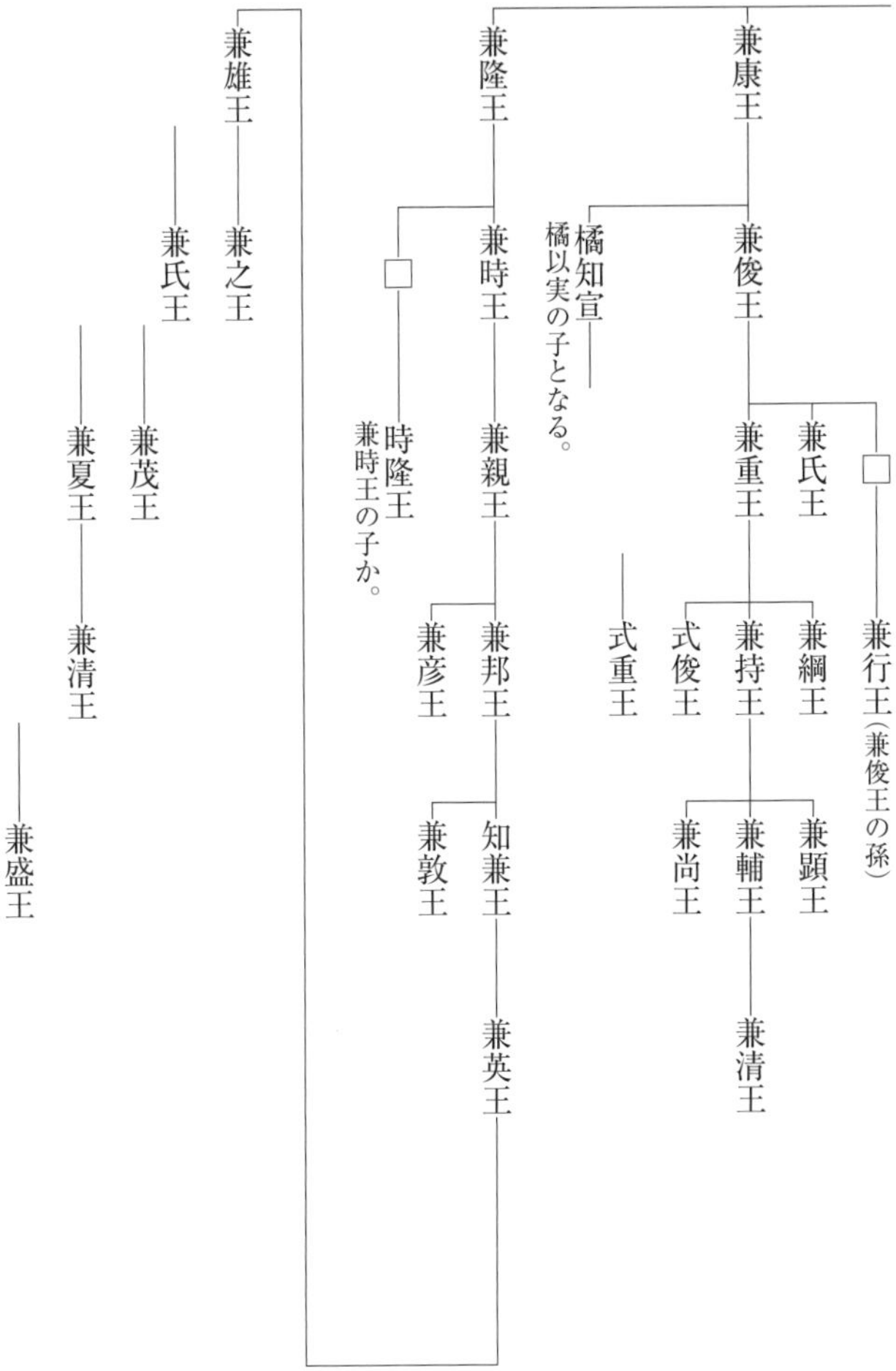
兼康王
兼俊王
橘知宣
橘以実の子となる。
兼重王
兼氏王
兼行王（兼俊王の孫）
兼綱王
兼持王
式俊王
式重王
兼顕王
兼輔王
兼尚王
兼清王
兼隆王
兼時王
時隆王
兼時王の子か。
兼親王
兼邦王
兼彦王
知兼王
兼敦王
兼英王
兼雄王
兼之王
兼氏王
兼茂王
兼夏王
兼清王
兼盛王

兼康王・兼隆王兄弟とその子孫

通季の玄孫にあたる兼康《かねやす》王と兼隆《かねたか》王の兄弟、および、彼らの子孫は、系図以外の諸史料にも、たびたび現れる。ただし、それらの記載のほとんどは、叙位・任官か伊勢奉幣使に関するものであり、彼らが歴史上、注目すべき役割を演じたわけではない。

彼らは、五位の位階を有していたが、昇殿を許された形跡はなく、堂上公家の家格《かかく》であったとは考え難い。

この三条天皇後裔の「天暦御後」王氏の家格を考える上で注目に値するのは、兼康王の子で、橘《たちばなの》以実《ゆきざね》の子となった橘知宣《とものぶ》である。おそらく、家格がつりあっているか、または、より高い家格の家から、低い家格の家へ養子入りしたのであろう（橘知宣の時代には、すでに家格が形成されている）。橘知宣が継承した橘氏の系統は、堂上公家ではない地下の「諸大夫《しょだいぶ》」の家格であったが、六位蔵人《ろくいのくろうど》を輩出する家系であった。

六位蔵人とは、宮中の雑事を勤め、天皇のそばで朝夕の御前の給仕をした六位の人で、六位の位階にありながら昇殿を許されていた。室町期以降、六位蔵人は、在職中は堂上公家の名簿である『補略《ぶりやく》』の末尾に名が記載されていた。六位蔵人を輩出した諸家のうちには、堂上に昇格した家も少なくない。例えば、橘知宣の養父、橘以実の兄の子孫である薄家《すすきけ》は、室町時代に堂上の家格を獲得している。

ここから、この三条天皇後裔の王氏の家格は、堂上公家未満で、実態としては地下の諸大夫に等しかったが、六位蔵人のように堂上に準じていた、と考えられよう。

ちなみに、橘知宣の玄孫、知尚は延慶《えんぎょう》四年（一三一一）、従三位に昇り、橘氏としては三百三十九年ぶりに公卿となっている。

伊勢奉幣の使王を勤めた三条天皇後裔の「天暦御後」王氏

鎌倉時代後期には、伊勢奉幣の使王を勤めた諸王（王氏）で、史料から知られるのは、この三条天皇後裔の「天暦御後」王氏のみとなった。彼らの多くは、「兼」字を名につけていた。室町中期には、兼《かね》氏《うじ》王、兼夏《かねなつ》王、兼盛《かねもり》王など、「兼」字を名にいただく系統未詳の王氏が伊勢奉幣の使王を勤めているが、彼らは、この三条天皇裔の王氏であったと考えられている。

王氏は、朝廷の年中行事である伊勢奉幣等に欠かせなかったが、室町時代における朝儀の衰退に伴い、伊勢奉幣も縮小し、毎年九月の例幣は延徳《えんとく》元年（一四八九）に廃絶し、その後は、不定期的に臨時の奉幣が発遣されるだけとなった。

十六世紀前期に伊勢奉幣の使王を勤めた兼盛王は、天文五年（一五三六）二月二十一日、後奈良《ごなら》天皇（在位一五二六～一五五七）の御即位叙位において従五位上に昇叙されたのを最後に、史料からは活動を確認できないが、二年後の天文《てんぶん》七年十二月二十九日の臨時伊勢一社奉幣では、兼盛王が使王を勤めたと考えて差し支えないであろう。

この兼盛王は、三条天皇後裔の最後の王氏であったと考えられる。

ちなみに、兼盛王は、江戸時代の寛永十二年（一六三五）頃における朝廷の成員が列載されている史料、外記局本《げききよく》『歴名《りやくみよう》』（宮内庁書陵部所蔵）において、諸王の従五位上の項に名が記載されており、存命者として扱われている。仮に存命であるとすれば、百二十歳を優に超えている。おそらく、兼盛王と朝廷との接触が絶え、朝廷では兼盛王の死去を確認できなかったため、兼盛王の名を『歴名』から抹消するわけにもいかず、形式上、存命の扱いのまま、寛永年間に及んでしまったのであろう。

11　三条天皇後裔王氏断絶後の伊勢奉幣の使王代

「天暦御後」王氏断絶後の使王の代役、「使王代」

さて、三条天皇後裔の「天暦御後」王氏が断絶した後、伊勢奉幣の使王は、王氏ではない人が代役を勤めることとなった。これを使王代《しおうだい》という。この使王代については、先行研究が少ないため、現在もなお未詳の点が多い。

まず、永禄二年（一五五九）十二月十二日の、正親町《おおぎまち》天皇（在位一五五七～一五八六）の御即位由奉幣《ごそくいのよしのほうへい》（即位を予告する伊勢奉幣）と、永禄六年九月十二日の臨時伊勢奉幣では、「従四位下親国王《ちかくに》」が使王を勤めた。「親国王」は、叙任関係記録をはじめとする他の諸史料に、まったく所見がない。また、四位の位階を帯びた伊勢使王は、仁安三年（一一六八）十二月二十九日の神祇伯顕広《あきひろ》王以来、他に見られず、きわめて異例である。よって、「親国王」は、実在の諸王（王氏）ではなく、架空人物か、または、従四位下の位階にあった誰かが勤めた代役すなわち使王代に対して付けられた作名《つくりな》であると考えるべきであろう。

ついで、慶長十四年（一六〇九）九月十六日の臨時伊勢奉幣と、慶長十六年（一六一一）四月五日の後水尾《ごみずのお》天皇（在位一六一一～一六二九）の御即位由奉幣では「兼任《かねとう》王」が、寛永六年（一六二九）九月十六日の臨時伊勢奉幣と、寛永七年九月五日の明正《めいしょう》天皇（在位一六二九～一六四三）の御即位由奉幣では「兼久《かねひさ》王」が、寛永二十年（一六四三）十月十八日の後光明《ごこうみょう》天皇（在位一六四三～一六五四）の御即位由奉幣では「兼春《かねはる》王」が、それぞれ使王を勤めたとされるが、いずれも使王代であった。

代々「使王代」を勤めた地下官人の河越（川越）家

さらに、正保《しょうほう》四年（一六四七）九月十一日に伊勢例幣が復興されると、朝廷に仕えた地下官人《じげかんじん》の河越《かわごえ》（川越）賢充《かたみつ》（氏姓は中原朝臣《なかはらのあそん》）が、「兼字《かねな》王」という作名で、使王代を勤めた。

以後、江戸時代を通じて、使王代は、もっぱら河越（川越）家が勤める慣例となった。

なお、河越家から養子が入った真継家《まつぎけ》（河越家と同じく地下官人で、氏姓は源朝臣のち紀朝臣《きのあそん》）は、やはり戦国期に断絶した斎部《いんべ》氏に代わり、伊勢奉幣の忌部使《いんべのつかい》の代役を「忌部代《いんべだい》」として勤める慣例となった。

ちなみに、真継家は、戦国時代以降、鋳物師《いものし》を支配したことでも知られている。

河越家・真継家に服喪などの不都合があった場合は、他家の地下官人が使王代・忌部代の代役（すなわち、代役の代役）を勤めた。

図16　河越（川越）家略系図

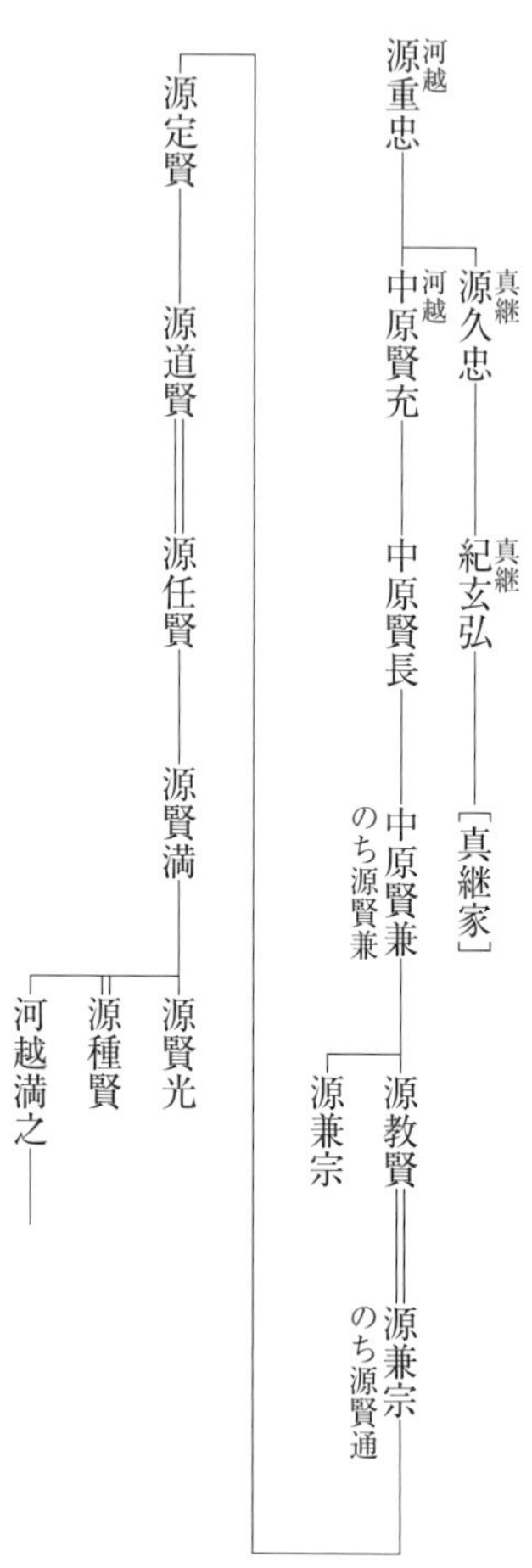

使王代の作名

使王代の作名は、貞享《じょうきょう》四年（一六八七）十一月六日の東山《ひがしやま》天皇（在位一六八七～一七〇九）の大嘗会《だいじょうえの》由奉幣《よしのほうへい》（大嘗会を予告する奉幣）まで、「兼字《かねな》王」が多用されたが、他の作名が用いられる場合もあった。河越賢充が「兼字王」以外の作名で使王代を勤めることもあり、また、「兼字王」の作名で河越賢充以外の代役が勤めることもあった。

宝永《ほうえい》年間（一七〇四～一七一一）以降、伊勢奉幣の使王代の作名は、勤める各人に固有のものとなったようである。

中原朝臣から王氏への改姓を願い出た河越賢兼

江戸時代中期に「賀通王《よしみち》」の作名で使王代を勤めた河越賢兼《かたかね》は、宝暦《ほうれき》五年（一七五五）十月、中原朝臣の氏姓から王への改姓を、朝廷に願い出た。

これは、忌部代を勤める真継家が宝暦四年十二月に紀朝臣から斎部宿禰《いんべのすくね》に改氏姓したことに触発された河越家が、使王代を勤める家としての自己認識を強めたためであろう。

しかし、身分の低い地下官人が「王」を正式に称することは、さすがに認められなかった。代わりに、源朝臣への改氏は認められた。

攘夷祈願のため、六八七年ぶりに神祇伯の使王が復活

安政《あんせい》二年（一八五五）二月二十三日、攘夷《じょうい》を祈願する伊勢一社奉幣では、国家の重大事ということで、使王代でなく、特別に「正官」の使王を、白川家の神祇伯従四位下の資訓王《すけのり》が勤めた。

神祇伯の使王は、白川伯王家の実質上の始祖である顕広王以来、六八七年ぶりであった。

もっとも、代役ではない「正官」の使王とは言っても、資訓王自身も天皇の男系子孫ではなかった。

使王代の終焉

最後の使王代は、明治三年（一八七〇）九月十一日の伊勢例幣において河越種賢《たねかた》が勤めた「種弘王《たねみつ》」

である。

このように、伊勢奉幣の使王は、三条天皇裔の王氏が戦国時代に断絶した後、代役である使王代が立てられ、制度的に形骸化しながらも、明治三年まで存続した。

明治二年六月に白川神祇伯の王号が停止された後も、皇族ではない人物が公的に「王」号を称したという事実は、なかなか興味深い。

皇族の範疇には含まれなかった、「～御後」の系統の王たち

明治維新によって伝統が断ち切られた、神祇伯の王と、使王および使王代は、いずれも、平安中期の天皇から分岐した「～御後《みのち》」の諸王（王氏）に由来しており、平安後期～鎌倉初期に有職故実化して成立したものと言える。

王号を称したこれらの人々は、皇位継承権がある皇族の範疇に含まれるとは認識されていなかった。

しかし、彼らとは別に、平安時代末期以降の王たちの中には、正真正銘の皇族である王も存在していた。すなわち、「～御後」の王氏（諸王）を分岐した天皇よりも後代の天皇から分岐した皇族の王である。

そこで、次章では、「～御後」の王ではない、中世における皇族の王を取り上げる。

第四章　平安時代末期以降の天皇から分岐した皇族の王

1　その身は死すとも仇敵平家一門を打倒した以仁王

後三条天皇の子孫「延久御後」

「～御後《みのち》」の諸王（王氏）の分岐は、三条《さんじょう》天皇（在位一〇一一～一〇一六）の子孫を最後に、事実上、途絶えた。

三条天皇以降の天皇、藤原道長《ふじわらのみちなが》の外孫である後一条《ごいちじょう》天皇（在位一〇一六～一〇三六）、後朱雀《ごすざく》天皇（在位一〇三六～一〇四五）、後冷泉《ごれいぜい》天皇（在位一〇四五～一〇六八）からは、いずれも親王の分岐がなかった。

後三条《ごさんじょう》天皇（在位一〇六八～一〇七二）に至り、ようやく親王が現われた。後三条天皇の三男輔仁《すけひと》親王には複数の男子がいた。そのうちの一人、有仁《ありひと》王（一一〇三～一一四七）は、「延久御後《えんきゅうのみのち》」の二世孫王であるが、白河《しらかわ》法皇（在位一〇七二～一〇八六。一一二九年崩御《ほうぎょ》）の擬制的な子となり、源氏を賜姓《しせい》されて一世源氏となった。なお、源有仁《みなもとのありひと》は、左大臣に昇り、文化・芸術方面でも非常に名高い。

図17　平安後期皇統略系図

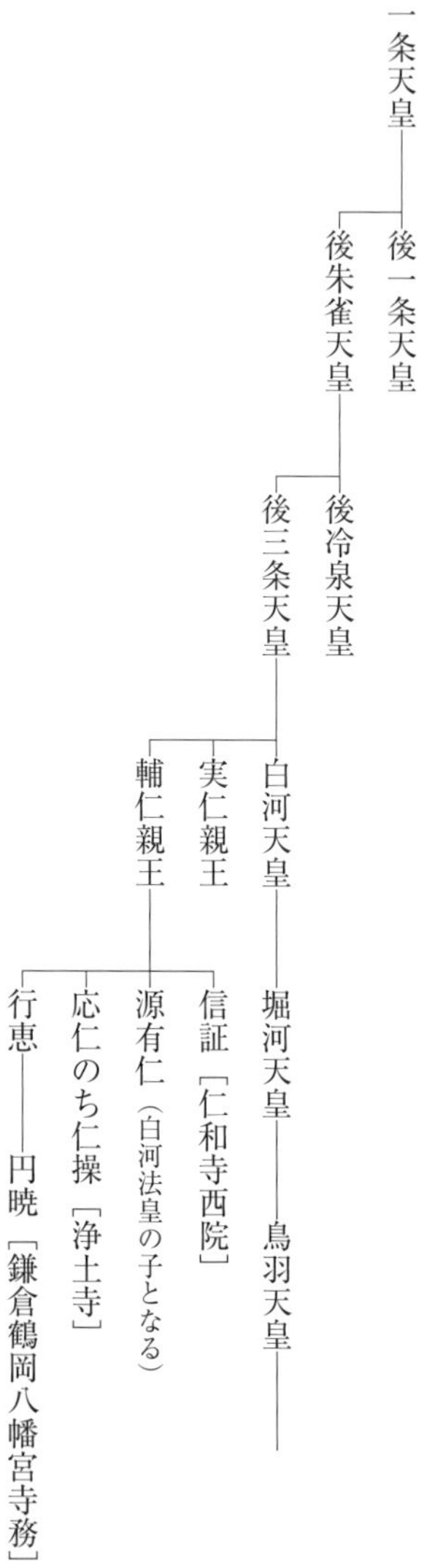

源有仁の兄弟たちは、全員、出家して僧となった。

そのため、後三条天皇の子孫、「延久御後」から、諸王の系統は現われなかった。

院政期の天皇からは諸王の分岐がなかった

白河天皇（法皇）は多くの男子をもうけたが、堀河《ほりかわ》天皇（在位一〇八六～一一〇七）以外の成人した皇子は、全員、仏門に入った。

白河天皇以降の院政期の天皇の男子も、ほとんどが仏門に入り、俗体の親王は非常に少なく、親王の子である二世孫王《にせいそんのう》も、ほとんどいなかった。

例外的な存在は、鳥羽《とば》天皇（在位一一〇七〜一一二三）の男子雅仁《まさひと》親王の王子である。しかし、雅仁親王が皇位を継承した（後白河《ごしらかわ》天皇）ため、その孫王も親王となり（後の二条《にじょう》天皇）、結局、諸王の分岐はなかった。

天皇の子である王の出現

以上のように、院政期には、皇位継承権があると朝廷において認識されている王は、実質的にいない状態となっていた。

このような状況のもとで、天皇の落胤でなく、れっきとした皇子でありながら、政治的要因によって親王になれない、という事例が現われた。彼らは、系図等では「王」と記される。

そのような王の中で最も有名なのが、後白河天皇の皇子、以仁《もちひと》王（一一五一〜一一八〇）である。

源平合戦の引き金を引き、歴史を大きく動かした重要人物、以仁王

以仁王は、日本史上、最も大きな影響を及ぼした王である。

平氏の勢威のもとで抑圧され、親王になることができなかった以仁王は、周知のように、平清盛《たいらのきよもり》（一一一八〜一一八一）が後白河法皇を幽閉して専制的政権を樹立した後、諸国の反平氏勢力に決起を呼びかけ、源頼政《よりまさ》（一一〇四〜一一八〇）の一門と共に平氏政権に対して反乱を起こし、「治承《じしょう》・寿永《じゅえい》の内乱」（源平合戦）の導火線に点火した。

図18　二条天皇・以仁王・高倉天皇略系図

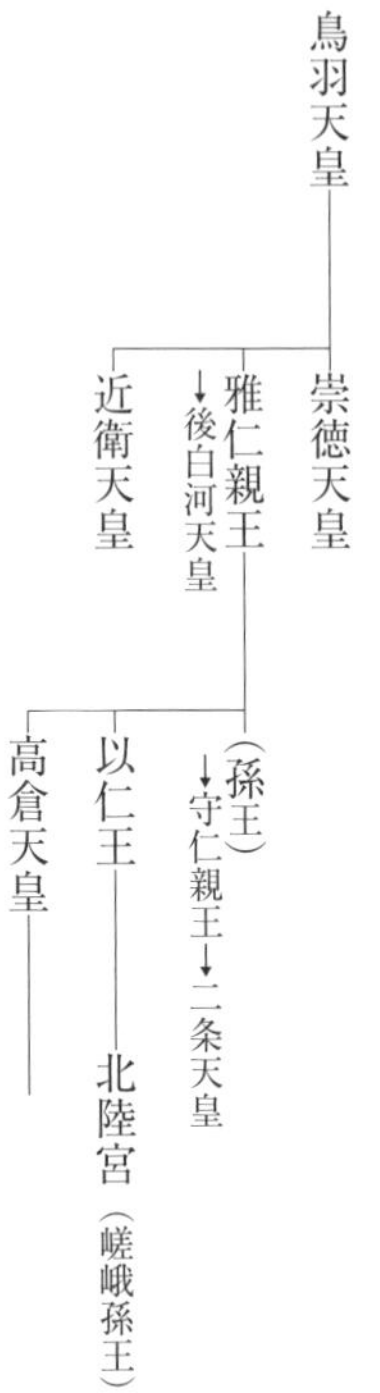

以仁王の反乱自体は、平氏の武力によって直ちに鎮圧されたが、以仁王の令旨《りょうじ》（皇族の命令）を受けた源氏を中心とする武士団が各地で蜂起した。

そして、ついに平氏政権は壇ノ浦《だんのうら》で滅亡し、源頼朝《よりとも》（一一四七～一一九九）の主導のもとで日本列島は新たな時代を迎えることとなった。

「以仁王」はいなかった?

以仁王は、日本史の教科書にも名前が載せられている、有名な重要人物である。しかし、実は、「以仁王」という人名表記は、同時代史料には、まったく現われない。

同時代史料ばかりでない。『平家物語《へいけものがたり》』では、高野本《たかの》（覚一《かくいち》別本）『平家物語』巻四「源氏揃《げんじぞろえ》」に、「茂仁《モチヒト》の王《ヲホキミ》」とあるが、『平家物語』の詞曲を盲人音楽家（いわゆる琵琶法師。僧形《そうぎょう》であるが必ずしも僧ではない）が琵琶伴奏で朗誦した「平曲」（正式には単に「平家」とのみ称する）の譜本、『平家正節《へいけまぶし》《しょうせつ》（平曲正節）』には、「茂仁の王」の部分は、「茂仁《ヽチヒト》の親王」（青洲文庫本）、「もちひとの親王」（京都大学国文研究室蔵本）とあり、「もちひとのしんのう」または「もちひとのみこ」と発声したようである。

また、一三〇〇年前後に成立した、鎌倉幕府の公式史書、『吾妻鏡《あづまかがみ》』では、以仁王は主に「高倉宮《たかくらのみや》」と表記されるが、治承四年（一一八〇）五月十五日条に、「高倉宮　茂仁王」とあり、ここでも「以仁」でなく「茂仁」という字があてられている。

「以仁王」という表記が見られるのは、後世の編纂物である系図史料や、以仁王の諸子である僧に関する仏教関係史料である。

同時代史料における以仁王の呼称

以仁王は、同時代史料においては、もっぱら「高倉宮」「三条宮《さんじょうのみや》」「三条高倉宮」という、居所にちなんだ称号で呼ばれている。

実名が現れる場合も、儒学者公卿《くぎょう》、藤原親経《ちかつね》（一一五一〜一二一〇）の日記『親経卿記《ちかつねきょうき》』治承四年五月十五日条に、「法皇（後白河）第二皇子以仁」とあるように、「以仁」に王号は付かない。

この『親経卿記』同日条によると、反乱を起こした以仁を土佐国に遷すために作成された宣旨《せんじ》（天皇の内命）では、天皇が本名に用いる「仁」の字をはばかり、「以仁」は、本人のあずかり知らぬ所で「以光《もちみつ》」と改名された。また、以仁が「年来、未だに親王宣旨をこうむらざるの人」であり、「賜姓の儀」も受けていないので、宣旨には「以光王」と書かれたという。宣旨の文体は、祝詞《のりと》と同様の「宣《せん》命体《みょうたい》」であるので、「以光王」は、おそらく「もちみつのおおきみ」と読まれたであろう。この「以光王」は、翌十六日に、やはり本人のあずかり知らぬ所で源氏を賜姓され、「源朝臣以光《みなもとのあそんもちみつ》」に改められている。

藤原兼実《かねざね》の日記『玉葉《ぎょくよう》』の治承四年五月十六日条によると、以仁王を土佐国に配流する宣旨には、当初、「以仁」（王号は付けられていない）を一方的に改名した「維光《これみつ》王」と書かれていたが、その宣旨が下された直後、あらためて下された新しい宣旨には「源以光《みなもとのもちみつ》」と書かれていたという。

藤原忠親《ただちか》の日記『山槐記《さんかいき》』の治承四年五月十五日条には、「そもそも、かの宮の御名は以仁であるが、仁の字には憚《はばか》りがあるとの沙汰があり、光の字にするように仰せ下されたという」とある。

これらの同時代記録には、「以仁」とは見えても、「以仁王」とは表記されていない。

「以仁皇子」「以仁親王」

おそらく、以仁自身は、みずからを「以仁王《もちひとのおおきみ》」であると認識したこと自体、一度もなかったであろう。

以仁王より十一歳年少で、ほぼ同時代人である大歌人、藤原定家《さだいえ》（一一六二〜一二四一）の日記『明《めい》月記《げっき》』では、以仁王の男子「嵯峨孫王《さがのそんのう》」（かつて源義仲《よしなか》に擁された「北陸宮《ほくりくのみや》」）の死去を報じる寛喜二年（一二三〇）七月十一日条において、以仁王を「以仁皇子」と表記している。これは、おそらく「もちひとのみこ」と読まれるべきものであろう。

系図史料や、仏教関係の編纂史料には、しばしば「以仁親王」という不適切な表記が見られる。これは、必ずしも編纂者の無知による単なる誤りと考えるべきではなく、「みこ」を「親王」と表記したまでのことと理解すべきであろう。

以仁は、親王宣下をこうむってはいなかったものの、「親王《みこ》」と同じ訓で「以仁のみこ」と称されていたと考えられよう。

皇子である「王」は「以光王」が初例

親王宣下をこうむらなかった皇子が公式に「王」と称された事例は、以仁あらため「以光王《もちみつ》」（または「維光王」）が最初であり、これが後の先例となったようである。

「以仁王」という表記は、おそらく「以光王」から遡及して作られたものであろう。

ちなみに、系図史料には、平安前期の嵯峨天皇の皇子として「淳王」が記載されているが、この人物は、同時代史料からは存在を確認することができず、実在した場合でも、公式に「淳王」と王号を付けて称されていたという根拠はない。

以仁王の強い意思に押し切られたか、源三位頼政

さて、平氏に反乱を起こした以仁王については、『吾妻鏡』冒頭の治承四年四月九日条に、

> 入道源三位《げんざんみ》頼政《よりまさ》卿は、平相国禅門《へいしょうこくぜんもん》清盛《きよもり》を討滅しようと日ごろから用意を整えていたが、個人の計略では宿意を遂げられそうにないので、この日の夜に入りて、子息の伊豆守仲綱《なかつな》らを相具して、ひそかに一院《いちのいん》（後白河法皇）の第二宮《だいにのみや》（以仁王）の三条高倉御所に参じた。

とあり、源頼政が反乱に以仁王を抱き込んだかのように述べられている。

しかし、先学がすでに指摘しているように、頼政は、平氏政権から優遇されており、頼政が従三位に昇ることができたのも平清盛の推挙によってであり、頼政自身には、反乱を起こす積極的な理由はなかった。

以仁王の令旨が露見し、治承四年五月十五日、以仁王を土佐国に配流する宣旨（天皇の内命）が下され、三条高倉御所に居住していた以仁王を拘禁するために随兵と共に差し向けられた二人の検非違使《けびいし》のうちの一人は、頼政の養子の源兼綱《かねつな》（頼政の弟頼行の子）であった。また、三条高倉御所から三井寺《みいでら》に逃れた以仁王を追捕するために遣わされた討手には、当初、頼政本人も含まれていた。

結局、頼政は、客観的に見て勝ち目があるとは思えないにもかかわらず、子息の仲綱、養子の兼綱らと共に以仁王の陣に加わり、五月二十六日、宇治《うじ》平等院《びょうどういん》で、わずか五十騎で六倍以上の三百余騎の敵と戦い、敗死した（『玉葉』）。奈良へ向けて落ち延びようとした以仁王も討ち取られ、以仁王の反乱は、発覚後わずか十一日、戦闘は一日足らずで、いともたやすく鎮圧された。

このような経過を見る限りでは、頼政の挙兵が計画的なものであったとは考え難い。急進化した以仁王に頼政が押し切られた、というのが実態に近いようである。

平氏政権に憎悪を抱く以仁王

以仁王には、平氏政権に対する強烈な憎悪があった。

まず、覚一本『平家物語』巻四「源氏揃」によると、以仁王は、

去《いん》じ永万《えいまん》元年十二月十六日、御年十五にて、忍《しのび》つゝ、近衛河原の大宮（藤原多子）の御所にて御元服ありけり。

……位にもつかせ給《たま》ふべきに、故建春門院の御そねみにて、おしこめられさせ給ひつゝ、……

といい、皇位継承の有力候補者であったにもかかわらず、憲仁《のりひと》親王（のちの高倉《たかくら》天皇）の生母である建《けん》春門院《しゅんもんいん》（平滋子《しげこ》。一一四二～一一七六）に嫉《そね》まれて、籠居《ろうきょ》を余儀なくされたという。

この覚一本『平家物語』の記載は、文学的創作ではなく、歴史的な根拠があることが、すでに指摘されている。

そもそも、以仁王は、天台座主《てんだいざす》最雲法親王《さいうんほっしんのう》（堀河天皇の子。一一〇四～一一六二）の弟子となり、ゆくゆくは出家する予定であった。ところが、応保《おうほう》二年（一一六二）三月三日、師の最雲が死去し、出家の機会を失った。

その後、以仁王の兄二条天皇が、永万元年（一一六五）六月二十五日、子の六条《ろくじょう》天皇に譲位した後、一ヵ月あまりの七月二十八日、二十三歳の若さで崩御した。時に六条天皇は、わずか二歳。

ここに、以仁王は、幼年の六条天皇に、もしものことがあった場合の皇位継承候補者として、にわかに浮上し、永万元年十二月十六日、母方の一族である閑院《かんいん》流藤原氏（道長の叔父公季《きんすえ》の子孫）出身の皇太后宮、藤原多子（一一四〇～一二〇二）のもとで元服した。

図19　以仁王とその周辺の関係系図

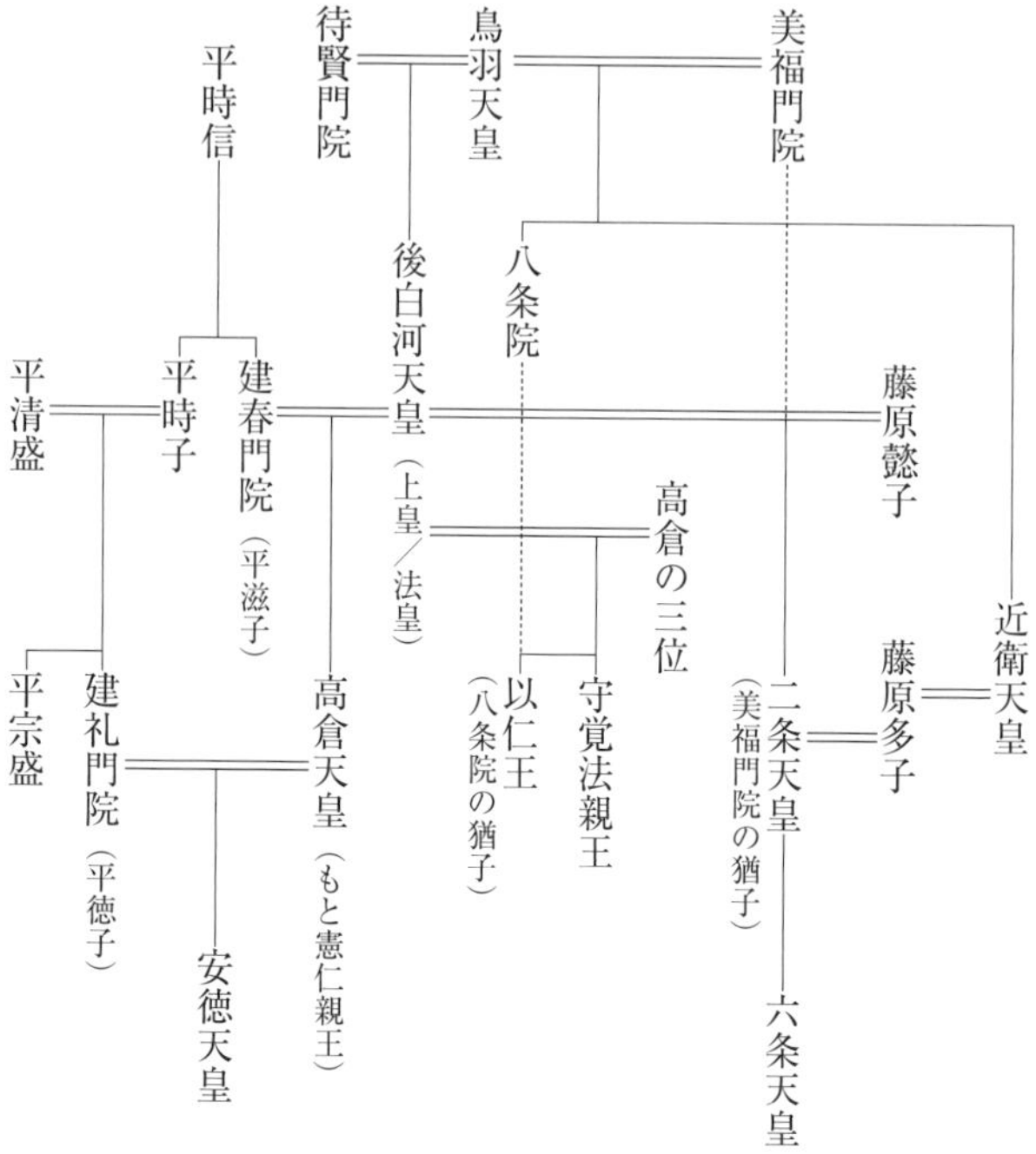

藤原多子は、近衛《このえ》天皇・二条天皇の「二代の后《きさき》」として名高いが、近衛天皇の生母は、鳥羽天皇の寵妃、美福門院《びふくもんいん》（一一一七〜一一六〇）であり、二条天皇は、美福門院の猶子《ゆうし》であった。また、鳥羽天皇と美福門院との間に生まれた皇女、八条院《はちじょういん》（暲子内親王。一一三七〜一二一一）は、時期は判然としないが、以仁王を猶子にしている。したがって、以仁王は、母方の閑院流藤原氏と、美福門院・八条院派の支持を得ていたと考えられている。

しかし、以仁王の元服から九日後の十二月二十五日、以仁王の異母弟で、建春門院（平滋子）を母とする憲仁が親王となり、身位において以仁王を上回った。さらに憲仁親王は、翌仁安《にんなん》元年（一一六六）十月十日、皇太子となり、親王になることさえできなかった以仁王との差を決定的に開いた。そして、皇太子憲仁親王は、仁安三年二月十九日に皇位を継承した（高倉天皇）。

皇太后宮藤原多子は、憲仁が親王となった翌々日に出家した。以仁王の母方の叔父で、後見人であったとみなされている藤原公光《きんみつ》は、仁安元年四月六日、権中納言の官を解かれ、その後も復任することなく、治承二年（一一七八）、死去した。これらは、以仁王とその関係者が、建春門院・平清盛との政治抗争に敗れ、冷遇されたものと理解されている。

以仁王を冷遇したのは後白河上皇本人か

もっとも、以仁王を抑圧したのは、もともとは平氏そのものではなく、建春門院を寵愛し、平清盛と蜜月状態にあった後白河上皇（法皇）その人であった、と考えるべきであろう。

そもそも、以仁王が元服した時点では、平清盛の絶対的権力は、まだ確立していなかった。また、二条天皇は後白河上皇と不仲であり、その二条天皇派の系列に属していた以仁王を後白河上皇が忌避し、建春門院派を支持した、というのが、より実態に近いであろう。つまり、元服したにもかかわらず以仁を親王にしない、というのは、院政を敷いていた後白河上皇（法皇）の意思そのものであったと考えられる。

これは、藤原兼実の日記『玉葉』の承安《じょうあん》元年（一一七一）九月十二日条からもうかがい知ることができる。すなわち、賀茂斎院に卜定《ぼくじょう》（うらなって定めること）されるべき皇女がなく、後白河法皇は、その対処を諮問するために、藤原兼実のもとに使者を遣わした。その時、兼実は内心、次のように思った。

院（後白河法皇）の御子に、元服した宮（以仁王）があり、その娘に二人の女宮《おんなみや》がいるというのに、なぜ彼女を卜定しないのか。或る人が言うには、「親王でない人の子は、伊勢斎宮・賀茂斎院となった前例がない。もし父宮（以仁王）に親王の宣旨を下されるとすれば、それもまた適切ではない」とのことである。このことは、最も神の御心の測り難いことである。適切な人を差し置きながら、先例のないことが行われることは、自分の意見の及ぶところではない。人々は皆、このことを知っているが、まったく適任者がいないと（後白河法皇が）仰せ下さりになる以上、（誰も）申し出ることができないのか。末代の政治は、ただ小人物の思うがままにあるのか。哀れむべし、哀れむべし。

よって、以仁王の積年の遺恨は、平氏だけにでなく、実は、父後白河法皇に対しても向けられていた、と見て差し支えないであろう。

治承三年の政変

ところが、後白河法皇と平清盛との関係が、蜜月状態から対立へと変わった。

治承三年（一一七九）十一月二十日、清盛は武力を背景に政変を起こし、後白河法皇を幽閉して院政を停止させ、平氏の専制政権を樹立した。

政変の三ヵ月後、治承四年二月二十一日、高倉天皇は、平清盛の外孫である皇太子言仁《ときひと》親王（安徳《あんとく》天皇）に譲位して、院政を開始したが、平氏の傀儡《かいらい》に過ぎなかった。

平氏への憎悪を深める以仁王

また、政変の直後、平氏政権は、十一月二十五日、以仁王が長年にわたり知行《ちぎょう》していた城興寺《じょうこうじ》（常興寺）領荘園を没収し、それを親平氏派の天台座主明雲《みょううん》に与えた。これによって以仁王が、平氏に対する反感を煮えたぎらせたことは、疑いの余地がない。

謀反の企てが発覚して三井寺に入った以仁王に対し、以仁王の異母弟で、三井寺の長吏《ちょうり》（一寺の主長たる僧）である八条宮《はちじょうみや》（円恵《えんえ》法親王）が、使者の学僧たちを遣わして出京を勧めたところ、以仁王は怒気をあらわにして「汝が我を搦《から》めんと欲するも、更に手を懸くべからず」と言い放ち、使者の学僧たちは、甲冑を装着した悪僧たち七〜八人に追い散らされ、ほうほうの体で空しく帰洛したという（『玉葉』治承四年五月二十日条）。ここから、平氏に対する以仁王の怒りが並みならぬものであったことをうかがい知ることができる。

後白河法皇は、治承三年の政変によって、以仁王の仇敵（平氏）の敵となった。ここに以仁王は、本来不仲であったはずの後白河法皇の名を借りることによって、平氏を討伐するための正当性を得ることができた。

以上より、以仁王・源頼政の挙兵は、頼政が積極的に以仁王を誘ったのではなく、以仁王が追討された後、頼政が受動的に以仁王側に参陣する成り行きになった、と考えるべきであろう。

以仁王令旨と、頼政の子源仲綱

では、頼政が、捨て身の挙兵を行うに至った成り行きとは、いかなるものであろうか、注目すべきは、反平氏の決起を促す以仁王令旨の発給者が、頼政の子息源仲綱であったことである。

そもそも、『吾妻鏡』治承四年四月二十七日条に全文が引用されている以仁王令旨（治承四年四月九日付）は、皇族が発令した命令であるため「令旨」と称されるが、この令旨の中で、以仁王は「最勝王《さいしようおう》」と自称し、自らの命令を「勅《ちよく》」すなわち天皇の命令と呼称している。

つまり、発令者たる以仁王は、自身を天皇に擬して、自らの命令を「綸旨《りんじ》」と位置づけているのである。

そして、以仁王は、令旨において、「帝皇」に違逆して仏法を滅ぼそうとする「清盛法師《きよもりほうし》ならびに宗盛《むねもり》等」を打倒するために、「吾《われ》は一院（後白河法皇）の第二皇子として、天武天皇の旧儀を尋ね、王位をおし取る輩《やから》を追討し、上宮太子（聖徳太子《しようとくたいし》）の古跡を訪ね、仏法を破滅させる類を打ちほろぼそう」と欲し、諸国の「源家の人、藤家の人、かねてより三道諸国の間で勇士としての力量がある者」に決起を命じた。

以仁王の命令をうけたまわって、この、まぎれもなき国家に対する公然たる反逆を促す令旨を発給したのが、「前伊豆守正五位下源朝臣仲綱」であった。

よく知られているように、『平家物語』には、平清盛の子平宗盛が、仲綱が所持する名馬を所望して入手し、その馬に「仲綱」と命名して仲綱を辱め、これが頼政の挙兵の原因となった、という話が伝えられている。この話が事実であったか否かはともかく、以仁王令旨を発給したことから明らかなように、少なくとも仲綱は、以仁王の反乱に積極的に加担していたとみることができるであろう。

そもそも、頼政自身は、仲綱が以仁王令旨の発給者であったことを、当初は知らなかった可能性が高い。令旨の文面が明らかになった時点で、頼政は、自らの置かれた立場を察し、準備を整える間もなく以仁王の陣営に馳せ参じることとなったのではないだろうか。

「北陸宮」

さて、以仁王には数人の男子がいたが、全員、出家した。ただし、源義仲（一一五四～一一八四）に擁された「北陸宮」（後に「野依宮《のよりのみや》」とも呼ばれた）は、「還俗宮《げんぞくのみや》」とも称されていることから明らかなように、還俗して俗体となっていた。

前述のように、藤原定家の『明月記』では「嵯峨孫王」と呼ばれているが、元服することなく、実名を名乗ることもないまま生涯を終えたため、公式に「王」と称する機会はなかったようである。

2　鎌倉幕府に皇位継承を阻まれた幻の天皇、忠成王

順徳天皇の皇子忠成王

鎌倉前期の順徳《じゅんとく》天皇（在位一二一〇～一二二一）にも、親王となることができず「王」と称された皇子がいた。忠成王である。

忠成王は、鎌倉時代中期、四条《しじょう》天皇（在位一二三二～一二四二）の崩御後、朝廷において皇位継承者に内定していたにもかかわらず、鎌倉幕府の介入によって天皇に成り損ねた。これは、忠成王の元服前の出来事である。その後、元服したものの、ついに親王宣下をこうむることがなかった。

忠成王も、以仁王と同じく、同時代史料においては「王」とは称されていない。固有名詞で現れる場合は、もっぱら、居所にもとづく「六条宮《ろくじょうのみや》」「石蔵宮《いわくらのみや》」等の称号によって呼称されている。以仁と忠成に共通するのは、彼らが皇位継承争いの敗者であり、政治的な理由で元服後も親王宣下をこうむることができなかった、という点である。

皇位継承候補者として浮上した忠成王

忠成王の父順徳天皇（上皇）は、承久《じょうきゅう》の乱を引き起こした首謀者の一人として、周知のように、鎌倉幕府によって佐渡に移された。

また、順徳上皇の長男である仲恭《ちゅうきょう》天皇（九条廃帝《くじょうのはいだい》。在位一二二一）は廃位され、代わって、高倉天皇の二男守貞《もりさだ》親王（後高倉院《ごたかくらいん》。一一七九～一二二三）の子、茂仁《ゆたひと》王が、鎌倉幕府によって天皇に立てられた（後堀河《ごほりかわ》天皇。在位一二二一～一二三二）。孫王の皇位継承は、白壁《しらかべ》王（光仁《こうにん》天皇。在位七七〇～七八一）

図20　忠成王・後嵯峨天皇（邦仁）略系図

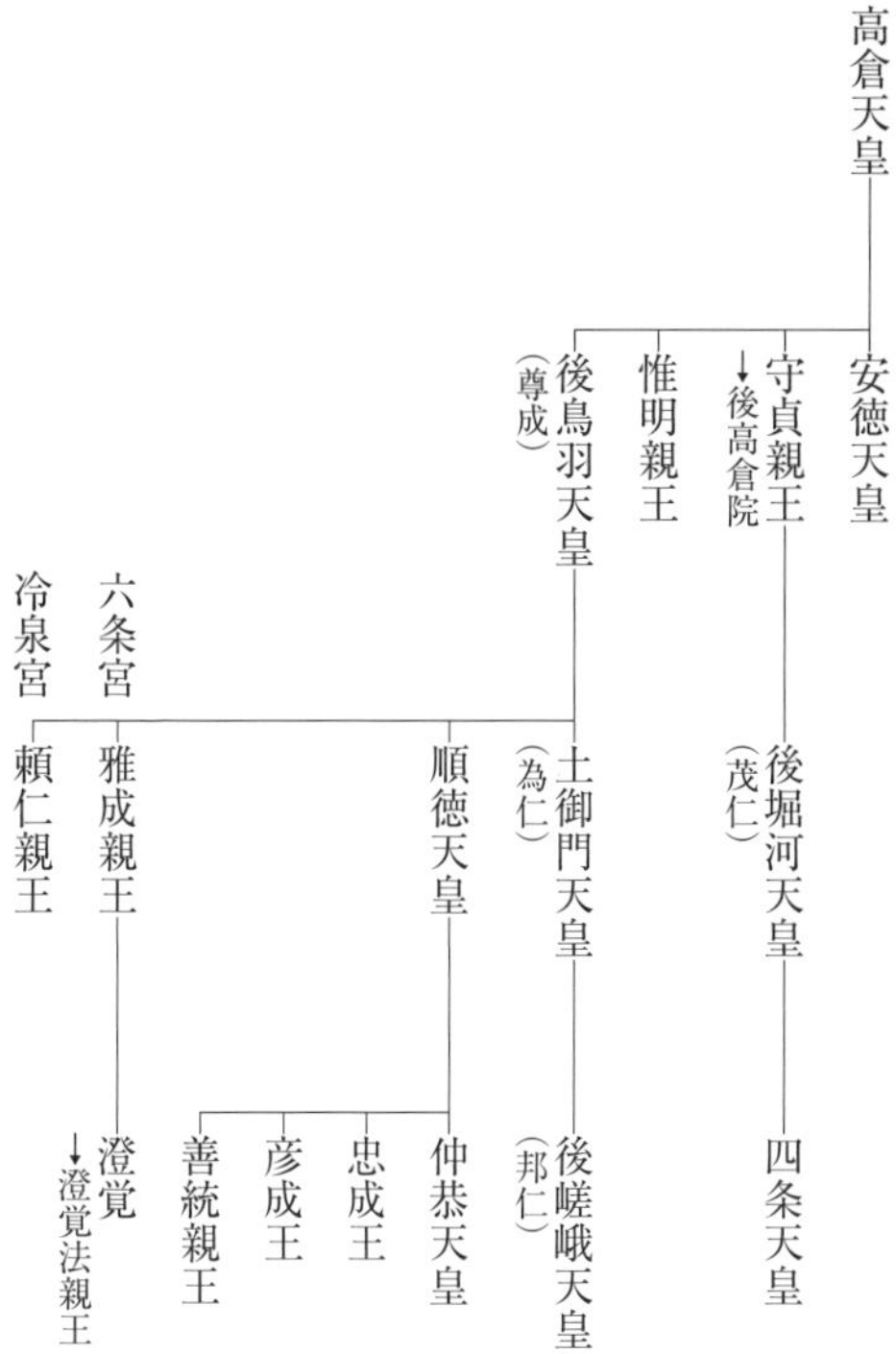

以来、四五一年ぶりのことであった。こうして、皇統は、後鳥羽《ごとば》天皇（上皇）の系統から離れた。

ところが、後堀河天皇の跡を継承した四条天皇は、仁治《にんじ》三年（一二四二）正月九日、不慮の事故により年少で崩御し、後堀河天皇の皇統は二代で断絶した。そのため、皇統は、後鳥羽天皇の系統に戻ることとなった。

皇位継承の最有力候補者は、順徳上皇の皇子であった。後の忠成王である。まだ元服しておらず、実名はなかったが、便宜上、忠成と呼ぶ。

忠成王の生い立ち

忠成は、承久の乱が起きた承久三年（一二二一）、または、その翌年の承久四年／貞応《じょうおう》元年（一二二二）に生まれた。従って、佐渡に移された父、順徳上皇の顔は知らない。しかし、佐渡の順徳上皇と、京都の忠成との間には、書信の往来があったであろう。後のことであるが、忠成は、思慕する父が仁治三年九月十二日に佐渡で崩御したという知らせを受けて、悲嘆の涙にくれている。

この忠成は、祖母修明門院《しゅうめいもんいん》（順徳上皇の母。藤原重子。一一八二～一二六四）の四辻御所《よつつじごしょ》の一角で暮らしていた。

忠成王、皇位継承者に内定

忠成を皇位継承者に推したのは、前摂政藤原道家《みちいえ》（藤原兼実の孫。一一九三～一二五二）である。道家は、当時、出家していたが、朝廷において権勢をふるっていた。道家の姉妹東一条院《ひがしいちじょういん》（藤原立子。一一九二〜一二四七）は、順徳上皇の皇妃であり、忠成の義母にあたる。したがって、道家は、忠成の外戚とは言えないが、実質的な外戚としてふるまったのである。

こうして忠成の皇位継承は、京都の朝廷では、ほぼ確定的なものとされた。天皇が着用する装束も、忠成の寸法に合わせたものが製作され、皇位継承の準備は万端、整えられた。

鎌倉幕府の介入により皇位継承を阻まれた忠成王

しかし、忠成の皇位継承は、鎌倉幕府の介入によって阻止された。

鎌倉幕府が白羽の矢を立てたのは、土御門《つちみかど》天皇（在位一一九八〜一二一〇。すでに崩御）の皇子であった。後の邦仁《くにひと》、すなわち後嵯峨《ごさが》天皇（在位一二四二〜一二四六）である。忠成と同様、まだ元服しておらず、実名はなかったが、便宜上、邦仁と呼ぶ。

鎌倉幕府が、忠成でなく邦仁を皇位に推した理由は、幕府が朝廷から次の皇位を諮問され、執権北条《しっけんほう》泰時《じょうやすとき》（一一八三〜一二四二）が鶴岡八幡宮《つるがおかはちまんぐう》で籤《くじ》を引いた結果とされる。しかし、これは表向きの理由づけにすぎまい。

当時、忠成の父順徳上皇は、佐渡において存命であった。幕府に対して強い敵愾心を抱く順徳上皇が、忠成の皇位継承に伴い帰京することを、鎌倉幕府が嫌ったため、と考えられている。

また、邦仁の父、土御門天皇（上皇）は、承久の乱の企てには加わらなかった、いわば部外者であった。

さらに、邦仁が皇位継承者となったのは、外戚（外祖父の弟）の公家、村上源氏の源定通《さだみち》（一一八八～一二四七）が奔走して幕府に働きかけた結果でもあったようである。定通の妻は、執権北条泰時の姉妹であった。ちなみに、定通の父は、藤原道家の祖父兼実を失脚させたことで有名な、内大臣源通親《みちちか》（一一四九～一二〇二）である。

こうして、仁治三年正月二十日、邦仁が皇位を継承した（後嵯峨天皇）。

なお、後嵯峨天皇は、皇子でありながら、親王となる手順を踏まずに、つまり、形式的には王から直接、天皇となった。ちなみに、後鳥羽天皇と土御門天皇も、やはり親王にならずに皇位を継承している。

ともかく、忠成は、皇位を目の前にして天皇に成り損ねたのであった。時に二十一または二十二歳。

このように、皇位継承者は、朝廷の群議によらず、幕府の意思によって決定された。これについて、公家の平経高《つねたか》（一一八〇～一二五五）は、自身の日記『平戸記《へいこき》』に憤激の情を書き記している（仁治三年正月十九日条）。

忠成王、「密事」を語る

忠成は、その後、平経高の日記『平戸記』において、「六条宮」「六条宮（四辻殿《よつつじどの》）」等の呼称で現れる。「六条宮」とは、承久の乱の後、但馬《たじま》国城崎《きのさき》郡（現、兵庫県豊岡《とよおか》市）に移された雅成《まさなり》親王（順徳天皇の弟。一二〇〇～一二五五）の称号でもある。そのため、少なからぬ研究者は、『平戸記』に現われる「六条宮」を、但馬から帰京した雅成親王であると考えている。しかし、これは誤りであろう。雅成親王が帰京したという根拠はない。

『平戸記』によると、平経高は、しばしば忠成のもとに参上した。それらのうち、寛元《かんげん》三年（一二四五）五月十一日条によると、六条宮（忠成）は、平経高を御前に召して、数刻の間、「密事等」を仰せられた。経高は、その内容を日記に書くことに恐れを感じたため、詳細を記さなかった。おそらく、忠成は、非常の手段によって自らが皇位につくことを望む旨を、経高に語ったのであろう。

皇位継承に敗れた後もなお、忠成が、鎌倉幕府に支援された後嵯峨天皇への対抗者として藤原道家等によって期待されていたことに、疑いの余地はない。当然、忠成は、後嵯峨天皇側から危険人物視されていたに相違ない。

皇位継承の望みを絶たれた忠成王

後嵯峨天皇は、寛元四年（一二四六）正月二十九日、子の皇太子久仁《ひさひと》親王（後深草《ごふかくさ》天皇。在位一二四六～一二五九）に譲位して、院政を始めた。そこには、後嵯峨天皇（上皇）が、皇統を自身の子孫のもとに確保しようとする意図があったであろう。

同年五月、鎌倉幕府における内紛「名越《なごえ》の乱」が、執権になって間もない北条時頼《ときより》（一二二七～一二六三）によって鎮圧され、同年七月、藤原道家の子である前征夷大将軍《さきのせいいたいしょうぐん》藤原頼経《よりつね》（一二一八～一二五六）が、京都に強制送還された。その際、道家には、忠成を皇位につけようと目論んでいる、との疑惑がかけられた。道家は失脚し、籠居を余儀なくされた。寛元四年の政変、いわゆる「宮騒動《みやそうどう》」である。

要するに、道家は、鎌倉では前将軍藤原頼経のもとで名越一門に北条本家（得宗家《とくそうけ》）を討たせ、京都では後嵯峨上皇の院政を廃して後深草天皇から皇位を奪い、忠成を天皇にしようとする、東西両面における政権転覆を企てた、ということとなる。

結局、「宮騒動」にともなう藤原道家の失脚は、忠成の皇位継承の願望に対する、大きな打撃となった。このような状況のもとで、忠成は、寛元五年（一二四七）二月二十五日、密かに元服した。時に二十六または二十七歳。これは、平経高の取り計らいによるものであった。

この忠成の元服の背後には、籠居していた藤原道家があった、とする見解がある。しかし、もはや忠成には、皇位を後嵯峨天皇の系統から取り戻すだけの力はなかった。

その後、忠成は、長年にわたり居住していた四辻御所を離れ、洛外の岩倉《いわくら》に移住し、「石蔵宮」と称された。そして、無位・無官のまま、親王となることもなく、事実上の隠遁生活を送ることとなり、弘《こう》安《あん》三年（一二八〇）十二月、五十九歳または六十歳で死去した。

順徳天皇の皇子彦成王

室町初期に編纂された系図集である『尊卑分脈《そんぴぶんみゃく》』『本朝皇胤紹運録《ほんちょうこういんじょううんろく》』等には、忠成王の弟として「彦成王」が記載されている。

この、順徳天皇の三男とされる彦成王は、現在知られている同時代史料には、管見の限り、所見がない。

越中国《えっちゅうこく》（現、富山県）高岡《たかおか》の勝興寺《しょうこうじ》の寺伝によると、彦成王は、幼少時に比叡山《ひえいざん》で慈円《じえん》（藤原兼実の弟）の弟子となり、出家して法名を成尊《じようぞん》と称したが、その後、関東に下向《げこう》して親鸞《しんらん》（一一七三〜一二六三）の弟子となり善空房信念《ぜんくうぼうしんねん》と改名し、親鸞の勧めで佐渡に渡り、亡父順徳上皇の勅願所である殊勝《しゆしよう》誓願興行寺《せいがんこうぎようじ》の開基となり、その後、衰微した殊勝誓願興行寺の寺名と寺宝を、永正《えいしよう》十四年（一五一七）、越中の土山《どやま》坊が継承し、略して勝興寺と称した、という。

この勝興寺の寺伝における彦成王に関する所伝は、史料性の上で問題があり、史実とは認め難い。また、佐渡に伝えられた伝説によると、彦成王は、父順徳上皇を訪ねて京都から佐渡へ旅したが、すでに上皇は亡くなっており、悲嘆した王は出家して、阿弥陀堂に籠り、一生を終えた、という。佐渡には、彦成王の墓と伝えられる古墓がある。言うまでもなく、これも歴史事実とは考え難い。「貴種流離譚」の一つと位置づけられるべきものである。

なお、二・二六事件の首謀者として処刑された有名な右翼活動家、北一輝《きたいっき》（一八八三〜一九三七）は佐渡出身で、中学生（旧制）の時に、「彦成王ノ墓ヲ訪フ記」と題する作文を書いている。その中で、北一輝は、彦成王の悲話に対して、「噫《ああ》、昊天《こうてん》何ゾ無情ノ甚シキ」と慨嘆している。

北一輝の右翼的思想の根源の一つは、精神的感化を受けやすい青年期において、彦成王伝説に触れたことかも知れない。そうであったとすれば、「彦成王」は、二・二六事件にも間接的ながら影響を与えた、と評することも可能であろう。

彦成王は、伝説的な皇子の王であり、その実体は曖昧模糊としている。しかし、近世における北陸の浄土真宗、および、近代における右翼思想との関わりという点で、無視し難い存在であると言えよう。

彦成王自身は皇位継承争いとは関係ないが、天皇家嫡流から外れた皇子として、傍系に追いやられ、親王となることができなかった、という点で、政治的敗者たる皇子の王の列に類別されるであろう。

3　高倉天皇後裔の王たちと、南朝の功臣鼎王

高倉天皇の皇子、惟明親王の子孫の王

さて、院政期には、皇子の大半が出家したため、天皇家からの傍系皇族の分岐は、はなはだ稀であり、分岐した場合でも、王号を称して代を重ねるという事例は、きわめて少なかった。

その、ごく稀な、例外的な事例が、高倉天皇の三男、惟明《これあきら》親王（一一七九〜一二二一）の子孫である。鎌倉末期に編纂された『一代要記《いちだいようき》』という史料の記載によると、惟明親王の子孫は、王号を称して三代続いている。

惟明親王の三人の男子のうち、上の二人は僧であるが、第三子が「国尊王」と王号を称している。

この「国尊王」には「大豊王《オヤトヨ》」という子がいる。「オヤトヨ」とは奇妙な読みである。「ヤ」は「オ」の誤写で、「オオトヨ」とあるべきであろう。しかし、それでも、当時においては他に目にすることのない珍しい実名である。

「大豊王」には「字明王《ナアキラ》」という子がある。これも、いささか奇異な実名である。また、注記によると、「字明王」は、実は「国尊王」の子であるとされる。

図21　『一代要記』における惟明親王の子孫

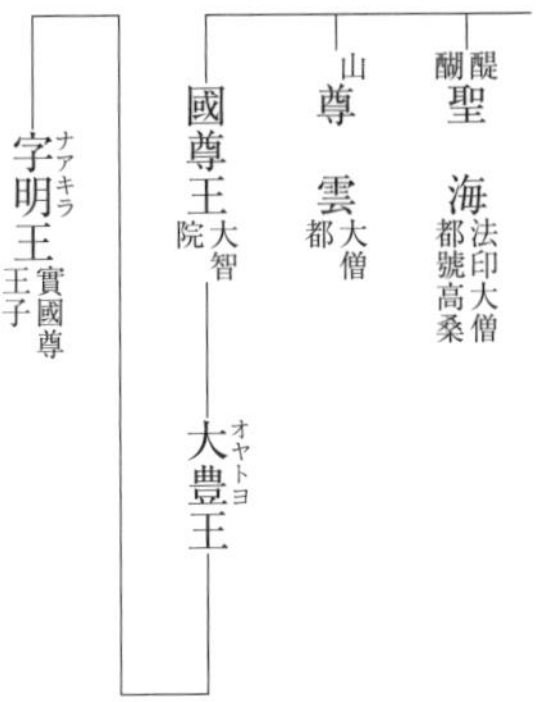

図22　惟明親王略系図

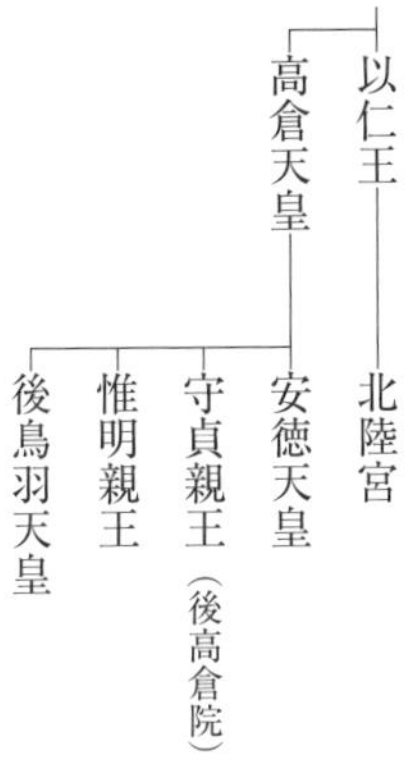

したがって、実系に従うと、惟明親王の子孫である「王」の系図は、次のようになる。

国尊王—大豊王—宇明王

一方、室町前期に編纂された天皇系図『本朝皇胤紹運録』の一部写本と、京都大原《おはら》の三千院《さんぜんいん》（梶井門跡《かじいもんぜき》）に所蔵される『帝皇系図』には、惟明親王の第三子「交野宮《かたののみや》」の子孫が、次のように記されている。

交野宮—醍醐宮—高桑宮
　　　　　　　　尾崎宮
　　　　　　　　万寿（または万寿宮）
　　　　栗野宮

これらを比較すると、「国尊王」は「交野宮」に、「大豊王」は「醍醐宮」に、「宇明王」は「栗野宮」にあたると推定されよう。

なお、当時は、皇族の家である「宮家」が、まだ成立しておらず、「宮」号は、皇族個人の称号として用いられていた。

では、彼ら、惟明親王の子孫の「王」たちは、どのような経歴をもつ人々であったのであろうか。

後白河法皇を見てむずかったため皇位継承を逸した惟明親王

惟明親王の子孫の「王」たちについて述べる前に、まず、惟明親王について、少し、触れておきたい。この惟明親王は、幼児の時にむずかったために天皇に成り損ねた、という不運の皇子であった。

源義仲の軍兵が京都に迫り、寿永二年（一一八三）七月、平氏一門は都落ちをした。その際、平氏は、安徳天皇と、その弟、高倉天皇の第二皇子（のちの守貞親王、後高倉院）を帯同して、京都から西国へ去った。

京都にとどまった後白河法皇は、安徳天皇に代わる新しい天皇として、安徳天皇と守貞親王の弟にあたる二人の幼児、すなわち、高倉天皇の第三皇子（後の惟明親王）と第四皇子（後の後鳥羽天皇）のうちから選んで立てることにして、彼らを引見した。

『平家物語』によると、このとき第三皇子は、法皇を見て大いにむずかったので、そのまま帰された。一方、第四皇子は、法皇にむつんだ。そこで法皇は第四皇子に天皇の位を継承させた、という。この『平家物語』の話は事実であると考えられている。

もっとも、源義仲が、以仁王の遺児、北陸宮を皇位に強く推したため、第四皇子の皇位継承は、すんなりとは決まらなかった。しかし、法皇には、北陸宮に皇位を継がせるという考えは、毛頭もなかった。こうして、第四皇子が天皇となった。後鳥羽天皇である。

皇位を逃した第三皇子、惟明親王には、和歌以外、取り立てて挙げるべき事績はない。なお、彼は「鳥羽三宮《とばのさんのみや》」と称されている（三千院所蔵『帝皇系図』）ので、洛南の鳥羽に居住していたと思われる。

交野宮（国尊王）

さて、惟明親王の子、国尊王すなわち交野宮は、藤原定家の日記『明月記』には「片野宮」と称され、興味深い話が伝えられている。

『明月記』によると、交野宮は、外祖父と共に醍醐《だいご》に住んでいた。同母兄の聖海《しょうかい》は、醍醐寺《だいごじ》の僧となり、元仁《げんにん》元年（一二二四）十二月、十九歳の若さで醍醐寺座主となったので、その縁によってであろう。交野宮は、二人の兄と同様に、出家して僧となる予定であったと考えられる。

ところが、嘉禄《かろく》元年（一二二五）四月頃、交野宮は、鎌倉幕府によって出家を停められた。これは、承久の乱の後に幕府が擁立した後堀河天皇が虚弱体質であり、なかなか皇子が誕生しなかったので、皇位への万一の備えとされたため、と考えられている。

しかし、交野宮は、その後も元服することなく、天皇の孫である二世孫王として朝廷に出仕することもなく、放置された状態となっていた。おそらく、この時点では、「国尊王」と名乗ってもいなかったであろう。彼は、背丈よりも長く髪を伸ばした姿で、淀川《よどがわ》下流の江口《えぐち》（現、大阪市東淀川区江口《えぐち》付近）や、淀川の支流神崎川《かんざきがわ》下流の神崎《かんざき》（現、兵庫県尼崎市神崎町《かんざきちょう》）付近で、遊び暮らしていた。江口と神崎は、ともに遊女で有名である。彼も、遊女のもとに入り浸っていたのであろうか。

「このままでは将来の展望が開けない」と憂慮したのか、交野宮は寛喜《かんぎ》元年（一二二九）八月頃、突如、関東に下向し、鎌倉の鶴岡八幡宮の拝殿で、座り込みのデモンストレーションをおこなった。鎌倉幕府は大いに驚き、交野宮に、早急に帰京するようにと伝えた。

すると、交野宮は、「帰京しても居場所はなく、元服の予定も出家の予定もない。ただ、この近辺に居住できればよい」、と鎌倉にとどまることを懇願した。

しかし、彼は、幕府によって武士一人を付けられて京都に送り帰され、しかるべき僧のもとで出家するようにと、醍醐付近に住まわされた。

『一代要記』には、「国尊王」（すなわち交野宮）に対して「大智院」という注記がある。醍醐寺には大《だい》智院《ちいん》という子院があった。よって、交野宮は、おそらく兄にあたる醍醐寺座主聖海のもとに預けられて出家し、醍醐寺の大智院に入ったのであろう。

この交野宮には、二人の男子、醍醐宮《だいごのみや》と栗野宮《くりののみや》がいた。後述するように、醍醐宮の子、尾崎宮《おざきのみや》は南北朝時代に活躍している。年代から、醍醐宮と栗野宮は、交野宮が晩年にもうけた子であると考えられる。

よって、交野宮は、晩年に還俗して「国尊王」と称し、二人の男子をもうけたのであろう。

醍醐宮と栗野宮

交野宮の二人の男子、醍醐宮と栗野宮については、三千院所蔵『帝皇系図』に、それぞれ、「美濃《みの》国高桑庄に住す」、「同国栗野庄に住す」と記されており、彼ら兄弟が、美濃国に下向していたことが知られる。

醍醐宮が居住していた「高桑庄」は、現在の岐阜市柳津町《やないづちょう》高桑《たかくわ》と、その東隣、柳津町下佐波《しもさば》の領《りょう》毛《け》の地にあったと考えられる。

一方、粟野宮の居住地、「粟野庄」は、どこにあったか知られていない。ただし、「粟」が「栗」の誤写であれば、安楽寿院《あんらくじゅいん》領、昭慶門院《しょうけいもんいん》・皇室領、醍醐寺領であった方県《かたがた》郡の栗野荘《あわののしょう》となり、現在も岐阜市に栗野《あわの》・栗野東・栗野西等の地名が残る。もし、そうであれば、「粟野宮」ならぬ「栗野宮《あわののみや》」は、醍醐寺との関係によって、美濃国栗野荘に下向したと考えることも可能である。

尾崎宮

醍醐宮には三人の男子、高桑宮《たかくわのみや》と尾崎宮、万寿（または万寿宮）がいた。

彼ら三人のうち、第一子の高桑宮は、その事績はわからないが、父ゆかりの「高桑庄」に居住していたために高桑宮と呼ばれていた、と考えられる。

第二子の尾崎宮は、南北朝時代の最初期、延元《えんげん》元年（一三三六）八月十日に、南朝方の軍を率いて、美濃国で足利《あしかが》方と戦っている。戦場は、関《せき》（岐阜県関《せき》市の関《せき》）・迫《はざま》（関市東南部の迫間《はざま》）・北野《きたの》（岐阜市に編入された旧山県《やまがた》郡山県《やまがた》村の北野《きたの》）である。これらの三地点に対し、地理的に扇の要に位置するのが、岐阜県各務原《かかみがはら》市の西北部にある尾崎《おざき》の地である。おそらく尾崎宮は、そこに本拠地を構えていたのであろう。ちなみに、戦後、尾崎の地は大規模に宅地開発され、一大ニュータウンとなっている。

この尾崎宮は、『太平記《たいへいき》』にも登場する。

北条高時《たかとき》（一三〇三～一三三三）の遺児、北条時行（一三五三没）が鎌倉を制圧した「中先代《なかせんだい》の乱」（一三三五年）の際、足利尊氏《たかうじ》（一三〇五～一三五八）は、後醍醐《ごだいご》天皇の意向に背いて関東に下り、乱を鎮圧し、そのまま鎌倉を拠点にして、朝廷の命令に服さなかった。朝廷は、足利尊氏を討伐するため、建武《けんむ》二年（一三三五）十一月、尊氏を討つ東征軍を派遣した。また、奥州の北畠顕家《きたばたけあきいえ》（一三一八～一三三八）が率いる軍勢も南下して、尊氏の背後に迫った。

東征軍は、東海道と東山道《とうさんどう》に分かれて進軍した。東海道を下った軍は、後醍醐天皇の第一皇子尊良《たかよし》親王（一三三七没）をいただく新田義貞《にったよしさだ》（一三〇一～一三三八）・脇屋義助《わきやよしすけ》（一三四二没）兄弟に率いられたが、竹下《たけのした》・箱根《はこね》の合戦で足利軍に敗れ、京都へ遁走した。東山道を下った軍は、大智院宮《だいちいんのみや》と尾崎宮に率いられた。おそらく大智院宮が首将であり、尾崎宮が副将であろう。この東山道軍は、「甲斐・信濃・上野」の軍勢と共に、雲霞の如き大軍となって、鎌倉を占領した（これは最近になって史実と確認された）。

しかし、東山道軍の鎌倉入りは、「後の祭」であった。すでに足利軍は、敗走する東海道軍（新田軍）を追撃して京都めざして西上していた。そればかりか、足利軍の後を追う北畠顕家の率いる奥州軍までもが鎌倉を通過した後であった。

それはさておき、この東山道軍を率いた大智院宮は、私見では、後醍醐天皇の同母弟で、醍醐寺大智院を相続していた大覚寺宮性円《しょうえん》法親王（一二九二～一三四七）と推定される。

前述のように、尾崎宮の祖父交野宮（国尊王）は、醍醐寺大智院に入寺していたと考えられる。また、父は醍醐宮であるので、醍醐寺と無関係ではなかろう。よって、尾崎宮自身も、醍醐寺と関係があったと思われる。また、彼は、前述のように、少なくとも父の代から美濃国に所縁があった。

尾崎宮は、これらの理由で、美濃を経由する東山道軍において、大智院宮を補佐する副将に起用されたのであろう。

南朝方の謎多き皇族、鼎王

高倉天皇の第三皇子惟明親王の曽孫にあたる尾崎宮は、『公卿補任《くぎょうぶにん》』に見える鼎王（この人名の正しい読み方はわからない）なる皇族と同一人であるとする説がある。

鼎王は「鼏王」とも書かれるが、「鼎」も「鼏」も、この人名より以外、他には見られない特異な字である。国字・異体字研究に顕著な業績がある笹原宏之氏の御教示によると、「鼎」の字は、鼎王を対象とした人名事典・索引において「ショウ」ないし「ジョウ」という読みが与えられているが、字書類には見出すことができない。

この鼎王は、建武新政権の知られざる功労者である。

『公卿補任』によると、鼎王は「雅明親王」の曽孫で、元弘《げんこう》三年（一三三三）五月二十四日、無位・無官から従三位に叙され、六月十二日、弾正尹《だんじょういん》に任じられ、八月五日、治部卿《じぶきょう》を兼任、建武元年（一三三四）十二月十七日に官職を免じられるが、建武二年正月五日、正三位に昇り、延元三年（一三三八）六月、吉野で死去した。

この経歴から、彼は、後醍醐天皇の建武政権のもとで官位につき、後醍醐天皇の跡を追うかのように吉野に下って生涯を閉じた、南朝方の第一世代に属していたことが知られる。

鼎王の出自をめぐる推測

さて、彼の曽祖父とされる「雅明親王」は、平安中期に実在した親王であるが、年代的に合致しない。そのため、この「雅明親王」は、高倉天皇の第三皇子「惟明親王」の誤写であると見なされ、鼎王は尾崎宮のことであるとする説が有力であった。

しかし、この説には疑問がある。

そもそも、鼎王が無位・無官から従三位に叙されるという、四世王（天皇の玄孫）としては前例のない大抜擢を受けた元弘三年五月二十四日とは、京都の鎌倉幕府勢力、六波羅《ろくはら》両探題《たんだい》が崩壊した後、後醍醐天皇が京都へ帰還するために伯耆《ほうき》国船上山大山寺《せんじょうさんだいせんじ》（隠岐《おき》を脱出した後醍醐天皇が拠点としていた）から出発した翌日にあたる。状況から推測すると、船上山から下山した後醍醐天皇を迎えた鼎王が、その場で天皇から従三位に叙された可能性もある。ともかく、鼎王は、六波羅探題滅亡の際の論功行賞で従三位に叙された、と考えられる。

六波羅探題を攻撃した皇族として知られるのは、大塔宮《おおとうのみや》と但馬宮《たじまのみや》である。大塔宮は、言うまでもなく、後醍醐天皇の皇子、護良《もりよし》親王（一三〇八～一三三五）である。よって、鼎王は、もう一方の但馬宮であると考えられる。

この但馬宮は「四宮《しのみや》」とも称される。そのため、長らく但馬宮は後醍醐天皇の第四皇子であると考えられてきた。しかし、但馬に後醍醐天皇の皇子が移されたことを記す、史料的価値が高い同時代史料は、そもそも存在しない。

鼎王の曽祖父とされる「雅明親王」が「雅成親王」の誤写であるとすれば、雅成親王は後鳥羽天皇の「四宮」である。雅成親王は、承久の乱の後、但馬国城崎郡に移され、但馬守護《しゅご》、太田《おおた》（大田）氏のもとに預けられたまま生涯を閉じた。親王は、但馬でも「四宮」と呼ばれたことであろう。太田（大田）氏の庇護のもと但馬国で代を重ねた雅成親王の子孫が、「名字《みょうじ》の地」となる所領がなかったため、称号「四宮」を名字のように名乗ったのではないだろうか。

「禁闕の変」の首謀者、鳥羽尊秀（源尊秀）は鼎王の子孫か

これは、あくまでも仮説であり、明確な証拠があるわけではない。しかし、傍証となりえるものがある。それは、南朝政権が消滅した後の旧南朝勢力が起こした重大事件の一つ、いわゆる「禁闕《きんけつ》の変」の首謀者、鳥羽《とば》尊秀（源尊秀）の出自である。

「禁闕の変」とは、嘉吉《かきつ》三年（一四四三）九月二十三日深夜、旧南朝勢力の鳥羽尊秀（源尊秀）らが、後《ご》花園《はなぞの》天皇（在位一四二八〜一四六四）の禁裏を襲撃し、三種の神器のうちの宝剣・宝璽を奪取した事件である。

この鳥羽尊秀（源尊秀）は「後鳥羽院後胤」とされる。鼎王が雅成親王の子孫であれば、鳥羽尊秀は、吉野で死去した鼎王の子孫として、後鳥羽天皇の後胤に連なる。

これは単なる憶測に過ぎないが、鳥羽尊秀の出自を考える上で、少なくとも矛盾はない。

『本朝帝系抄』における惟明親王の子孫に関する記載

ところが、以上の推測に再考を迫る史料が存在することが、最近、判明した。東京大学史料編纂所所蔵『本朝帝系抄《ほんちょうていけいしょう》』である。

本系図は、後小松《ごこまつ》天皇の在位期に作成（書写）され、さらに書継がなされている。他史料には見られない独自の記載が多い。惟明親王の子孫を含む部分は、次頁の図23のとおりである。

「雲林宮麿尊王」は国尊王（交野宮、片野宮）に、「大和宮天豊王」は大豊王に、それぞれ比定される。他の人物については、上記『一代要記』、および、『本朝皇胤紹運録』の一部写本、三千院所蔵『帝皇系図』に見える各人との関係を推し量り難い。そればかりか、大豊王を醍醐宮に、字明王を栗野宮に比定することをも再考する必要さえ生じよう。

なお、「天豊王」の母として袖書に見える「懐仁僧都」の娘「伊子女王」、また、「照王」の母の「宝姫女王」は、現在知られている他史料には現れず、いずれも出自未詳である。

しかし、ここで注目されるのは「照王」である。この「照王」が上述の鼎王に比定される可能性は高いと考えられよう。

「照王」と鼎王が同一人物であった場合、もし「伊子女王」または「宝姫女王」が但馬の雅成親王の子孫であったとすれば、鼎王は女系によって雅成親王の「四宮」号を継承した、と考えることができそうである。

なお、鼎王が「照王」と同一人であるとすれば、鳥羽尊秀〔源尊秀〕の名字「鳥羽」は、惟明親王の称号「鳥羽三宮」に由来するとも考えることができる。

しかし、現時点では、それらを傍証する他の史料を見いだすには至っていない。そのため、惟明親王の子孫については、未詳の点が多いまま残されている。

高倉天皇または後鳥羽天皇から分出した傍流皇族

鼎王が、惟明親王の曽孫と、雅成親王の曽孫の、いずれであろうと、鼎王とその父祖は、京都の朝廷からは、十分には存在を認識・把握されていなかったようである。

図23『本朝帝系抄』における惟明親王の子孫

天皇の子孫でありながら、彼らは、実質上、公家社会から、はじき出された存在であった。

彼ら、高倉天皇または後鳥羽天皇から分出した傍流皇族は、諸王（王氏）が叙爵《じよしやく》されるための王氏《おうし》爵《しやく》が「寛和御後《かんなのみのち》」「天暦御後《てんりやくのみのち》」等、平安時代に分出した王氏の系統に専有化されたため、王氏爵による叙位《じよい》の機会を得ることができなかった。

また、彼らが天皇家から分出したのは、天皇家に集積された荘園の伝領が本格化する以前であった。そのため、彼らには、宮家を立てるための経済基盤となった一定規模の荘園の伝領がなく、経済的に著しく不安定な状況に置かれていたと考えられる。

そのため、出家して寺院に入る機会を逸した彼ら傍流皇族は、賜姓もされず、無位無官のまま、おそらく朝廷からも公認されない王として、大寺院の所縁で、または、地方武士の客分として、地方に居住して世代を重ねることとなった、と推測されよう。

4　順徳天皇の後裔、岩蔵宮と四辻宮

宮家の萌芽——順徳天皇の後裔

平安時代末期〜鎌倉時代前期の天皇から分出した傍流皇族は、分出の時期や状況により、皇胤としての性格が大きく異なっている。

順徳天皇から分出した傍流皇族は、無位・無官の場合でも、公家社会における地位を失うことがな

かった。それは、彼らが、天皇家のもとに集積された荘園の一部を代々、伝領することによって、経済的基盤を確立し、代を重ねることが可能となったためであろう。

また、彼らは、京都または京都近郊の殿邸・所領等を伝領し、居所にもとづいた称号を、代々、継承することとなった。

ちょうどこの時代は、「家」の確立期でもあった。こうして、世襲皇族である宮家《みやけ》の萌芽が、この時期に現れることとなった。

順徳天皇の孫および曽孫の王

系図史料によると、順徳天皇の男子のうちの二人、忠成王（前述）と善統《よしむね》親王には、それぞれ、王号を称した子孫がいた。

彼ら、順徳天皇の子孫である王たちには、同時代史料からは事績等を十分には確認できない人もいる。また、賜姓されて源氏となった王もいる。源氏となった後に、親王となり皇族に復帰した人もいる。

彼らは、一人一人がさまざまな経歴を持っており、皇室制度史の観点から見ても、なかなか興味深い。さらに、足利義満《よしみつ》（一三五八〜一四〇八）の外祖母がこの一門の出身である点でも、注目される。

岩蔵宮彦仁王

忠成王の三男、彦仁《ひこひと》王は、「岩蔵宮」「石蔵三郎宮《いわくらさぶろうのみや》」と称された。洛北の岩倉に居住していたためで

図24　順徳天皇後裔略系図

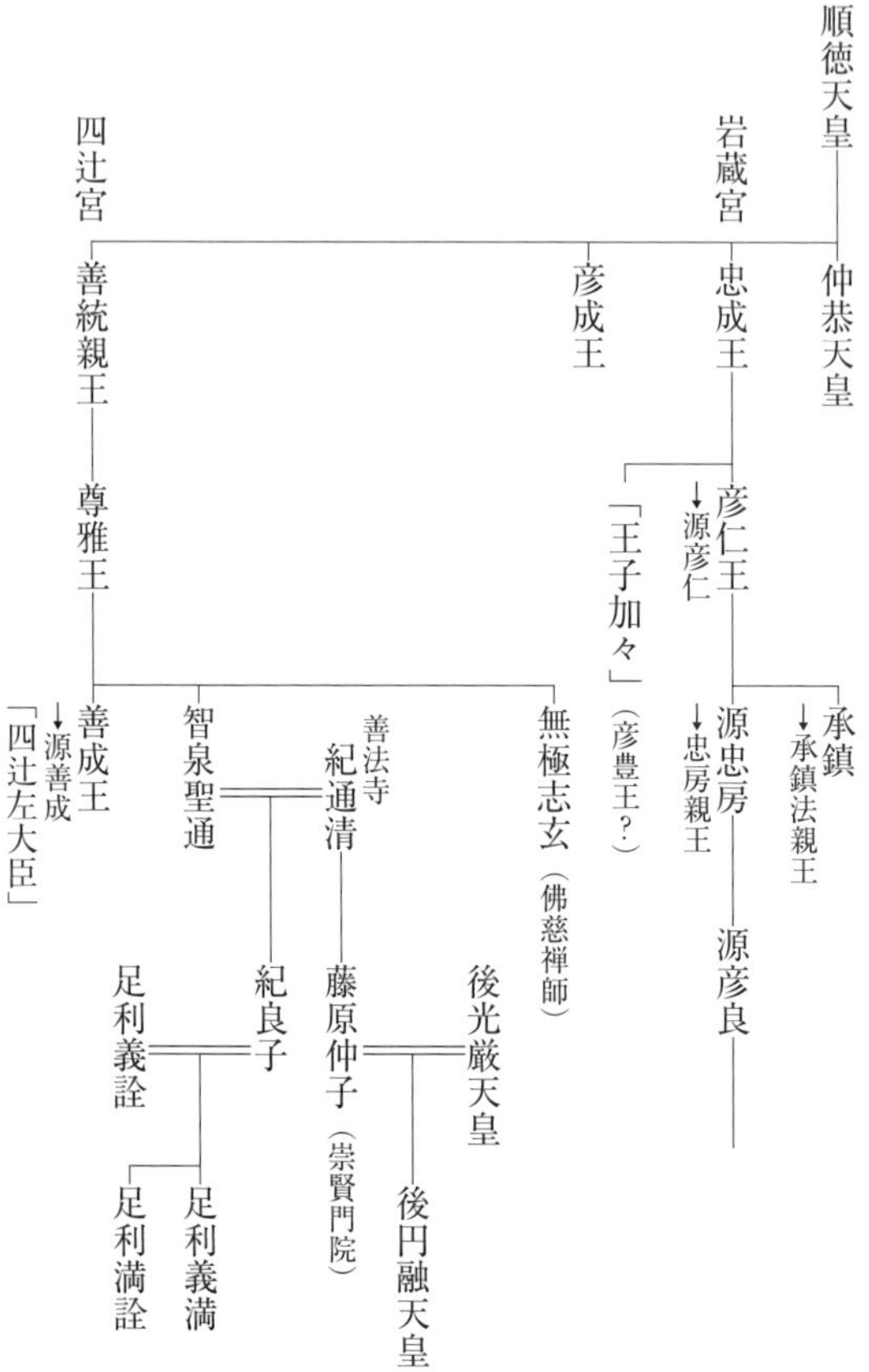

あろう。

彼は、おそらく年齢三十代に至るまで、元服もせず、無位・無官であったようである。しかし、公家社会から見捨てられていたわけではない。元服前で、おそらく「彦仁王」とも称していなかった時分に、月華門院《げつかもんいん》（後嵯峨天皇の女子、綜子内親王。一二四七〜一二六九）のもとに「忍びて参り給ひける」（『増《ます》鏡《かがみ》』巻八「あすか川」）ことからも、彼が公家社会の一員として認められていたことがうかがわれる。

彦仁は、永仁《えいにん》二年（一二九四）三月二十二日に元服した。この時に、「彦仁」という実名が付けられたのであろう。当時すでに多くの天皇の諱に付けられていた「仁」字を称していることが注目される、しかし、彼は、公家社会から皇位継承候補者として認識されていたようには見えない。

彦仁王は、その後、二年九ヵ月の間は、依然として、無位・無官のままであった。

ところが、永仁四年十二月三十日、従四位下に直叙された。この叙位は、二世孫王としての蔭位《おんい》によるものと考えられる。彦仁は、従四位下に叙された直後に源氏を賜姓されたようである。いわゆる「順徳源氏」である。

源氏になった後の彦仁は、官位の上昇が目覚ましく、一年足らずで正三位の位階に昇り、また、左中将に任じられた。

しかし、彦仁は、元服からちょうど四年後の永仁六年三月二十三日に死去した。年齢は未詳であるが、三十歳台なかば程であろうか。

彦仁王と四辻宮との所領争い

源氏として三位中将となった彦仁は、「石蔵《いわくら》（岩蔵）三位中将《さんみのちゆうじよう》」と称された。

また、『増鏡』には、「四辻の彦仁の中将」という呼称が見られる。彦仁の父、忠成王（順徳天皇の二宮）は、脩明門院（藤原重子。順徳天皇の母）の四辻御所の一角に起居していたので、彦仁も、そこに住むことがあったのであろう。

四辻御所には、忠成王の弟で、彦仁の叔父にあたる善統親王（順徳天皇の子）も居住していた。

善統親王は、貞永二年／天福《てんぷく》元年（一二三三）の誕生であるので、佐渡で生まれたか、もしくは佐渡から京都に戻った女房から生まれたと考えられる。祖母脩明門院の猶子となり、彼女のもとで養育された。

善統親王は、皇位継承候補者となった経歴がある忠成王と異なり、危険人物視されていなかったためであろうか、親王となることができた。しかし、正応《しようおう》四年（一二九一）五月二十日、五十九歳で出家した。その後、「四辻入道親王《よつつじにゆうどうしんのう》」と称され、文保《ぶんぽう》元年（一三一七）三月二十九日、八十五歳の高齢で死去した。

脩明門院の四辻御所は、善統親王とその子孫が伝領した。そのため、善統親王の子孫は、「四辻宮《よつつじのみや》」と称された。

四辻宮家は、脩明門院の所領である荘園も伝領した。

ところが、善統親王の甥にあたる彦仁王（ただし、当時は元服前）は、いわゆる持明院統《じみよういんとう》の後深草上皇を後ろ盾にして、これらの荘園を善統親王から「掠《かす》め取」ろうと企てた。

善統親王は、脩明門院から伝領した所領を保全するために、いわゆる大覚寺統《だいかくじとう》の後宇多《ごうだ》上皇に庇護を求め、二度に分けて、これらの荘園を後宇多上皇に寄進した。

この四辻宮家領をめぐる相論は、権利関係が非常に複雑化し、その後も長期間にわたって続くこととなる。しかし、ここでは、順徳天皇の子孫である岩蔵宮と四辻宮との間に所領をめぐる相論があったこと、そして、当時、二つに分かれていた天皇家の系統に、岩蔵宮と四辻宮が、それぞれ結びついて自己の権利を貫こうとしたこと、の二点のみに注目したい。

この時点では、順徳天皇の子孫には、自己の財産の保全が、さしせまった問題となっており、皇位を狙うどころか、時の皇統への接近こそが、重要であったのである。

源彦仁の子、源忠房

さて、源彦仁（もと彦仁王）に始まる順徳源氏には、平安時代に成立した清和源氏・村上源氏等の源氏の諸流とは異なり、氏爵《うじのしゃく》にかかわる「〜御後《みのち》」という呼称がなかった。

順徳源氏には、源氏となった後も、「宮《みや》」の呼称が保たれていたようである。源氏でありながら皇族に準ずる立場にあると、朝廷社会において認識されていたのであろう。

現に、順徳源氏には、源氏となった後に、皇族に復帰したという事例がある。すなわち、源彦仁の子、源忠房《ただふさ》（忠房親王。一三四七没）である。

源忠房は、外戚である摂関家《せっかんけ》の二条兼基《にじょうかねもと》（一二六八〜一三三四）の猶子《ゆうし》となり、正安《しょうあん》三年（一三〇一）十二月十五日に元服し、正五位下に直叙された。年代から見て、父彦仁王が元服した永仁二年（一二九四）以前の出生であろう。したがって、忠房は、誕生時には皇族であった。王と称したわけではないが、王と同等の身位にあったと言えるであろう。

四辻宮との所領争いの際、父彦仁王は持明院統に接近したが、子の源忠房は、逆に大覚寺統との間に密接な関係を結んでいた。

源忠房は、大覚寺統の後二条《ごにじょう》天皇（後宇多天皇の一男で後醍醐天皇の兄。在位一三〇一〜一三〇八）の治世期にあたる正安三年十二月に元服して叙任され、急激に官位を上昇させ、わずか五年後の徳治《とくじ》元年（一三〇六）十二月二十二日、参議を経ずに権中納言に任じられた。

しかし、後二条天皇が崩御し、持明院統の花園《はなぞの》天皇（在位一三〇八〜一三一八）の治世になると、源忠房は権中納言を辞め、位階の急上昇もなくなった。

ところが、花園天皇が譲位して、後醍醐天皇の治世になると、文保三年（一三一九）二月十八日、源忠房は、後宇多法皇の猶子として親王となり、同年、元応《げんのう》元年九月二十七日、弾正尹に任じられ、「岩《いわ》蔵弾正親王《くらだんじょうしんのう》」と称された。

もと皇族であった時期があるとは言いながら、源氏の子息である天皇曽孫が源氏から親王になったというのは、前代未聞の出来事である。

なお、忠房親王の皇族復帰は、二十一世紀初、突如、注目されることとなった。平成十八年（二〇〇六）九月六日に悠仁《ひさひと》親王が誕生するまで、皇室では長らく皇族男子の誕生がなく、女性宮家を創設するか、旧皇族とその男系子孫を皇族に〝復帰〟させるかが、政治の場のみならず、社会一般においても広く論じられた。その折に、一部の論者によって、源忠房（忠房親王）の事例が、皇族〝復帰〟の先例と成りうる、とされたのである。

この忠房親王には、男子二人、女子二人がいたことが知られる。男子源彦良は、参議、従二位となり、参議を辞した後、「岩蔵前宰相中将《いわくらさきのさいしょうちゅうじょう》」と称された（『師守記《もろもりき》』貞治二年閏正月廿一日条頭書）。出家した男子周護《しゅうご》は、母を殺害して所領を没収された（地主智彦「天龍寺・臨川寺・善入寺の所領について」）。二人の女子は、それぞれ常盤井宮《ときわいのみや》全仁親王、五辻宮富明《いつつじのみやとみあきら》王に嫁いだ（『後愚昧記《ごぐまいき》』延文六年三月十五日条、三千院所蔵『帝皇系図』）。また、十四世紀に歌作を残している「岩蔵姫君」は、忠房親王の娘である可能性が高い。

「中西宮」「中西親王」とも称された岩蔵弾正親王忠房は、史料上、王と称されているわけではないが、幼少時に王の身位にあったと考えられ、経歴の点でも非常に注目に値するため、ここに取り上げた次第である。

四辻宮尊雅王

善統親王の子、尊雅《たかまさ》王は、世界記憶遺産に登録された『東寺百合文書《とうじひゃくごうもんじょ》』において現れる「若宮」「四《よつ》辻若宮《つじのわかみや》」「布袋御所《ほていごしょ》」に比定される。

それによると、四辻若宮は、父善統親王が死去する前年の正和《しょうわ》五年（一三一六）八月に、父から四辻宮家の所領の一部である山城国上桂荘《かみかつらのしょう》と摂津国仲荘《なかのしょう》を譲渡された。

ところが、善統親王は、約三十年前の弘安十年（一二八七）十一月十八日に、上桂荘を含む四辻宮家領の一部を、猶子の宮僧正深恵《じんえ》に譲渡していた。そして、深恵は、元亨《げんこう》三年（一三二三）三月十五日、上桂荘を別人に譲渡した。そのため、四辻若宮は、同年十月一日、上桂荘を放棄した。

無位・無官に終わった尊雅王については、この程度の事実しか知られていない。しかし、尊雅王の諸子は、それぞれ事績を残している。

無極志玄（佛慈禅師）

尊雅王の男子、無極志玄《むきょくしげん》（佛慈禅師《ぶつじぜんじ》。一二八二～一三五九）は、夢窓疎石《むそうそせき》（一二七五～一三五一）の法嗣として天龍寺《てんりゅうじ》二世となった臨済宗の高僧である。

無極志玄は、弘安五年（一二八二）に生まれ、出家して東寺で密教を学んだ後に、禅僧として東福寺《とうふくじ》、円覚寺《えんがくじ》に住した。

世渡り上手の夢窓疎石が円覚寺の住持となった時、無極志玄は夢窓疎石を蔑んで会おうとしなかったが、人の勧めで会ってみると、ただちに心服して、夢窓疎石の高弟となったという。

建武元年（一三三四）十月、夢窓疎石は、南禅寺《なんぜんじ》に再住した際、円覚寺より無極志玄を招き、彼を南禅寺の首座《しゅそ》（禅寺の修行僧筆頭。住持の次席）に置いた。貞和《じょうわ》二年（一三四六）三月十八日に夢窓疎石が天龍寺を退くと、無極志玄は同月二十七日、天龍寺の二世住持となった。

無極志玄は、延文《えんぶん》四年（一三五九）二月十六日、隠居先の慈済院《じさいいん》にて七十八歳で死去した。

慈済院は、天龍寺境内の塔頭《たっちゅう》で、無極志玄が開基である。現在地へは江戸時代に移転した。

昭和十六年（一九四一）四月二十四日、慈済院の旧址とされる京都市右京区嵯峨《さが》柳《やなぎ》田町《だちょう》に、「志玄王」の墓が定められた。

智泉聖通

尊雅王の女子、智泉聖通《ちせんしょうつう》（または智仙聖通。一三〇九～一三八八）は、在俗時、石清水八幡宮《いわしみずはちまんぐう》の別当《べっとう》、善法寺通清《ぜんぽうじつうせい》との間に、紀良子《きのよしこ》（北向禅尼。足利義満の生母。一三三六～一四一三）を儲けた。つまり、智泉聖通は、足利義満（一三五八～一四〇八）の外祖母にあたる。

ところで、足利義満が天皇の位を簒奪しようとしたとする有名な説がある。その根拠の一つとして挙げられるのが、智泉聖通の外孫である義満が順徳天皇の子孫であるということである。しかし、この説を支持する専門研究者は、きわめて少ない。

出家した智泉聖通は、京都の三条東洞院《さんじょうひがしのとういん》に通玄寺《つうげんじ》を開いた。

通玄寺の寺地には、かつて、以仁王邸があった。その後、足利直義《ただよし》邸となったが、さらに寺となり、智泉聖通が入寺した。

智泉聖通は、その後、曇華院《どんげいん》を創建して、そこに隠居し、嘉慶《かきょう》二年（一三八八）、八十歳で死去した。

通玄寺は、京都尼寺五山の筆頭に列され、高い寺格を誇った。しかし、応仁の乱で焼亡し、曇華院が通玄寺の名跡を継承した。

曇華院は、「竹御所《たけのごしょ》」と称され、江戸時代、代々、皇女が住持をつとめ、いわゆる「尼門跡《にもんぜき》」の一つとして尊崇された。幕末の元治《げんじ》の兵乱（蛤御門《はまぐりごもん》の変）で焼失し、明治初、嵯峨北堀町《さがきたぼりちょう》にあった空寺を修繕して移転し、現在に至っている。

四辻左大臣源善成

源善成《よしなり》（四辻《よつつじ》善成。一三二六～一四〇二）は、「四辻宮」の第三代で、もと善成王。無極志玄より四十四歳年少の弟であり、尊雅王が高齢で儲けた子である（ただし、実の父は尊雅王ではないとする説もある）。

およそ『源氏物語《げんじものがたり》』の研究者であれば、誰一人として四辻善成の名を知らない人はいないはずである。彼は、『源氏物語』の注釈書『河海抄《かかいしょう》』の著者として、日本古典文献学の歴史に、燦然たる不朽の名をとどめている。

善成王は、摂関家の二条良基《にじょうよしもと》（一三二〇～一三八八）の猶子となり、康永《こうえい》二年（一三四三）三月六日、無位から従四位下に叙され、左少将に任じられた。

蔭位の制では、従四位下に直叙されるのは、二世王である。善成王は三世王であるので、本来ならば従五位下に直叙されるべきである。また、王として近衛少将に任じられたのも、きわめて異例である。

彼は、平安時代の天皇から分岐して王氏爵にあずかった王氏とは異なり、正真正銘の皇族として待遇されたため、特別の叙位・任官を受けたのであろう。

善成王は、「四辻宮少将《よつつじのみやしょうしょう》」と称され、王の左少将として十三年の歳月を過ごした。彼は、文和《ぶんな》五年（一三五六）正月六日、従三位に叙され、その日に賜姓されて源氏となった。その後も、彼は皇族なみに「四辻宮」と称された。

四辻善成は、官位を上昇させ、ついには従一位・左大臣という高位・高官にまで昇った。これは、彼が足利義満の母方の大叔父であったためでもあったろう。

左大臣に任じられた後、善成は、さらに親王となることを望んだ。しかし、この希望は叶えられず、応永《おうえい》二年（一三九五）八月、左大臣を在任一ヵ月余りで辞退して出家し、嵯峨に移り住んだ。

彼の子息で禅僧となった松蔭常宗《しょういんじょうそう》は、嵯峨の善成邸に逢春軒《ほうしゅんけん》、のちの松巌寺《しょうげんじ》（松岩寺）を開いた。松巌寺は、明治時代に天龍寺の境内に移転し、天龍寺の塔頭として現在に至っている。

岩蔵宮と四辻宮における王

順徳天皇の子孫である岩蔵宮と四辻宮は、いずれも身位を皇族（親王および王）と源氏の間を往来するような形で、室町前期まで存続した。

岩蔵宮彦仁王は、王としては無位・無官であったが、源氏となった後は、三位中将の官位に昇った。四辻宮尊雅王は、終身、王の身位にあったが、無位・無官のまま生涯を閉じている。

四辻宮善成王は、十三年にわたり、王の少将であった。これは、中世皇族史上、特筆すべき例外的な事例である。しかし、彼も結局、源氏となり、王の身位を離れた。

このように、世襲皇族たる宮家の萌芽的・先駆的存在とも言い得る岩蔵宮と四辻宮において、王の身位は影が薄かったと言えよう。

しかし、平安時代の天皇から分岐した王氏や、高倉天皇・後鳥羽天皇から分岐した傍流の「宮」たちが、貴種性をほぼ失っていたのとは異なり、彼ら、岩蔵宮と四辻宮の王は、皇族または皇族に準ずる、親王と臣下との中間的な存在として、天皇家の周縁に位置づけられ、公家社会において認知されていたのであった。

5　鎌倉将軍宮の一族

宮家の王

鎌倉時代後期～南北朝期に天皇家から分岐した皇族の一部は、荘園・殿邸の伝領により、南北朝期までに、いわゆる宮家を形成した。

しかし、宮家の当主やその子弟は、代々、親王宣下をこうむって親王となる場合が多く、終身、王の身位のままであったという事例は、必ずしも多くない。

天皇や上皇の擬制的な子となって親王宣下をこうむった孫王

そもそも皇孫以下の皇胤が親王宣下をこうむって親王となるという現象は、平安後期から現われ始め、南北朝期から一般化するようになった。

孫王が親王となった事例としては、平安摂関期の三条天皇の子、敦明親王《あつあきら》（もと皇太子。小一条院《こいちじょういん》）の子女が、擬制的に祖父、三条天皇の子として親王・内親王宣下を受けた、という事例がある。これは、敦明親王が太上天皇（上皇）に准ずる特殊の身位にあったことによる特別措置であり、三条天皇の他の親王の子には、適用されていない。

また、高倉天皇の次男、守貞親王の子女が、親王・内親王宣下をこうむっている。これは、守貞親王の男子、茂仁《ゆたひと》王が天皇（後堀河天皇）となり、守貞親王が太上天皇と尊称された（後高倉院）ため、太上天皇の子女として親王・内親王となることができたものである。

天皇・上皇の擬制的な子とならずに孫王が親王となる

ところが、文永十一年（一二七四）三月二日、後鳥羽天皇の皇孫である僧が、天皇または太上天皇の養子にならずに親王宣下を受け、法親王となった。すなわち、梶井門跡《かじいもんぜき》で天台座主の前大僧正澄覚《ちようがく》（一二八九没）である。

澄覚法親王は、承久の乱に連座して但馬国に遷された雅成親王の男子である。出家して僧となっているので、厳密には孫王とは言うことができないが、同時代史料に、「孫王の立親王宣下の事は、かつて

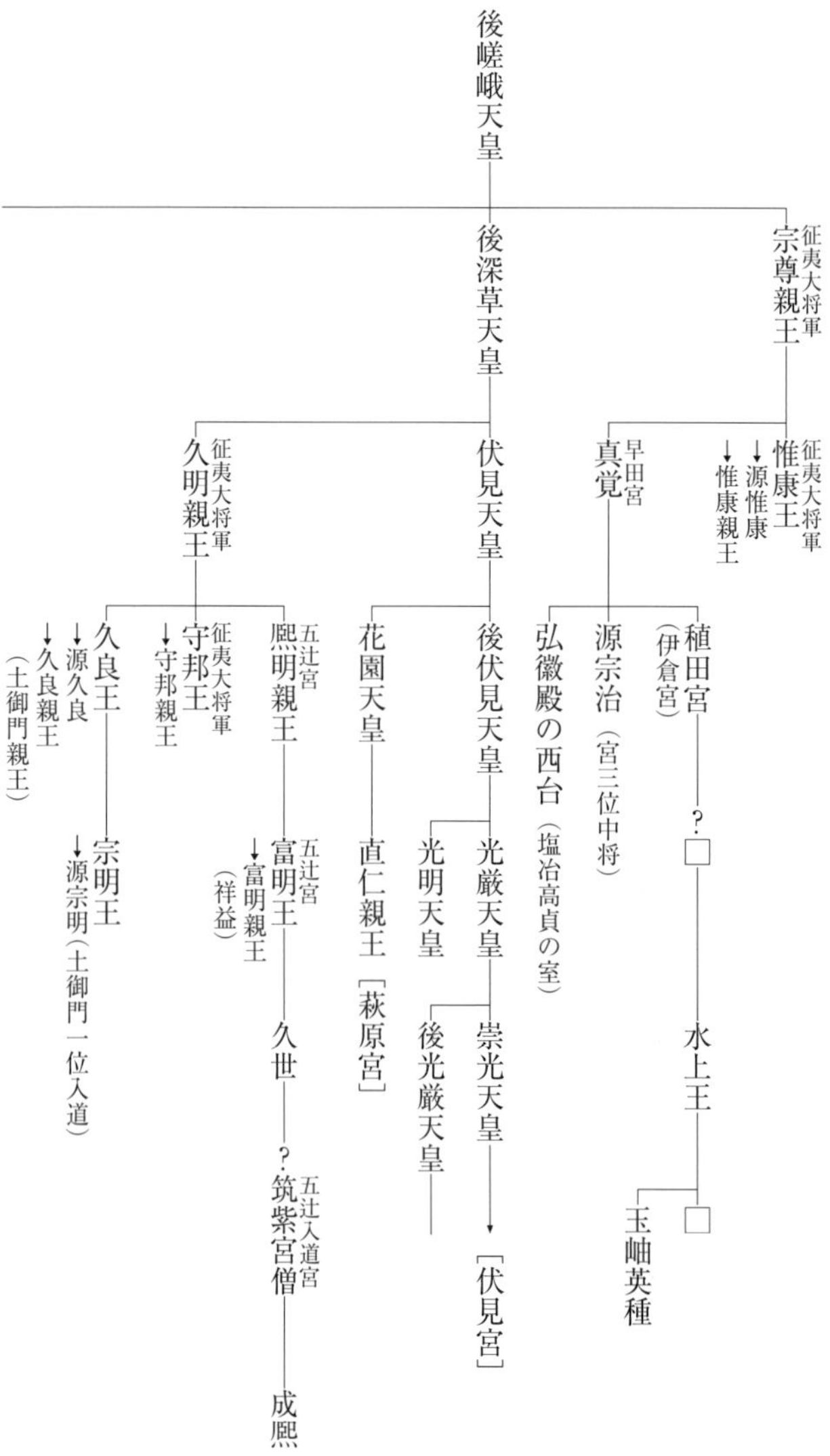

図25　後嵯峨天皇後裔略系図

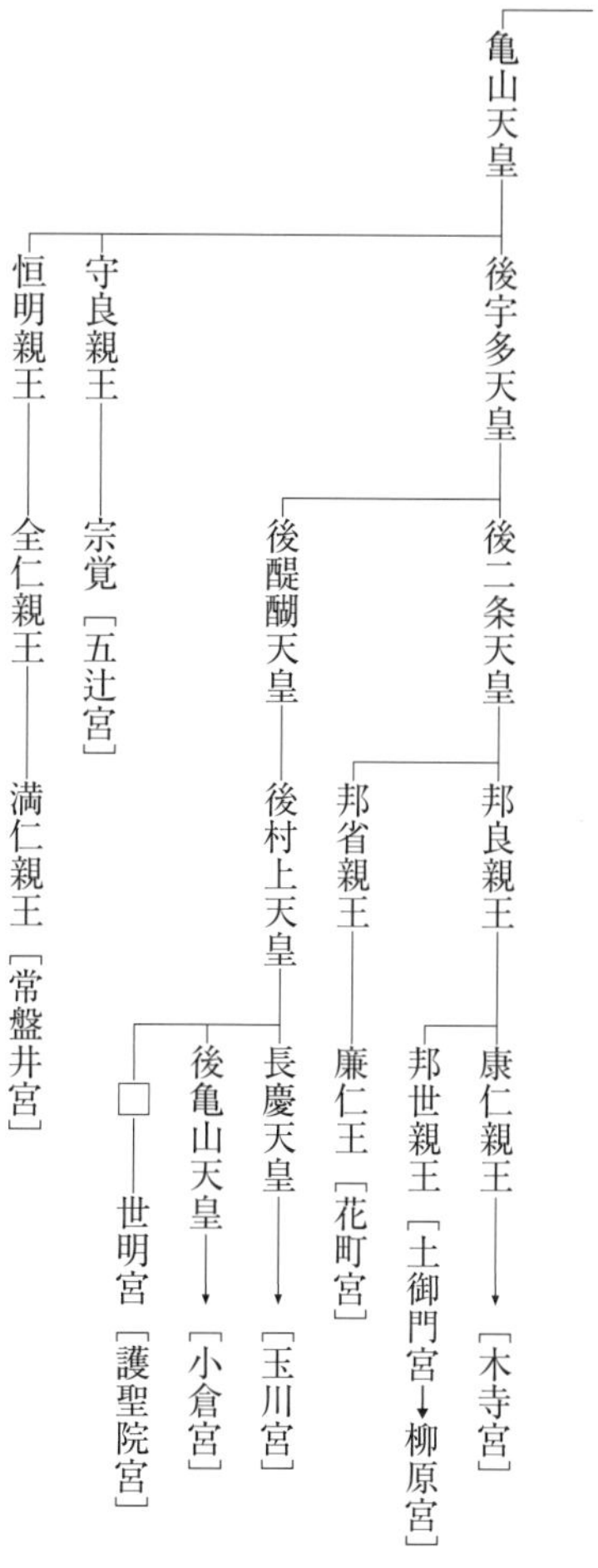

例なし」（『勘仲記《かんちゆうき》』文永十一年三月二日条）とあるように、澄覚は「孫王」と認識されていた。「孫王」に対する親王宣下は、その後も続いた。

王から源氏、さらに親王となった鎌倉将軍、惟康王

皇族出身の四人の鎌倉の「宮将軍《みやしようぐん》」のうち、惟康《これやす》親王（一二六四〜一三二六）と守邦《もりくに》親王（一三〇一〜一三三三）は、皇子でなく皇孫であり、征夷大将軍となった時点での身位は王であった。

惟康は、鎌倉幕府の最初の皇族征夷大将軍である宗尊《むねたか》親王の子で、後嵯峨天皇の孫王である。文永三

年（一二六六）七月二十四日、二世孫王として従四位下に直叙され、征夷大将軍となった。時に三歳。惟康が王であったのは四年あまりであり、文永七年十二月二十日、源氏を賜姓された。

その後、惟康は官位を上げ、弘安十年（一二八七）六月五日、源頼朝と同じ右大将《うだいしょう》・中納言に任じられたが、同年十月四日、親王宣下をこうむった。

惟康も、澄覚法親王と同様、天皇または太上天皇の養子にならずに親王となった。惟康の場合は、孫王でなく二世源氏の親王宣下であるが、賜姓前は孫王の身位にあったので、孫王の親王宣下に准ずると位置づけられよう。

最後の鎌倉将軍、親王となった守邦王

最後の鎌倉将軍となった守邦王は後深草天皇の孫王であり、惟康親王の次に征夷大将軍となった久明《ひさあきら》親王の子である。

徳治三年（一三〇八）八月、八歳で征夷大将軍となり（叙位の年月日は未詳）、同年九月十九日、やはり天皇または太上天皇の養子となることなく、親王宣下をこうむった。守邦が将軍の王であったのは、一ヵ月という短期間にすぎない。

宗尊親王の子、早田宮真覚

惟康と守邦には、王となった男子はいない。しかし、彼らの兄弟とその子孫には王がいた。

鎌倉将軍宗尊親王の子で、惟康親王の弟にあたる真覚《しんがく》（一二七〇年生）は、出家して園城寺《おんじようじ》円満院《えんまんいん》に入室し、権僧正《ごんのそうじよう》に任じられた。しかし、その後、遁世して円満院から退き、還俗した。

真覚は、「早田宮僧正」「宮僧正」「早田宮」と称された。この「早田」は、真覚の子「稙田宮」の「稙田」と同じで、「わさた」または「わさだ」と読む。「稙田」は、円満院領豊後《ぶんご》国稙田荘《わさだのしよう》（大分県大分市）の地名にもとづくと考えられている。真覚と彼の子は、「早田宮（稙田宮）」の号を世襲的に称していた。早田宮真覚は、親王となっていないので、還俗後の身位は王となる。しかし、遁世後、俗名を持って王号を帯びていたか否か、未詳である。

真覚は、おそらく還俗の後に、少なくとも三人の子女をもうけている。

塩冶高貞の妻

真覚の子女のなかには、ある意味で有名な人がいる。すなわち、建武・南北朝期の武将、塩冶高貞《えんやたかさだ》の妻で、高師直《こうのもろなお》に懸想され、暦応《りやくおう》四年（一三四一）三月に非業の最期を遂げた女房、「弘徽殿《こきでん》の西台」である。

彼女の悲劇については、『太平記』巻二十一「塩冶判官讒死事」に詳しい記載がある。そこには、高師直が彼女に送る艶書（ラブレター）を兼好法師《けんこうほうし》に代作させて送り届けたが顧みられなかったという話や、湯屋に隠れた師直が彼女の湯上りの裸体を間近に覗き見て悶絶、錯乱状態に陥るという猥褻の一段などがあり、どこまでが史実であるか、わからない。

しかし、彼女の兄弟、源宗治《むねはる》（宮三位中将）と穂田宮《わさだのみや》は、いずれも九州で南朝方として活動している。よって、塩冶高貞が討滅された原因の一つとして、妻を介して南朝方に通じたと高師直に疑われた可能性がある、とも考えられている。

宮三位中将源宗治

早田宮真覚の男子、源宗治（一三一九年生）は、後醍醐天皇の猶子である。彼が、最初から源氏であったのか、それとも、王から源氏になったのか、史料には明記されていない。源宗治は、従三位・左中将に叙任されて「宮三位中将《みやさんみちゆうじよう》」と称され、九州で南朝方として軍事活動をおこない、康永《こうえい》四年（一三四五）二月、九州で死去した。

穂田宮

源宗治の兄弟と考えられている穂田宮も、九州で南朝方として活動した。実名は知られていない。穂田宮は、兄弟の源宗治と同様、南朝の天皇の猶子となっていた可能性がある。しかし、彼が王と親王のいずれであったかは未詳である。

九州には「伊倉宮《いくらのみや》」という南朝方の皇族がいた。彼を穂田宮に比定する説があり、正しいと思われる。この「伊倉宮」とは、肥後《ひご》国玉名《たまな》郡伊倉《いくら》（現、熊本県玉名市）にちなんだ呼称と考えられている。

この「伊倉宮」は、建徳《けんとく》二年／応安《おうあん》四年（一三七一）八月から翌年正月三日までの半年にわたり、北朝方の田原氏能《たはらうじよし》が守る豊後国大分《おおいた》郡高崎《たかさき》城（ニホンザルで有名な高崎山《たかさきやま》にあった）を、菊池武光《きくちたけみつ》（一三七三没）と共に攻撃した。しかし、高崎城攻略は果たせず、菊池武光らは大宰府に引き上げた。

半年後の文中《ぶんちゅう》元年／応安五年（一三七二）八月十二日、大宰府は北朝方の今川貞世《いまがわさだよ》（了俊《りょうしゅん》。生没年一説一三二六～一四二〇）に占領され、征西将軍懐良《かねよし》親王（一三八三没）、菊池武光らは、大宰府から退却した。おそらく伊倉宮（植田宮）も、拠点としていた肥後国玉名郡へと引き揚げたのであろう。

植田宮は、天授《てんじゅ》三年／永和《えいわ》三年（一三七七）八月十二日、菊池一族と共に肥後国玉名郡臼間野《うすまの》白木原《しらきばる》（現、熊本県玉名郡南関町《なんかんまち》）で、今川貞世（了俊）・大内義弘《おおうちよしひろ》（一三五六～一三九九）らと戦ったが、敗北して自殺した。

年代から見て、植田宮は、敗死時にはすでに壮年以上に達していたと考えられる。

植田宮には、王号を称した子孫がいた可能性が高い。「水上王」である。

水上王

「水上王」とは、当時における皇族の人名としては、たいへんに奇妙である。したがって、「水上」は、誤写によるものか、または、実名ではなく宮号である可能性もあると思われる。

さて、水上王は、禅僧、玉岫英種《ぎょくしゅうえいしゅ》（一三七五～一四四六）の父としてのみ、知られる人である。玉岫英種は後嵯峨天皇の六世の孫であるというので、水上王は後嵯峨天皇の五世孫にあたる。

後嵯峨天皇から水上王に至るまでの皇族四代については、まったく系譜がわからない。ただし、後嵯峨天皇から分岐して、室町中期頃まで子孫が続いた可能性がある傍系皇族は、早田宮（植田宮）の系統である。よって、水上王は、肥後で敗死した植田宮の孫と推定される。

早田宮（植田宮）は、京都から遠く離れた九州に本拠地を置き、また、南朝方に与していた。そのため、早田宮（植田宮）の子孫は、京都の朝廷からは、ほとんど認知されていなかったのであろう。

玉岫英種は水上王の次男というので、水上王には少なくとも二人の男子がいた。しかし、水上王の長男については、何も知られていない。

玉岫英種

水上王の次男玉岫英種は、南禅寺百四十世、天龍寺第九十三世となった禅僧で、夢窓疎石の高弟徳叟《とくそう》周佐《しゅうさ》（一三二四〜一四〇〇）の法嗣である。諡号《しごう》は「円極真修禅師《えんきょくしんしゅうぜんじ》」。

玉岫英種は、永享《えいきょう》八年（一四三六）十二月、天龍寺の住持となり、翌永享九年七月、南禅寺の住持となった。その後、嵯峨に弘源寺《こうげんじ》を創建してそこに退隠し、文安《ぶんなん》三年（一四四六）六月二十五日に、死去した。

彼が開山となった弘源寺は、細川持之《ほそかわもちゆき》（一四〇〇〜一四四二）によって建立された。創建時は、小倉《おぐら》山の麓、現在、常寂光寺《じょうじゃっこうじ》と落柿舎《らくししゃ》がある場所に位置していた。弘源寺の境外墓地は、今もそこにある。すなわち小倉山墓地で、玉岫英種の供養塔のほか、松尾芭蕉《まつおばしょう》の高弟、向井去来《むかいきょらい》（一六五一〜一七〇四）の墓もある。弘源寺は、明治時代、天龍寺内に移転し、天龍寺の塔頭として現在に至っている。

なお、弘源寺には、江戸時代の寛文《かんぶん》六年（一六六六）に制作された玉岫英種の木像（吉野右京《よしのうきょう》藤原種《たね》久作《ひさ》）がある。

ちなみに、この弘源寺は、既述の無極志玄《むぎょくしげん》が開基の慈済院《じさいいん》、四辻善成《よつつじよしなり》ゆかりの松巌寺《しょうげんじ》と、東西に一列に並んで位置している。これら、天龍寺の三塔頭が、いずれも傍流皇族出身の禅僧によって開かれているのは、単なる偶然であろうか。

宗尊親王の後裔の王

鎌倉将軍宗尊親王の子孫のうち、史料中に王号を帯びて記載されているのは、宗尊親王の将軍職を継いだ惟康王と、禅僧玉岫英種の父水上王の二人だけである。

惟康が王であったのは、幼少の一時期にすぎなかった。

水上王は、当時にしては奇妙な名であり、実名であるか否かも判然としない。しかし、彼の身位が王であったことは認めることができるであろう。

守邦親王の弟、久良王

最後の鎌倉将軍、守邦親王には、俗体親王となった二人の兄弟があった。兄の熙明《ひろあきら》親王（一三四八没）と、弟の久良《ひさよし》親王である。

久良親王は、王と称していた経歴のあることが史料上に明記されているので、兄弟順は逆になるが、先に言及する。

久良親王は、一三一〇年生まれ。王として嘉暦《かりやく》三年（一三二八）六月（または二月）十三日に元服し、同日、源氏を賜姓され、従三位に叙され、右中将に任じられた。

天皇の孫にあたる源氏（二世源氏）が無位から従三位に直叙されるというのは、前例がない。同年十月十四日に父久明親王が死去していることから、おそらく、病床に臥している久明親王に対する配慮として、特別の叙位にあずかることができたものであろう。また、征夷大将軍守邦親王の弟として優遇された、という側面もあったろう。

久良は、翌々年の元徳《げんとく》二年（一三三〇）二月十一日、花園上皇の猶子として親王となり、「土御門親王」、出家後は「土御門入道親王《つちみかどにゅうどうしんのう》」と称された。

久良親王の子宗明王

久良親王の子宗明《むねあきら》王（一三三〇年生）は、おそらく花園天皇の二世孫王として、建武五年（一三三八）八月十一日、無位から従四位下に直叙され、源氏を賜姓された。

なお、宗明の実父を関白二条道平《かんぱくにじょうみちひら》（一二八八～一三三五）とする系図記載があるが、同時代史料からは確認できない。道平の猶子となったことが誤伝されたのであろうか。

その後、源宗明は、従一位・権大納言に昇り、「宮大納言《みやだいなごん》」、出家後は「土御門入道一位《つちみかどにゅうどういちい》」と称された。

宗明は、源氏となった後も「宮」と称されていることから、久良親王・源宗明父子の家を「土御門《つちみかどの》宮家《みやけ》」と称することに問題はないであろう。

この土御門宮家は、身位が王・親王・源氏を往来したという点で、順徳天皇の子孫である岩蔵宮家、四辻宮家と同列の存在として、位置づけることができるであろう。

なお、大覚寺統に、もう一つの土御門宮家が存在する（後述）ことが、最近、明らかとなった。しかし、ふたつの土御門宮家の間に直接の関係があったという明証はない。

五辻宮

征夷大将軍守邦親王と土御門宮久良親王の兄にあたる熈明親王は、持明院統の五辻宮家《いつつじのみやけ》の祖である。

五辻宮家は、土御門宮家と同様、大覚寺統にもあり、二つの五辻宮家が並び立っていた。両者の間には、殿邸・所領をめぐって、相論があった。

熈明親王を祖とする五辻宮家は、久良親王の土御門宮家とは異なり、源氏を賜姓されることなく、代々、終身皇族として遇された。持明院統では最初の宮家ということになる。

熈明親王の子富明《とみあきら》王は親王となったと考えられるが、以降の歴代五辻宮は王の身位のままで終わったようである。

この系統の五辻宮は、九州の筑紫国に下向し、永享七年（一四三五）八月を最後に、歴史記録上から姿を消した。

6　大覚寺統の宮家の王たち

大覚寺統の宮家

次に、大覚寺統に属する各宮家の王について、基礎事実を確認したい。

亀山天皇に始まる大覚寺統の宮家には、亀山《かめやま》天皇（在位一二五九～一二七四）から分岐した五辻宮・常盤井宮、後宇多天皇の子後二条天皇から分岐した木寺宮《きでらのみや》・花町宮《はなまちのみや》・柳原宮《やなぎわらのみや》（もと土御門宮）、そして、南朝の天皇から分岐した玉川宮《たまがわのみや》・小倉宮《おぐらのみや》・護聖院宮《ごしょういんのみや》などがある。

大覚寺統の五辻宮家

五辻宮家は、前述のように、持明院統のほか、大覚寺統の系統にもあった。大覚寺統の五辻宮家は、亀山天皇の皇子、守良《もりよし》親王に始まる。守良親王は「五辻屋地」を殿邸としたので、「五辻宮」の呼称が生まれた。

守良親王の子の僧、宗覚《そうがく》も「五辻宮」と称されたが、在俗期に王号を称していたか否かは、判然としない。

なお、五辻宮宗覚は、前述のように、「五辻屋地」と所領を守良親王から譲与された熈明親王と相論した。

宗覚は、南朝方の皇族の一人として地方に下向したが、その子孫に王号を称した成員がいたか否かは確認されていない。

常盤井宮

常盤井宮家は、亀山天皇（法皇）が晩年にもうけた子、恒明《つねあきら》親王（一三〇三～一三五一）に始まる。この常盤井宮家は、最も古い宮家と見なされており、皇室制度上、注目されている。

常盤井宮家の歴代の大半は、天皇からの世代数が離れながらも、代々、親王となったが、第三代満仁《みつひと》王は、容易に親王となることができず、一部ではよく知られた話であるが、時の権力者、足利義満に愛妾を献じることによって、永徳《えいとく》元年（一三八一）、ようやく念願の親王宣下をこうむることができたという（『後愚昧記』永徳元年十二月二十四日条）。

また、満仁親王の子、直明王とその弟、恒邦《つねくに》王は、親王となることなく、王として生涯を終えた。常盤井宮家は、第六代恒直親王が天文《てんぶん》二十一年（一五五二）八月に死去し、断絶したと考えられているが、「常盤井宮雑掌」の活動が永禄《えいろく》年間（一五五八～一五七〇）まで確認されており、宮家を継いだ子孫のいたことがうかがわれる。しかし、その実名は知られていない。

木寺宮

木寺宮は、後二条天皇の長男、皇太子邦良《くによし》親王（一三〇〇～一三二六）の長男、廃太子康仁《やすひと》親王（一三二〇～一三五五）の系統である。

木寺宮家の歴代中、親王となることができた割合は常盤井宮家よりも低く、康仁親王の子邦恒《くにつね》王、その子世平《よひら》王は、親王となることができなかった。しかし、世平王の子邦康《くにやす》王（一四一六生）は親王宣下をこうむることができた。

邦康親王の子孫は、三河国さらに遠江国に移り住み、遠江国浜松荘《はままつのしょう》内の敷智《ふち》郡入野《いりの》（現、静岡県浜松市西区入野町《いりのちょう》）において天正《てんしょう》年間（一五七三～一五九二）まで存続したことが知られるが、彼らの実名は、同時代文献からは確認することができない。

ただし、世代的に邦康親王の曽孫と推定される木寺宮は、後奈良《ごなら》天皇（在位一五二六～一五五七）の猶子となり、親王宣下を受けたと推定される。すなわち、江戸幕府の高家旗本となった大澤基宥《おおさわもとすみ》（基宿《もといえ》とするのは誤りであろう）（一五六七～一六四二）の外祖父、法名「龍雲院《りょううんいん》」である。その子孫は武家となり、皇族の身位を失ったと考えられる。

花　町　宮

常盤井宮家と木寺宮家は、いずれも皇位継承の敗者を始祖としているという点で、共通している。

後二条天皇の第二皇子で、皇太子邦良親王の弟にあたる邦省《くにみ》親王（一三〇二～一三七五）も、同様に皇位継承の敗者と位置づけられる。

邦省親王は「花町殿《はなまちどの》」と呼ばれた。すなわち「花町宮」である。

邦省親王には、廉仁王という王子がいたが、おそらく父に先立って早世した。よって、花町宮家は、邦省親王と廉仁王の二代で断絶した、と考えられる。

柳原宮（もと土御門宮）

後醍醐天皇の兄後二条天皇の子孫の宮家は、木寺宮家、花町宮家のほかに、もう一つあった。柳原宮

図26　常磐井宮家略系図

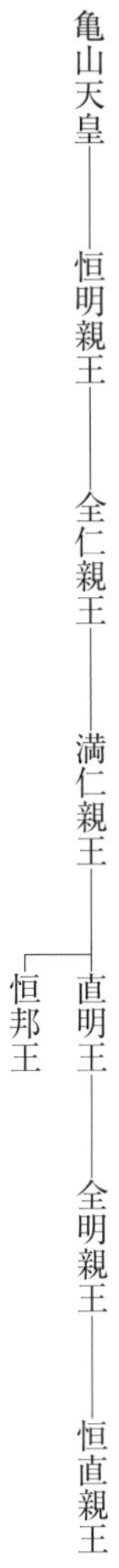

図27　木寺宮家・花町宮家・柳原宮家略系図

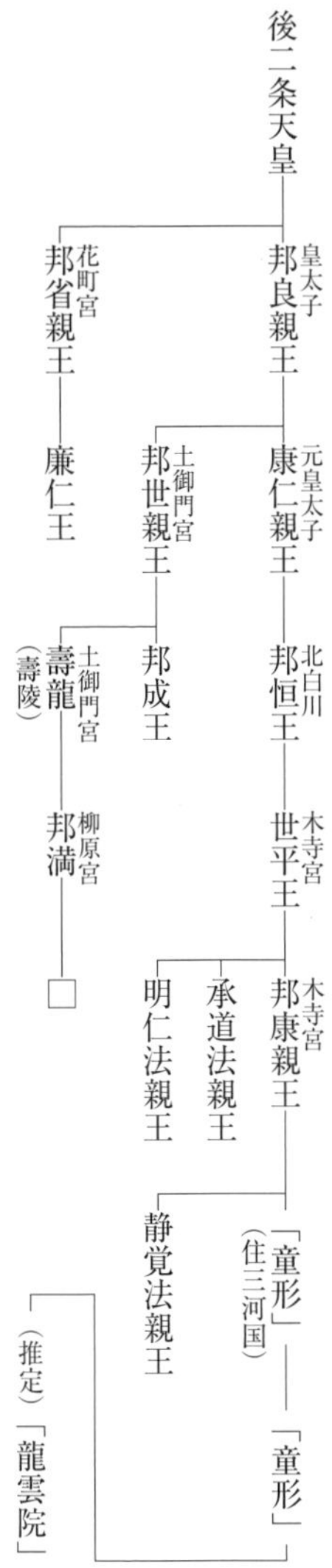

家である。

柳原宮の成員・系譜は、長らく未詳のままであった。

その実体が明らかになったのは、平成二十六年（二〇一四）のことである。すなわち、後二条天皇の皇子、皇太子邦良親王（花町宮邦省親王の兄）の二男、邦世《くによ》親王（一三二一〜一三六五）の系統である。宮内庁書陵部所蔵の吹上本《ふきあげぼん》『帝王系図』によると、邦世親王は「土御門宮」と号した。前述のように、持明院統にも土御門宮家が存在した。しかし、両者は無関係のようである。

邦世親王の子邦成《くになり》王には子がなく、弟の壽龍《じゆりよう》（壽陵）が土御門宮家を継承したが、元服前に遁世して禅僧となり、その跡を子の邦満《くにみつ》が継ぎ、柳原宮と改称した、と推定される。史料上、この邦満には王号が付けられていないが、身位は王であったと考えるべきであろう。

柳原宮家は、嘉吉二年（一四四二）四月以前に邦満（または、その子）が死去し、継承者となるべき子がいたようであるが、後花園天皇の命令で所領を失い、断絶した。

南朝の親王は、北朝では王

大覚寺統のうち、常盤井宮、木寺宮、花町宮、柳原宮（もと土御門宮）の各宮家は、北朝の宮廷に出仕した。

後醍醐天皇の系統の皇族は、いうまでもなく南朝に属したが、北朝は、後村上《ごむらかみ》天皇（在位一三三九〜一三六八）、長慶《ちようけい》天皇（在位一三六八〜一三八三）、後亀山《ごかめやま》天皇（在位一三八三〜一三九二）の南朝三代を天皇と認めなかった。そのため、彼らの子孫は、南朝では親王であっても、いわゆる「南北朝合一」後の北朝系宮廷では、例外を除き、王として扱われた。

後醍醐天皇の二世孫王「熈成王」

『本朝皇胤紹運録』には、後醍醐天皇の孫として、「熈成王」という王が見える。言うまでもなく、南朝最後の天皇、後亀山天皇のことである。

北朝の系統を引く室町期の朝廷社会において作成された天皇・皇族系図では、熈成《ひろなり》（後亀山天皇）は、天皇どころか親王とも認められず、王とされている。

これは、北朝およびその系統を引く宮廷が、後亀山天皇の父、後村上天皇（義良《のりよし》）を天皇として認めていないためである。つまり、熈成（後亀山天皇）は、北朝およびその系統を引く宮廷では、後醍醐天皇の二世孫王と位置づけられていたのである。

なお、同じ「義良親王」の子であるが、兄の寛成（長慶天皇）は親王号で呼ばれている。兄弟間で親王と王と身位に差があることの理由は判然としない。

図28　楓山本『本朝皇胤紹運録』における後村上天皇とその諸子

義良親王（陸奥太守　於南方偽朝称君主号後村上天皇云々）
- 寛成親王（於南朝自立号長慶院）
- 熈成王（自吉野降　後蒙太上天皇尊号　号後亀山院）

太上天皇となった「二世孫王」

それはさておき、元中《げんちゅう》九年／明徳《めいとく》三年（一三九二）冬、後亀山天皇（熙成）は吉野から下山し、北朝の後小松天皇の宮廷に三種の神器を引き渡して退位した。

後小松天皇は、後亀山天皇に太上天皇（上皇）の尊号を贈った。ただし、譲位した先帝にでなく、即位していない皇族に特別に尊号を贈る、という形が取られた。

即位していない親王が上皇の尊号を贈られた事例はある。しかし、二世孫王が上皇となったという先例はない。

そのため、後亀山天皇に尊号を贈る後小松天皇の詔勅《しょうちょく》には、「準的の旧蹤《きゅうしょう》なしといえども、特に礼《らい》敬《きょう》の新制を垂れ、よろしく尊号をたてまつり、太上天皇となすべし」と書かれた。

上皇の礼遇を享受できたとはいえ、後亀山天皇には屈辱的な仕打ちであると言わざるを得まい。

そもそも、南朝の皇位、親王・諸臣の官位は、「南北朝合一」後の朝廷では、原則として認められなかった（ただし、北畠親房《きたばたけちかふさ》に南朝の「准后《じゅごう》」が認められている、というような例外はある）。よって、「南北朝合一」という言葉には、実態とは大きな乖離がある。南朝宮廷は、北朝宮廷と「合一」したのではない。ただ単に廃止されただけというのが実態に近い。

「王」に格下げされた南朝の親王

南朝の親王には、「南北朝合一」後、王に格下げされた事実が確認できる事例がある。惟成《これなり》親王（後村上天皇の第三皇子）の一男、成仁である。

後村上天皇の二世孫王であった成仁は、南朝において親王となった。その後、おそらく「南北朝合一」の後、越前国《えちぜん》（現、福井県）に住んでいたが、応永十六年（一四〇九）十一月、僧として醍醐寺の地蔵院《ぞういん》に入室した。これを伝える、東寺宝菩提院《とうじほうぼだいいん》所蔵『伝法灌頂雑記《でんぽうかんじょうざつき》』において、成仁は「孫王成仁」と記されている。

「孫王」ということは、後村上天皇の皇位が認められていたことになるが、この記録は、朝廷ではなく東寺のものである。

おそらく、成仁は、「南北朝合一」後の朝廷では、公式には後醍醐天皇の三世王として位置づけられ、「王」と称されたのであろう。しかし、当時の真言宗仏教界では後村上天皇の皇位は認められていたので、成仁は後村上天皇の二世孫王と認識されていたものと思われる。

南朝系の宮家

一次史料またはそれに準ずる古史料によって実在が確認され、二代以上にわたって相続されている南朝系の宮家は、次の三家が知られている。

玉河（玉川）宮　長慶天皇の子孫
小倉宮　後亀山天皇の子孫
護聖院宮　南朝最後の皇太子（泰成《やすなり》親王であろう）の子孫

られる。

これらの宮家の人々は、「南北朝合一」後の宮廷では、いずれも「王」と位置づけられていたと考えられる。

彼らのうち、一次史料から実名が判明するのは、小倉宮の恒敦《つねあつ》と、護聖院宮の世明《よあきら》のみである。史料上、彼らは「王」号でなく、「恒敦宮」「世明宮」と、実名に「宮」号が付けられている。

長慶天皇の男子、玉河宮（玉川宮）は実名未詳であるが、彼については、勅撰和歌集『新続古今和歌集《しんしょくこきんわかしゅう》』撰者となった飛鳥井雅世《あすかいまさよ》（一三九〇〜一四五二）が、和歌作者名の表記に関して、「玉川殿においては諸王なり。某王となすべきか」と、故実家として知られた中山定親《なかやまさだちか》（一四〇一〜一四五九）に質問している。これに対し定親は、「玉川宮は某王となすべきなり」と回答しており（中山定親の日記『薩戒記《さっかいき》』永享六年四月二日条）、公式には「王」と称されるべきであるとされた。

よって、小倉宮恒敦も、護聖院宮世明も、公式には「恒敦王」「世明王」と称されたと考えられる。

いわゆる「後南朝」

なお、玉河宮、小倉宮、護聖院宮は、将軍足利義教《よしのり》（一三九四〜一四四一）の施策によって、朝廷社会においては絶家となった。

しかし、彼らの子孫は、いわゆる「後南朝《ごなんちょう》」として、応仁の乱に至るまで、その後も日本史上に無視できない役割を果たした。

彼らのうち、史料批判に耐えうる史料から実名を知ることができるのは、長禄元年《ちょうろく》（一四五七）に奥吉野で赤松家《あかまつけ》の家臣に殺害された北山宮《きたやまのみや》（南方一宮《いちのみや》）と河野宮《こうののみや》（南方二宮《にのみや》）の兄弟のうち、弟の河野宮の「忠義《ただよし》」のみである。

彼は、江戸時代以降に作成された後世の文献には「忠義王」とあり、王号が付けられている。しかし、河野宮が王を称したことを示す、信頼に値する史料的根拠は、存在しない。

南朝に関する伝承・創作の世界における「王」たち

そもそも、江戸時代以降に作成された南朝関係文献では、後醍醐天皇の子孫とされる人々は、いわゆる「熊沢天皇」等に至るまで、史実・伝承・創作（捏造）が混然一体と化したような状態である。

彼らの多くは「王」号を称している。これらの「王」を創作した人々には、令制上の「王」と、抽象的な意味としての「王」との区別が、つけられなかったのであろう。

これら、おびただしい「王」の一群については、歴史学よりも、民俗学・社会学の観点から分析されるのが適切であろう。それによって、史実とは合致しない「王」たちについても、それを生んだ文化的・社会的な背景を明らかにすることができ、歴史を総合的に理解する上で有効であると思われる。

7　伏見宮と近現代の王たち

伏　見　宮

北朝の天皇から分岐した宮家は、伏見宮《ふしみのみや》のみである。

伏見宮家は、北朝の崇光《すこう》天皇（在位一三四八〜一三五一）の子孫であり、昭和二十二年（一九四七）十月に至るまで、二十五代（または二十六代）、五百年以上の長きにわたり、世襲皇族の宮家として存続した。

伏見宮家の歴代当主は、明治初頭まで、代々、天皇・上皇の養子として親王となった。王であった伏見宮家当主は、第二代治仁《はるひと》王と、明治以降の博恭《ひろやす》王・博明《ひろあき》王の三人だけである。

第三代貞成《さだふさ》王は、後に親王となり、さらに、天皇（後花園天皇）の実父として太上天皇の尊号を奉られた（後崇光院《ごすこういん》）が、王である期間が長かった。

図29　伏見宮家略系図

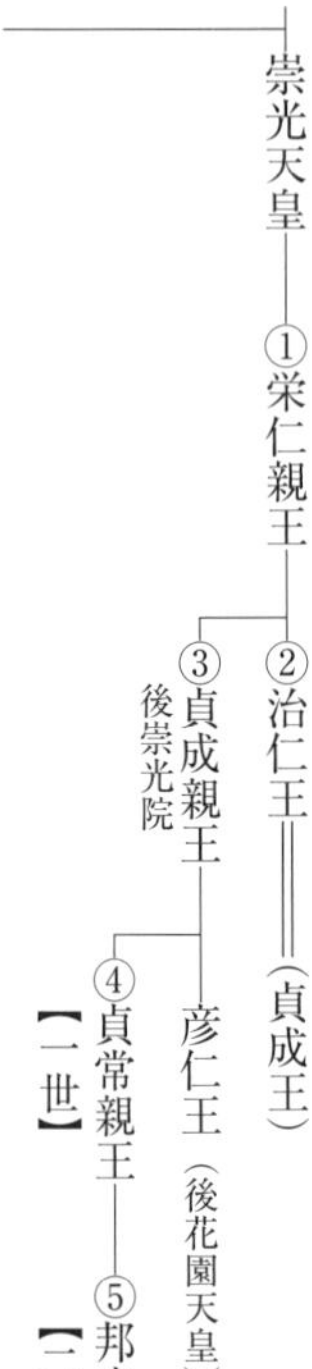

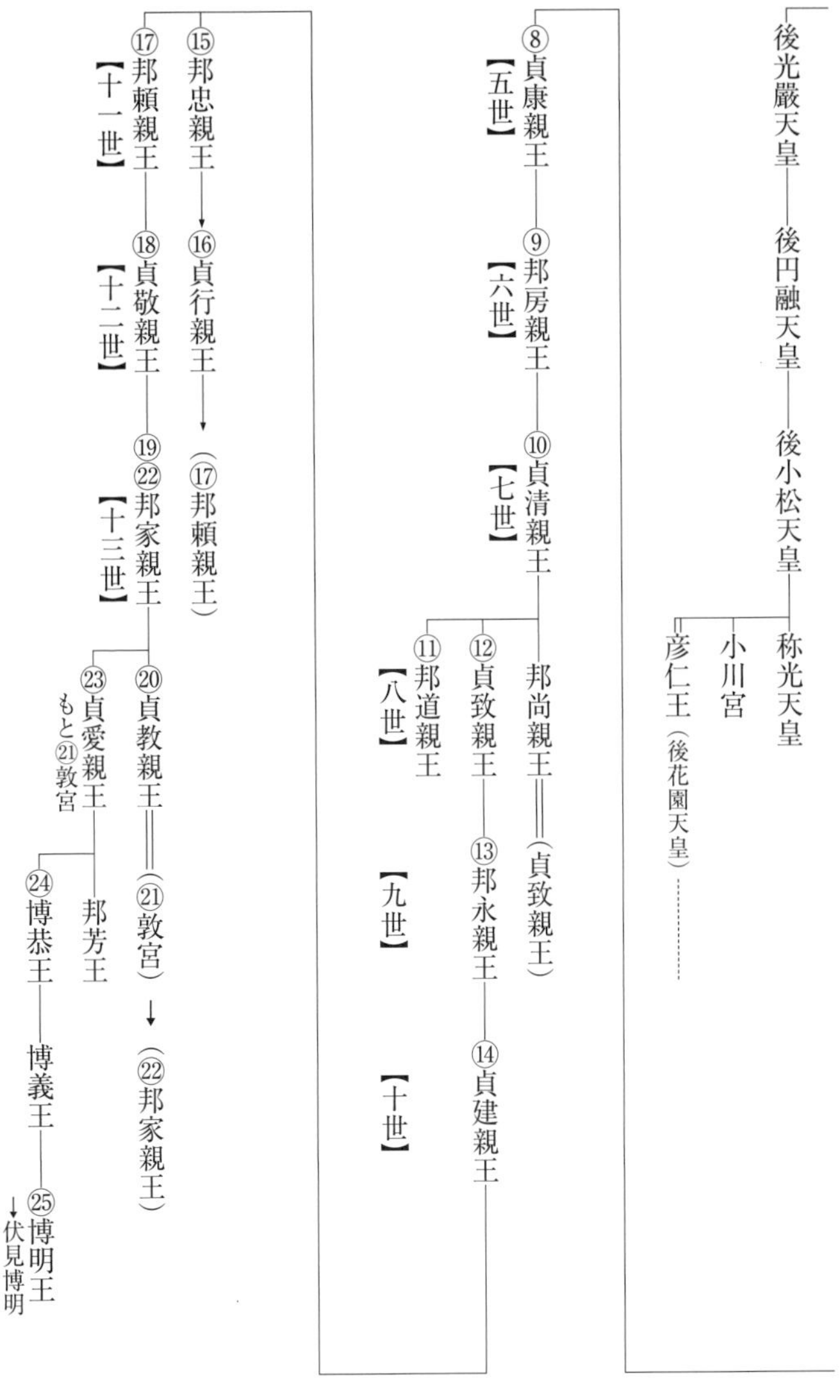
後光嚴天皇
後円融天皇
後小松天皇
称光天皇
小川宮
彦仁王（後花園天皇）
⑧貞康親王【五世】
⑨邦房親王【六世】
⑩貞清親王【七世】
邦尚親王＝（貞致親王）
⑫貞致親王
⑪邦道親王【八世】
⑬邦永親王【九世】
⑭貞建親王【十世】
⑮邦忠親王
⑯貞行親王
（⑰邦頼親王）
⑰邦頼親王【十一世】
⑱貞敬親王【十二世】
⑲㉒邦家親王【十三世】
⑳貞教親王＝（㉑敦宮）→（㉒邦家親王）
㉓貞愛親王
もと㉑敦宮
邦芳王
㉔博恭王
博義王
㉕博明王
→伏見博明

近現代の王たち

さて、幕末維新期から明治時代にかけて新たに立てられた、伏見宮系統の宮家では、新誕の男子は、例外的に親王となった者もいるが、基本的には王であった。

明治・大正・昭和時代の王は、有栖川宮家《ありすがわのみや》継嗣の栽仁《たねひと》王を除き、すべて、伏見宮の系統である。

敗戦後の昭和二十二年十月十四日、伏見宮系統の二六人の王が、皇族の身分を離れた。以来、現代日本は、一人の王もなきまま、平成時代を経て、新時代令和を迎えた。ただし、もと王であった旧皇族は、令和元年（二〇一九）九月の時点では、八名が御存命である。

総　括──日本史上における王の存在意義

1　王と天皇

親王に次いで天皇に近い存在であった王

本書では、天皇や権力者という抽象的な意味での「王」ではなく、日本の皇族の構成要素である王たちの歴史を通観することを試みた。

皇族の末流たる王の歴史を明らかにすることは、天皇制の全体像を知る上でも、必要不可欠の作業である。そこで、王に関する通史的・概論的な叙述をおこなったが、それに加え、有名・無名を問わず、各時代を象徴する事績を残したと思われる王たちの事績を紹介することに努めた。

本来、王とは、天皇の周囲を取り巻く周縁構造の中で、親王に次いで天皇に近い存在であるべきものである。現に、天皇から発された宣命体の詔勅《しょうちょく》の冒頭には、

詔《みことのり》して曰《いわ》く。天皇《すめら》が詔旨《おおみこと》らまと勅《の》りたまふ命《おおみこと》を、親王《みこたち》・諸王《おおきみたち》・諸臣《おみたち》・百官人《もものつかさのひとたち》等、天下公《あめのしたのおおみ》民《たから》、衆《もろもろ》聞《き》こし食《め》さえと宣《の》る。

図30　天皇を取り巻く親王・諸王・諸臣の同心円構造

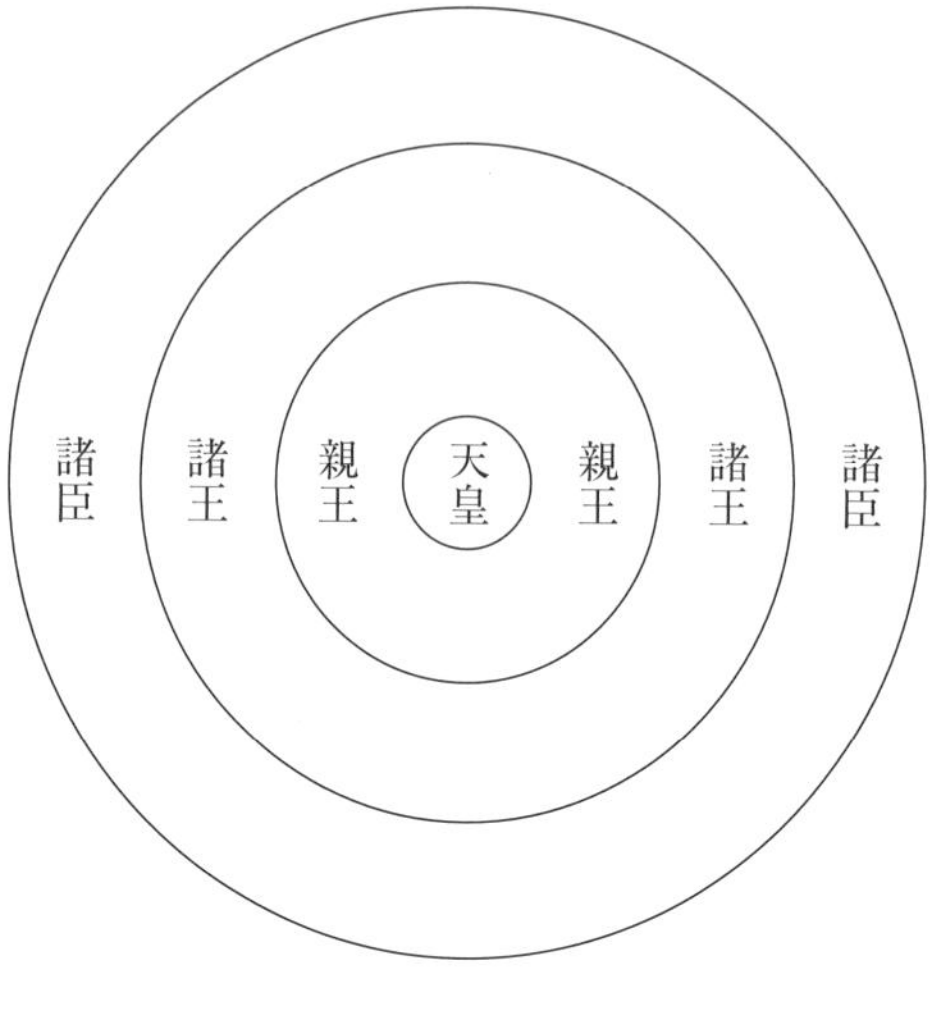

親王は、天皇の子・兄弟で、皇親。
諸王は、二世孫王・三世王・四世王で、皇親。
五世王は諸臣に列される。

という定型表現があり、近代に至るまで踏襲されている。ここに見える「親王・諸王・諸臣」という順序に従えば、天皇を中心に、親王、諸王、諸臣と関係が遠くなる同心円図を描くことが可能である。

ここから、諸王は、理念的には親王の次位、藤原氏等の「諸臣」より上位に位置づけられるべきものとされていた、と言うことができる。

皇位継承に関わった王たち

事実、次期の天皇となるべき皇位継承者は、原則として親王から選ばれるが、ふさわしい親王がいない場合、または、政治的な理由のもとで親王をさしおいて、王が選ばれることもあった。

律令《りつりょう》期以降、皇太子となった王は、

奈良時代の道祖《ふなど》王（廃太子）、大炊《おおい》王（淳仁《じゅんにん》天皇）、
　白壁《しらかべ》王（光仁《こうにん》天皇）
平安中期の慶頼《よしより》王（皇位継承以前に死去）

の四人である。うち二人は天皇となることができなかった。

また、律令期以降、王の身位から皇位を継承したのは、

平安末期の尊成王（後鳥羽《ごとば》天皇）
鎌倉時代の為仁《ためひと》王（土御門《つちみかど》天皇）、茂仁《ゆたひと》王（後堀河《ごほりかわ》天皇）、邦仁《くにひと》王（後嵯峨《ごさが》天皇）
室町時代の弥仁《いやひと》王（後光厳《ごこうごん》天皇）、幹仁《もとひと》王（後小松《ごこまつ》天皇）、彦仁《ひこひと》王（後花園《ごはなぞの》天皇）
江戸時代の師仁《もろひと》王あらため兼仁《ともひと》王（光格《こうかく》天皇）

の八人である。ただし、これらの事例では、高倉天皇の孫王《そんのう》茂仁王（後堀河天皇）を除き、すべて、皇子（または天皇・上皇の養子）が、親王となる手順を踏まずに皇位を継承したものであり、実態として王が皇位を継承したとは言い難く、現に、史料上、「王」とは称されていない事例がほとんどである。

日本皇室史上、王が天皇になるという事例は稀であった。

2　王の尊貴性の変遷と、近代天皇制における王の権威

歴史上、影が薄い王たち

そもそも、前近代の王たちは、藤原氏・平氏・源氏のごとき政治的に有力な族的集団を形成したことがなかった。律令時代初期のいわゆる「皇親《こうしん》政治」を担ったとされる皇親勢力の集団も、実在していたとは認め難い。

平安期の高望王《たかもち》のように、関東地方に下向《げこう》し、旧体制を突き破る武士たちの祖となった人物もいる。しかし、高望王の活動は、王としてでなく、臣籍降下《しんせきこうか》して平高望《たいらのたかもち》になってからのことと考えられる。やはり、歴史上における王の影は薄いと言わざるを得ない。

結局、長屋王《ながや》と以仁王《もちひと》を除く前近代の王は、歴史に大きな事績を残すことなく、歴史の流れを大きく動かすこともなく、日陰に埋もれ続けてきた存在である、と評価するのが妥当なところであろう。

ほとんど存在感を持っていなかった王たちが、歴史叙述の上で大きく取り上げられることがきわめて少ないのは、至極、当然のことであると言えよう。

王――「貴種」ならざる「貴種」

王たちは、先祖が天皇であるということで、制度的にも一定程度、優遇されていたにもかかわらず、少なくとも前近代における京都とその近辺では、王であること自体が、人物の価値として影響力を持っていたとは考え難い。客観的には「貴種」と位置づけられるべき身位にあっても、多くの人々には、そのようには意識されてこなかったようである。

前近代の王が、「貴種」ならざる「貴種」に甘んじることとなった理由の一つは、奈良期～平安中期における王の人数が非常に多かったことにあろう。必然的に、末端には皇族にふさわしからぬ王も現われ、皇族としての品位を落とした。

また、平安期における律令社会から王朝社会への変換に際し、諸王は、摂関家《せっかんけ》を中心とする藤原氏に圧倒され、叙任されるべき官位も、高からぬものに固定化し、また、経済的にも行き詰まり、没落の一途をたどった。

さらに、平安後期以降、王の員数の枯渇により、王が関わる儀礼を維持するため、天皇からの世数が離れていたにもかかわらず擬制的に「四世」王となる王たちが現れ、その結果、王号を世襲的に称する集団「王氏」が成立した。彼らは皇親とは認められておらず、それればかりか、神祇伯《じんぎはく》を世襲した白川家《しらかわけ》の王以外は、堂上公家《とうしょうくげ》未満、すなわち、貴族でさえなかった。

鎌倉〜室町中期には、皇族の王も現われたが、一部の例外を除き、きわめて影が薄かった。

さらに、江戸時代における白川神祇伯の王は、養子相続により、男系皇胤ですらなくなった。

従って、中世と近世の「王」には、もはや皇族としての尊貴性は、ほとんどなかったと言うことができよう。

近代天皇制のもとで、王の権威は急上昇

明治時代に入ると、このような状況は一変した。

まず、白川神祇伯家の資訓王《すけのり》は、明治二年（一八六九）六月一日、官制改革により神祇伯職を失い、王号も停止された。

次いで、翌明治三年九月十一日の伊勢例幣を最後に、作名《つくりな》において王号を称した使王代《しおうだい》も消滅した。

ここに、皇族にあらざる王は全廃され、日本史上、初めて王号は皇族のみの専有となった（令制下に

は、皇親でない五世王がいた）。

さらに、明治二十二年（一八八九）、明治の皇室典範の制定により、皇室制度は大きく変容した。天皇の権威を高めるために、天皇を取り巻く皇族の身位も、著しく上昇した。その結果、令制下では臣籍降下の対象とされていた、天皇からの男系血統の世数が遠く離れた王たちも、前例のない高い権威を帯びるに至った。

かくて、近代天皇制のもとにおける戦前の皇族は、たとい末葉《ばつよう》の王であっても、「宮様、宮様」とモテはやされ、貴種として抜群の存在感を示した。これは、新聞・雑誌等の情報伝達力の強さに負うところも大きかったであろう。

日本史上の各時代における王たちと比較して見れば、近代の王たちが例外的に優遇されていたという事実は、もはや明白であろう。彼らの社会的地位は、ウダツが上がらぬ前近代の王たちの大半とは対照的な、稀に見る高さであったのである。

しかも、皇室典範では、永世皇族制が採用された。令制下では、皇親すなわち皇族でいられるのは、天皇の玄孫である四世王までに限定されていたが、明治の皇室典範のもとでは、天皇の玄孫（四世）までが親王であり、五世孫以下の男系子孫は、皇族の王として、永遠に世数を重ねることが可能となった（実際には、内規によって世数は限定されるものとされたが）。

これも、王に対する、前例のない制度的優遇である。

近代における王の栄華は六十年足らずであったが……

大正～昭和初期は、陸海軍の将官となった王たちが出世して、活躍の場を与えられた時期でもあった。その事績については、すでに多くの文献に述べられているので、ここでは敢えて言及しないが、彼ら王たちの活動が、歴史上、反乱以外で脚光を浴びるに至ったのは、実に律令期以来とも見ることができよう。

しかし、敗戦後の昭和二十二年（一九四七）十月十四日、皇族の王は、全員、家族と共に、昭和の皇室典範の規定にもとづき、ことごとく皇籍を離れた。ここに、前代未聞と言えるほど社会的に恵まれていた近代の王たちは、「雲の上から落っこち」て（もと竹田宮恒徳王《たけだのみやつねよし》の竹田恆徳《たけだつねよし》氏の言葉）、その境遇は一変した。

日本国憲法の規定に従えば、彼ら旧皇族は、法制上、一般の日本国民と何ら変わるところがない。ただし、旧皇族は、天皇家の親族である。皇籍を離れた後も、彼らが宮内庁と特別な関係を保ち続けている事実は、宮内庁公文書館に所蔵されている旧皇族関係文書からも明らかである。従って、旧皇族のうち、存命者（もと王）や、その男系子孫が、現在に至るまで皇室とは特別な由緒を維持していること自体は、客観的に見ても明白な事実である。しかし、この問題について論じることは、本書の叙述対象からは逸脱してしまうので、差し控えておきたい。

なお、現行の、昭和の皇室典範でも永世皇族制は維持されている。つまり、制度的には、王に対する優遇に変化はない。しかし、肝心の王は、現時点では一人もいない。

皇族の周縁から「天皇制」を相対化

以上より、皇族の末端に位置する王が、社会的に最も優遇され、活躍していたのは、実は近代、大正から昭和初期にかけてである、という意外な事実が明確になったであろう。

律令期にも、長屋王のように政治的に活動した王が見られたが、その一方で、貧困にあえいでいた王たちも少なくなかった。

結局、律令期と近代を除けば、王は、あくまでも歴史の脇役か、それ未満の存在に過ぎなかった。また、彼らは天皇の一族でありながら、天皇の尊貴性とは無縁の人々が大部分を占めていた。天皇を取り巻く皇族に対して、多くの人々が漠然と抱いている、高貴な人々であったという印象は、本書を通じて歴史上の王の実態を知ることにより、かなり異なるものとなったことであろう。

もっとも、王の概念は時代によって異なるので、古代から近代に至るまでの王たちを同列に置いて論ずるのは問題があるかも知れない。

しかし、「王」という称号を帯びた人々、という共通要素を軸に、歴史を通観することによって、日本の皇室における周縁的もしくは外縁的な存在である王の実体・実態を知ることができ、特に、近代天皇制における皇族のありかたの特異性を理解していただくことはできたのではないだろうか。そして、その過程において、「天皇制」をある程度は相対化することも可能となるのではないかと思われる。

あとがき

筆者が日本の皇族、王の存在を初めて認識したのは、平将門を主人公とした昭和五十一年（一九七六）のNHK大河ドラマ「風と雲と虹と」（加藤剛《かとうごう》主演、海音寺潮五郎《かいおんじちょうごろう》原作）に登場した興世王によってである。

米倉斉加年《よねくらまさかね》演ずる興世王は、高慢・悪辣・無頼、実に憎々しげで、質実・純朴な将門に道を踏み誤らせた。まさに怪演と評するにふさわしく、少なからぬ視聴者に強烈な印象を残している。最終回（十二月二十六日放映）、将門が討死した後、捕えられた興世王。

「囚われ人とて、粗略には致さん。参られい」

と言う藤原秀郷（露口茂《つゆぐちしげる》演）に対し、

「ふ…っ。ははは。わしは武者ではないが……恥は知っている」

と言い捨てて舌を噛み切り、口の端から一筋の血を流して斃れた最期のシーン。衝撃的であった。

その後、年を経て、大学、大学院へと進み、図書館に所蔵されている『大日本古記録』や『史料纂集』等に収録されている活字化された古記録を読み続けていくと、興世王同様、系図史料には記載されていない出自未詳の王たちが、多数、歴史上に存在していることを知ることができた。

ところが、彼ら王たちに関する研究文献は必ずしも多くなく、先行研究がない場合は、筆者自身で調べていくより他に方法がなかった。

そのような次第で、筆者は、王を含む傍流皇族や公家に関する日本史の学術論文を発表し、平成末年までにその数は一四編に達した。

それらの一部を御覧になり、筆者に一般向け書籍の執筆をお勧め下さったのは、学術論文発表の場を与えていただくなど、いろいろとお世話になっていた日本中世史研究者、渡邊大門氏である。そして、順次、書き上がった草稿は、研究仲間の竹中拓実氏、久保木圭一氏等にご覧いただき、さまざまなご指摘・ご批正をたまわり、さらに修正を加えた。

こうして、本書のもととなる原稿を擱筆したのが平成三十年（二〇一八）の年明けであった。ところが筆者は、思いもかけず、内モンゴル大学モンゴル歴史学系に奉職することとなり、同年夏、内モンゴル自治区の区都フフホト市に移り、紆余曲折、原稿は宙に浮いた状態となった。

しかし、かねてから学術研究方面にてお世話になっていた日本史史料研究会の生駒哲郎氏のご尽力のおかげで、日本史史料研究会の監修で、本書が吉川弘文館から刊行される運びとなったのは、史学研究者として望外の喜びである。

少しでも多くの読者諸賢が、本書を通じて、「王」と称された皇族および皇族の後裔について、基礎知識を得ることができるようになれば幸いである。

なお、本書では、女王や、臣籍降下した人々、宮家の人々については、十分に触れることができなかった。かれらも、王と同様、天皇の周縁もしくは外縁に位置する人々である。今後、機会があれば、かれらについても取り上げてみたい。

本書が世に出るまでには、ここでお名前を挙げた方々以外にも、さまざまな方々よりご支持・ご配慮をたまわった。筆者を励まし支えて下さった関係者各位に、心より御礼申し上げる。

二〇一九年十月

漢南の寓居にて

赤坂恒明

主要参考文献（五十音順）

工具書・史料等

『群書類従』『続群書類従』（続群書類従完成会）
『史料纂集』（続群書類従完成会／八木書店）
『史料大成』『続史料大成』（臨川書店）
『新訂増補国史大系』（吉川弘文館）
『神道大系』『続神道大系』（神道大系編纂会・神道古典研究所、精興社）
『大日本古記録』（岩波書店）
『大日本古文書』（東京大学出版会）
『大日本史料』（東京大学出版会）
『日本古典全集』（日本古典全集刊行会）
市古貞次校注・訳『新編日本古典文学全集　平家物語』全二巻（小学館、一九九四年六月～八月）
今江広道校注『神道大系　論説編十一　伯家神道』（神道大系編纂会、一九八九年十月）
小野市史編纂専門委員会編集『小野市史　第四巻　史料編Ⅰ』（一九九七年十月）
梶原正昭・矢代和夫編『将門記―研究と資料―』（私家版、一九六〇年三月）
京都大学文学部国語学国文学研究室編『平曲正節　節付本平家物語』全三巻（臨川書店、一九七一年十二月）

金田一春彦編『青洲文庫本平家正節』（三省堂、一九九八年七月）
宮内庁書陵部編纂『皇室制度史料　皇族』全四巻（吉川弘文館、一九八三年三月〜一九八六年三月）
皇學館大学史料編纂所／皇學館大学研究開発推進センター史料編纂所『續日本紀史料』全二〇巻（皇學館大学出版部、一九八七月三日〜二〇一四年三月）
皇室事典編集委員会編著『皇室事典』（角川学芸出版、二〇〇九年四月）
小島憲之編『王朝漢詩選』（岩波文庫、岩波書店、一九八七年七月）
清水正健編述『皇族世表・皇族考證』全七巻（吉川弘文館、二〇一一年十一月復刻）
曽根研三編著『伯家記録考』（西宮神社社務所、一九三三年十月）
竹内理三編『平安遺文』全一六巻（東京堂出版、一九七四年一月〜一九八〇年四月）
竹内理三編『鎌倉遺文』全四九巻（東京堂出版、一九七一年十一月〜一九九五年十二月）
帝国学士院編纂『帝室制度史』全六巻（ヘラルド社／帝国学士院、一九三七年三月〜一九四五年三月。復刻、吉川弘文館、一九七九年五月）
中田祝夫解説『将門記』（勉誠社、一九八五年六月）
奈良文化財研究所編『仁和寺史料』古文書編一（吉川弘文館、二〇一三年五月）
橋本政宣編『公家事典』（吉川弘文館、二〇一〇年三月）
林陸朗校注『新訂　将門記』（古典文庫、現代思潮社、一九八二年六月）
藤井讓治・吉岡眞之監修・解説『天皇皇族実録』全一三六巻（ゆまに書房、二〇〇五年十一月〜二〇一九年一月）
宝賀寿男編著『古代氏族系譜集成』全三巻（古代氏族研究会、一九八六年四月）
三木雅博編『紀長谷雄漢詩文集並びに漢字索引』（和泉書院、一九九二年二月）

本居宣長著・村岡典嗣校訂『直毘霊・玉鉾百首』(岩波文庫、岩波書店、一九三六年七月)
村上重良編『皇室辞典』(東京堂出版、一九八〇年七月。新装版、一九九三年五月)
吉岡眞之・藤井讓治・岩壁義光監修『四親王家実録』(ゆまに書房、二〇一五年六月～続刊)

研究文献

相曾貴志「九世紀における諸王の待遇―皇親時服を中心として―」(虎尾俊哉編『日本古代の法と社会』吉川弘文館、一九九五年七月)
青木和夫『日本の歴史5　古代豪族』(小学館、一九七四年五月)
赤坂恒明「世ノ所謂清和源氏ハ陽成源氏ニ非サル考―源朝臣経基の出自をめぐって―」(『聖学院大学総合研究所紀要』二五、二〇〇三年一月)
赤坂恒明「鼎王考―建武期前後の傍流皇族をめぐって―」(阿部猛編『中世政治史の研究』日本史史料研究会論文集1、日本史史料研究会企画部、二〇一〇年九月)
赤坂恒明「但馬宮令旨考」(『埼玉学園大学紀要』人間学部篇第十三号、二〇一三年十二月)
赤坂恒明「中世における皇胤の末流「王氏」とその終焉」(『十六世紀史論叢』第三号、十六世紀史論叢刊行会、二〇一四年三月)
赤坂恒明「柳原宮考―大覚寺統の土御門宮家―」(日本史史料研究会研究会報『ぶい&ぶい』第二十七号、日本史史料研究会、二〇一四年五月)
赤坂恒明「伊勢奉幣使王代　兼字王考」(『埼玉学園大学紀要』人間学部篇第十四号、二〇一四年十二月)
赤坂恒明「冷泉源氏・花山王氏考―伯家成立前史―」(『埼玉学園大学紀要』人間学部篇第十五号、二〇一五年

十二月）
赤坂恒明「前田本『日本帝皇系図』について」（『埼玉学園大学紀要』人間学部篇第十七号、二〇一七年十二月）
赤坂恒明「室町期の皇族、木寺宮とその下向」（日本史史料研究会編『日本史のまめまめしい知識』第3巻（ぶい＆ぶい新書、岩田書院、二〇一八年九月）
赤坂恒明「遠州木寺宮考」（『十六世紀史論叢』第十二号、二〇一九年十月）
浅見雅男『皇族誕生』（角川書店、二〇〇八年九月）
浅見雅男『伏見宮―もうひとつの天皇家―』（講談社、二〇一二年十月）
阿部　猛『摂関政治』（教育社歴史新書、一九七七年十月）
阿部　寛「「皇族ノ降下ニ関スル施行準則」について」（明治聖徳記念学会編『明治聖徳記念学会紀要』五〇、二〇一三年十一月）
『網野善彦著作集』全一九巻（岩波書店、二〇〇七年五月～二〇〇九年十二月）
石田善人「播磨国大部荘」（『兵庫県史』史料編、中世五、一九九〇年三月）
伊藤喜良『南北朝動乱と王権』（東京堂出版、一九九七年七月）
井上智勝『近世の神社と朝廷権威』（吉川弘文館、二〇〇七年六月）
井上智勝『吉田神道の四百年―神と葵の近世史―』（講談社選書メチエ、二〇一三年一月）
今江広道「八世紀における女王と臣下との婚姻に関する覚書」（國學院大學文学部史学科編『坂本太郎博士頌寿記念　日本史学論集』上巻、吉川弘文館、一九八三年十二月）
宇根俊範「氏爵と氏長者」（坂本賞三編『王朝国家国政史の研究』吉川弘文館、一九八七年三月）
宇根俊範「源平藤橘の由来」（『月刊百科』通巻三〇四号、一九八八年二月）

上横手雅敬『平家物語の虚構と真実』全二巻（塙新書、一九八五年十一月）
大田壮一郎「大覚寺門跡と室町幕府―南北朝～室町期を中心に―」（『日本史研究』第四四三号、一九九九年七月）
岡村幸子「女王禄について」（『ヒストリア』第一四四号、一九九四年九月）
小川剛生『二条良基研究』（笠間書院、二〇〇五年十一月）
金井静香『中世公家領の研究』（思文閣出版、一九九九年二月）
金井静香「大覚寺統管領寺院の再編―南池院・清閑寺大勝院を中心に―」（上横手雅敬編『中世の寺社と信仰』吉川弘文館、二〇〇一年八月）
金沢正大「『平戸記』に見えたる「六条宮」について―「名越の変」との連関において―」（『政治経済史学』第九九号、一九七四年四月）
亀田隆之『日本古代制度史論』（吉川弘文館、一九八〇年四月）
亀田隆之『奈良時代の政治と制度』（吉川弘文館、二〇〇一年三月）
亀田隆之『日本古代治水史の研究』（吉川弘文館、二〇〇〇年五月）
亀田俊和『高師直―室町新秩序の創造者―』（吉川弘文館、二〇一五年八月）
川尻秋生『戦争の日本史4　平将門の乱』（吉川弘文館、二〇〇七年四月）
菊地大樹「宗尊親王の王孫と大覚寺統の諸段階」（『歴史学研究』第七四七号、二〇〇一年三月）
木本好信『奈良朝政治と皇位継承』（高科書店、一九九五年四月）
久保木圭一「王朝貴族としての惟康親王―鎌倉期における皇族の処遇について―」（阿部猛編『中世政治史の研究』日本史史料研究会論文集1、日本史史料研究会企画部、二〇一〇年九月）
久保木圭一「岩蔵宮彦仁王（源彦仁）について―ある傍系皇族の軌跡―」（『日本社会史研究』第一〇〇号、二

〇一二年十二月）
久保木圭一「皇位継承前における「親王」」（日本史史料研究会編『日本史のまめまめしい知識』第1巻、ぶい&ぶい新書、岩田書院、二〇一六年五月）
久保木圭一「「後南朝」の再興運動を利用した勢力とは？：南北朝合一と、その後」（日本史史料研究会監修、呉座勇一編『南朝研究の最前線』洋泉社、二〇一六年七月）
久保木圭一「最後の鎌倉将軍・守邦親王の兄」（日本史史料研究会編『日本史のまめまめしい知識』第3巻、ぶい&ぶい新書、岩田書院、二〇一八年九月）
久保田収「伯家の成立と分流」（『皇学館大学紀要』第十三輯、一九七五年一月）
栗山圭子『中世王家の成立と院政』（吉川弘文館、二〇一二年十二月）
小松　馨「即位の儀と褰帳女王」（『月刊歴史手帖』第十八巻十一号「小特集　皇位継承儀礼」一九九〇年十一月）
佐伯有清・坂口勉・関口明・追塩千尋『研究史　将門の乱』（吉川弘文館、一九七八年九月）
佐伯有清『聖宝』（人物叢書〈新装版〉、吉川弘文館、一九九一年六月）
佐伯智広『中世前期の政治構造と王家』（東京大学出版会、二〇一五年三月）
佐伯智広『皇位継承の中世史—血統をめぐる政治と内乱—』（吉川弘文館、二〇一九年四月）
笹本正治『真継家と近世の鋳物師』（思文閣出版、一九九六年二月）
佐藤泰弘「清胤王書状群の書状と言上状」（『山口県史研究』第七号、一九九九年三月）
澤田　浩「『薬師寺縁起』所引天武系皇親系図について」（『国史学』第一四二号、一九九〇年十一月）
地主智彦「天龍寺・臨川寺・善入寺の所領について」（原田正俊編『天龍寺文書の研究』思文閣出版、二〇一一年三月）

嶋津宣史「國學院大學図書館所蔵河越家記録『諸願届録』（翻刻・紹介）」（『國學院大學図書館紀要』第七号、一九九五年三月）
鈴木由美「建武三年三月の「鎌倉合戦」—東国における北条与党の乱の事例として—」（『古文書研究』第七十九号、二〇一五年六月）
滝川政次郎「安宿王」（『古代文化』第十一巻第二号、一九六三年八月）
『竹内理三著作集』全八巻（角川書店、一九九八年五月～二〇〇〇年三月）
竹島　寛『王朝時代皇室史の研究』（右文書院、一九三六年三月。復刻、竹島先生遺稿刊行会編、名著普及会、一九八二年十二月）
田中文英『平氏政権の研究』（思文閣出版、一九九四年六月）
玉村竹二『五山禅僧伝記集成』（講談社、一九八三年五月）
田島　公「「氏爵」の成立—儀式・奉仕・叙位—」（『史林』第七一巻第一号、一九八八年一月）
棚橋光男『大系日本の歴史④　王朝の社会』（小学館、一九八八年四月。再刊〈小学館ライブラリー〉、一九九二年十月）
告井幸男『摂関期貴族社会の研究』（塙書房、二〇〇五年三月）
土田直鎮「「賜女王禄」の儀」（土田直鎮『平安京への道しるべ—奈良平安時代史入門』吉川弘文館、一九九四年二月。初出、『神道大系月報』一三、一九八〇年十二月）
土谷　恵『中世寺院の社会と芸能』（吉川弘文館、二〇〇一年一月）
寺内　浩・北條秀樹「「清胤王書状」の研究」（『山口県史研究』第六号、一九九八年三月）
寺内　浩「「清胤王書状」と公文勘会」（『山口県史研究』第七号、一九九九年三月）

寺崎保広『長屋王』（人物叢書〈新装版〉、吉川弘文館、一九九九年二月）
東野治之『長屋王家木簡の研究』（塙書房、一九九六年十一月）
戸田芳実司会『シンポジウム日本歴史5　中世社会の形成』（学生社、一九七二年五月）
虎尾達哉「孫王について―関係史料の検討―」（『續日本紀研究』第二五六号、一九八八年四月）
永井　和「波多野敬直宮内大臣辞職顛末―一九二〇年の皇族会議―」（『立命館文學』第六二四号、二〇一二年一月）
中川　収「長屋王とその王子たち」（『政治経済史学』第三〇〇号、一九九一年六月）
『中村直勝著作集』全一二巻（淡交社、一九七八年二月～一九七九年一月）
中村順昭『橘諸兄』（人物叢書〈新装版〉、吉川弘文館、二〇一九年七月）
布谷陽子「七条院領の伝領と四辻親王家―中世王家領伝領の一形態―」（『日本史研究』第四六一号、二〇〇一年一月）
羽下徳彦「以仁王〈令旨〉試考」（『日本中世の政治と社会　豊田武博士古稀記念』吉川弘文館、一九七六年六月）
林　陸朗『上代政治社会の研究』（吉川弘文館、一九六九年九月）
林　陸朗「桓武平氏の誕生」（『小川信先生古稀記念論集―日本中世政治社会の研究』続群書類従完成会、一九九一年三月）
平泉隆房『中世伊勢神宮史の研究』（吉川弘文館、二〇〇六年五月）
藤木邦彦『平安王朝の政治と制度』（吉川弘文館、一九九一年三月）
藤井雅子『中世醍醐寺と真言密教』（勉誠出版、二〇〇八年九月）
藤田佳希「源経基の出自と「源頼信告文」」（『日本歴史』第八〇五号、二〇一五年六月）

藤森　馨『改訂増補　平安時代の宮廷祭祀と神祇官人』（原書房、二〇〇八年十二月）
藤森　馨「國學院大學図書館所蔵「河越家記録・文書」の紹介と目録」（『國學院大學図書館紀要』第六号、一九九四年三月）
日本史史料研究会監修・細川重男編『鎌倉将軍・執権・連署列伝』（吉川弘文館、二〇一五年十一月）
松本裕之「推問・勘問と推問使について」（『駒沢史学』五一、一九九八年三月）
増淵勝一「平兼盛伝をめぐる一、二の問題」（『並木の里』第九号、一九七四年三月）
村瀬敏夫『平安朝歌人の研究』（新典社、一九九四年十一月）
『村田正志著作集』全七巻（思文閣出版、一九八三年三月〜一九八六年八月）
森　公章『長屋王家木簡の基礎的研究』（吉川弘文館、二〇〇〇年五月）
森　公章『奈良貴族の時代史　長屋王家木簡と北宮王家』（講談社選書メチエ、二〇〇九年七月）
森　茂暁『南北朝期公武関係史の研究』（文献出版、一九八四年六月。増補改訂版、思文閣出版、二〇〇八年七月）
森　茂暁『鎌倉時代の朝幕関係』（思文閣出版、一九九二年六月）
森　茂暁『皇子たちの南北朝　後醍醐天皇の分身』（中公新書、一九八八年七月。再版〈中公文庫〉、中央公論新社、二〇〇七年十月）
森　茂暁『闇の歴史、後南朝　後醍醐流の抵抗と終焉』（角川選書、一九九七年七月）
森　茂暁『南朝全史―大覚寺統から後南朝へ―』（講談社選書メチエ、二〇〇五年六月）
森　茂暁『中世日本の政治と文化』（思文閣出版、二〇〇六年十月）
安田政彦『平安時代皇親の研究』（吉川弘文館、一九九八年七月）

著者略歴

一九六八年、千葉県野田市に生まれる
二〇〇九年、早稲田大学大学院文学研究科博士後期課程史学科（東洋史専攻）単位取得退学
早稲田大学非常勤講師などを経て
現在、内モンゴル大学モンゴル歴史学系特聘研究員（教授）

〔主要著書・論文〕
『ジュチ裔諸政権史の研究』（風間書房、二〇〇五年）
「元亀二年の『堂上次第』について―特に左京大夫家康（三川 徳川）に関する記載を中心に―」（『十六世紀史論叢』創刊号、二〇一三年）
「柳原宮考―大覚寺統の土御門宮家―」（日本史史料研究会研究会報『ぶい&ぶい〈無為無為〉』第二十七号、二〇一四年）

「王」と呼ばれた皇族
古代・中世皇統の末流

二〇二〇年（令和二）一月十日 第一刷発行
二〇二〇年（令和二）六月十日 第三刷発行

監修者 日本史史料研究会
著　者 赤《あか》坂《さか》恒《つね》明《あき》
発行者 吉川道郎
発行所 株式会社 吉川弘文館
郵便番号一一三―〇〇三三
東京都文京区本郷七丁目二番八号
電話〇三―三八一三―九一五一〈代表〉
振替口座〇〇一〇〇―五―二四四番
http://www.yoshikawa-k.co.jp/
組版＝文選工房
印刷＝亜細亜印刷株式会社
製本＝株式会社ブックアート
装幀＝伊藤滋章

ISBN978-4-642-08369-0

日本史史料研究会監修

鎌倉将軍・執権・連署列伝

細川重男編

A5判・二七二頁／二五〇〇円

鎌倉幕府政治の中心にあった将軍、そしてその補佐・後見役であった執権・連署、三五人の人物そのものに焦点を絞り、それぞれの立場での行動や事績を解説する。巻末には詳細な経歴表を付し、履歴を具体的に示す。

日本史を学ぶための古文書・古記録訓読法

苅米一志著

四六判・二〇四頁／一七〇〇円

古代・中世の史料は「変体漢文」という独特な文章で綴られるが、これを読解する入門書は存在しなかった。史料の品詞や語法を正確に解釈するためのはじめての手引書。豊富な文例に訓読と現代語訳を配置。演習問題も付す。

信長軍の合戦史 1560—1582

渡邊大門編

四六判・二一六頁／一八〇〇円

桶狭間の戦いから本能寺の変まで、天下布武をかかげ戦争を繰り広げた織田信長。信頼性の高い一次史料を用いて信長軍の合戦を解説。戦いの経過だけでなく、戦前・戦後の戦略的評価にも目を配り、信長の戦争の本質に迫る。

将軍・執権・連署 鎌倉幕府権力を考える

日本史史料研究会編　四六判・一九二頁／二〇〇〇円

源頼朝が創始した鎌倉幕府のしくみは、どう理解すべきか。将軍が唯一の首長であるにもかかわらず、執権・連署を掌る北条氏が権力を握っていく。さまざまな切り口を示し、鎌倉将軍権力の実像を明らかにする道標となる書。

畜生・餓鬼・地獄の中世仏教史 因果応報と悪道

生駒哲郎著　（歴史文化ライブラリー）四六判・二四〇頁／一七〇〇円

中世人は、すべての人間が宿業を背負っていると考えていた。仏教の世界観である六道は三善道と三悪道とに別れ、殺生にも善悪の違いがあった。因果応報の歴史から中世人の思考を紐解き、知られざる中世仏教史を描く。

朝廷の戦国時代 武家と公家の駆け引き

神田裕理著　四六判・二八八頁／二四〇〇円

戦国時代、天皇や公家たちはいかなる存在であったのか。足利将軍や天下人が、天皇・公家たちと交渉を繰り広げ、互いに利用し合った実態を解明。朝廷の「武家の傀儡」イメージを覆し、天皇・公家の主体性を再評価する。